中医药海外发展国别研究

欧洲卷

主　编——宋欣阳
副主编——杨宇洋　张雪丹
主　审——王笑频

上海科学技术出版社

图书在版编目(CIP)数据

中医药海外发展国别研究. 欧洲卷 / 宋欣阳主编
. —上海：上海科学技术出版社，2020.4
ISBN 978-7-5478-4737-4

Ⅰ.①中… Ⅱ.①宋… Ⅲ.①中国医药学—产业发展
—研究—欧洲 Ⅳ.①F426.77

中国版本图书馆 CIP 数据核字(2020)第 008197 号

本书受国家中医药管理局国际合作专项、上海文化发展基金会图书出版专项基金资助出版

中医药海外发展国别研究·欧洲卷
主编 宋欣阳

上海世纪出版(集团)有限公司
上海科学技术出版社 出版、发行
(上海钦州南路 71 号 邮政编码 200235 www.sstp.cn)
浙江新华印刷技术有限公司印刷
开本 787×1092 1/16 印张 19.5
字数 300 千字
2020 年 4 月第 1 版 2020 年 4 月第 1 次印刷
ISBN 978-7-5478-4737-4/R·1995
定价：158.00 元

内容提要

中医药海外发展，包括中医药法律与政策环境、中医药服务贸易市场机遇与风险等方面。加强中医药海外发展，不仅有利于传播中医药文化，提高中国的国际影响力和号召力，还可以促进中医药产业的优化，解决国内就业问题，从而带动经济的增长。

本书对俄罗斯联邦、乌克兰、波兰共和国、意大利共和国、瑞士联邦、大不列颠及北爱尔兰联合王国、荷兰王国、法兰西共和国、西班牙王国、葡萄牙共和国 10 个欧洲国家的中医药创新发展方式进行了多角度分析。了解他国传统医学概况，熟悉他国传统医学国际化的途径，借鉴他国传统医学布局与管理模式，可以为我所用，有利于中医药国际化发展，本书选取了既具有良好的服务贸易基础，又有一定中医药接受程度的欧洲国家，研究内容主要包括该国政治与经济环境、医疗健康保障体系现状、传统医药的法律与政策环境、中医药服务贸易双边合作现状、市场机遇与潜力、风险提示、案例分析、结论与建议，以期为我国中医药服务贸易打开窗口。

本书可供中医药政策研究者、政府工作人员、中医临床与科研工作者、中医院校师生参考阅读。

编委会名单

顾问

严世芸　徐建光　施建蓉

主审

王笑频

主编

宋欣阳

副主编

杨宇洋　张雪丹

编委(按姓氏笔画排序)

王　硕　王志永　卞跃峰　杨弘光　张建忠　陈佳乐　邵　沁

郑　芬　胡玮晔　柳奕诚　施雪斐　顾怿丰　黄祎晨

丛书前言

当前中医药振兴发展迎来了天时、地利、人和的历史性机遇，中医药对外交流与合作已成为我国外交、经贸、科教、文化特别是中国卫生事业发展中富有特色、不可或缺的重要组成部分。中医药海外发展，包括中医药文化输出、政府或非营利组织主导的海外合作项目、开办海外中医诊所与教育机构等方面。加强中医药海外发展，不仅可以调整国内中医药行业的产业结构，促进中医药产业的优化，解决国内就业问题，从而带动经济的增长，还有利于传播中医药文化，提高中国的国际影响力和号召力。

2016 年 12 月，国家中医药管理局、国家发展改革委员会《中医药"一带一路"发展规划(2016—2020)》(以下简称《规划》)提出了中医药海外发展"政策沟通、资源互通、民心相通、科技联通、贸易畅通"的五大任务。为进一步落实《规划》内容，破解长期制约中医药海外发展实施中遇到的理论和实践问题，本套丛书作者受国家中医药管理局国际合作司委托，根据工作实际和专项研究成果编撰整理，总结成书。本套丛书亦是商务部课题"'一带一路'中医药服务贸易重点国别指南"、国家中医药管理局中医药国际合作专项"中医药海外发展战略研究"以及国家社会科学基金青年项目"'中医外交'研究"的重要研究成果。

本套丛书分为四卷，分别为亚洲卷、欧洲卷、美洲卷、非洲卷，编写注重数据收集与整理分析。丛书从八个方面对中医药的国别发展进行研究：一是所在国基本国情，从国家概况、政治环境和经济环境方面进行论述；二是所在国医疗健康保障体系现状，从医疗体系的基本情况、医疗管理机构、医疗机构和医疗社会保障情况方面介绍；三是所在国传统医药的法律与政策环境，从医师执业、药品准入、传统医药教育、保险覆盖和医药投资方面进行释读；四是中医药服务贸易双边合作现状，从传统医药交流历程，以及中医药服务贸易的四种形式(境外消费、跨境交付、商业存在和自然人流动)，大事记叙述中医药在所在国的发展情况；五是中医药在所在国的市场机遇与潜力；六是中医药在所在国发展的风险提示；七是案例分析；八是中医药在所在国发展的结论与建议。在部分章节后，列有所在国的法律法规原文作为附件。

本套丛书对中医药在不同国家的海外发展进行了全面分析。在中医药海外发展过程中，服务业走出去是重点，也是未来的增长点。中医药服务贸易的创新发展是国际服务贸易与海外投资的有机结合，是推进供给侧结构性改革和培育新功能的重要抓手，也是大众创业、万众创新的重要载体。本套丛书研究侧重于剖析不同国家的政治与经济环境、医疗健康保障体系现状、中医药的法律与政策环境、中医药服务贸易双边合作现状、市场机遇与潜力、针对企业的风险提示等方面，意在探索中医药海外发展模式，对中医药服务贸易推动出口、带动就业、实现外贸，从“大进大出”向“优进优出”转变提供一定参考路径方法。

本套丛书重点研究以下几个方面：① 境外消费。一是与中医药相关的教育服务，如外国居民到中国中医药院校，或者其他中医药教育机构学习与中医药相关的知识及技能；二是与中医药相关的旅游及其服务，如到中国进行康复保健休闲旅游和就医；三是与中医药相关的文化、娱乐、影视及体育服务等。② 跨境交付：与中医药相关的商务服务、远程教育、远程诊疗服务和养生保健国际咨询服务等。③ 商业存在。与中医药相关的中国医疗机构或个人到境外设立中医诊所，开办中医医疗中心或建立中医医院等。④ 自然人流动。如中国的中医师或教师到国外，受聘于海外医疗机构从事临床美容、保健或教育机构从事教育、科研等服务。

中医药海外发展正面临着日益复杂的国际形势和其他传统医药的激烈竞争。逆水行舟，不进则退。本套丛书积极探索创新型的中医药海外发展模式，对中医药产业发展商业模式提出建议，即优化中医药商业模式、丰富中医药业态、因地制宜优化合作模式。力求中医药海外发展不囿于单一的医疗体验，而是更加的多元、复合，并且具有更好的环境适应性和发展潜力，助力中医药海外发展。

本套丛书的适用对象是与中医药海外发展相关的管理、医疗、卫生、科研、产业等领域的从业者，希望能为他们提供有益的参考和帮助。当然，本书尚存在一些不甚成熟之处，欢迎批评指正。

编　者

2019 年 4 月

目录

第一章 俄罗斯联邦

一、政治与经济环境

（一）国家概况

俄罗斯联邦(Russian Federation,以下简称：俄罗斯)，是世界上领土面积最大的国家，有1 709.82万平方千米，位于东欧和北亚，其大部分欧洲领土是东欧平原；东至太平洋，西至波罗的海芬兰湾，横跨欧亚大陆，东西跨9 000千米，南北跨4 000千米；西有爱沙尼亚、拉脱维亚、立陶宛、波兰、白俄罗斯，西北角有挪威、芬兰，东南面有中国、蒙古和朝鲜，西南角有乌克兰，南有格鲁吉亚、阿塞拜疆与哈萨克斯坦，东至日本，美国在大洋对岸；海岸线长达33 807千米。俄罗斯首都是莫斯科(Moscow)。

俄罗斯的常住人口约1.46亿，人口数量下降速度在世界排名靠前。全国人口分布不均，在发达的西部地区平均52～77人/平方千米，有部分地区高达261人/平方千米，而在东北部甚至不到1人/平方千米。虽然全国的民族数量高达190多个，但俄罗斯族人口占比79.8%，鞑靼、乌克兰、白俄罗斯、巴什基尔、楚瓦什等是其主要的少数民族，大约有40个民族在高加索地区生活。

（二）政治环境

1. *政治制度* 俄罗斯是实行总统制的联邦国家，遵循俄罗斯联邦宪法，实行立法、司法、行政三权分立。由公民选举产生的总统是国家元首，任期为6年，可连任2届，可以不经议会同意直接颁布法令。现任总统为弗拉基米尔·弗拉基米罗维奇·普京，同时也是武装部队的最高统帅、国家安全会议的主席。采用两院制的俄罗斯联邦会议是俄罗斯联邦的代表与立法机关，上院称联邦委员会(Federal Council)，其主要职能有批准联邦法律，总统的选举及弹劾、联邦主体边界变更等，现任联邦委员会(议会上院)主席为瓦莲京娜·马特维延科。下院称国家杜马(State Duma)，其主要职权有同意总统对政府首脑的任命、实行大赦、通过联邦法律等，现任国家杜马(议会下院)主席是维亚切斯拉夫·沃洛金。国家权力的最高执行机关是由联邦政府总理、副总理和联邦部长组成的俄罗斯联邦政府[1]。现任总理德米特里·阿纳托利耶维奇·梅德韦杰夫。俄罗斯实行多党制，目前俄罗斯共有250～300个政党和政党性组织。

2. **外交特点** 俄罗斯的外交政策以独联体为战略重点，全方位开展外交的目的是重振俄罗斯的大国地位，对国家利益积极维护的同时促进多极化的进程，以打造俄罗斯经济复苏的良好外部条件。俄罗斯将与欧洲等西方国家的关系优先的同时，对中国等亚太国家也有所侧重。俄罗斯与周边国家关系在苏联解体后由于历史原因曾一度冷淡，但随着对外战略的调整以及其复兴世界大国地位目标的确立，俄罗斯开始重新审视自己与周边国家的关系。而同作为苏联加盟共和国的独联体国家的关系更是被提升到俄罗斯外交的“优先地位”。

3. **中俄关系** 苏联与中华人民共和国于1949年10月3日建交。苏联解体后，中俄于1991年签署《会谈纪要》，确立两国的外交关系延续，而后于2001年签署《中俄睦邻友好合作条约》，2011年建立全面战略协作伙伴关系。两国形成了元首年度互访的惯例，建立了总理定期会晤、议会合作委员会以及能源、投资、人文、经贸、地方、执法安全、战略安全等交往与合作机制；在涉及国家主权、安全、领土完整、发展等核心利益问题上相互支持；人文交流蓬勃发展。在国际和地区事务中保持密切战略协作[2]。这一切使得中俄关系处于历史的最好时期，超越双边范畴，成为维护国际战略平衡的重要因素。

（三）经济环境

1. **经济概况** 俄罗斯属于发展中国家，2018年俄罗斯的国内生产总值(GDP)约为1.647万亿美元，为全球第11大经济体，人均GDP约为1.12万美元，同比上年实际增长2.3%。卢布为本位货币单位，辅币是戈比。俄罗斯卢布对美元汇率为63.89(2019年4月)。俄罗斯最大贸易伙伴为中国。

1991年，苏联解体。次年，俄罗斯实行了激进的经济转轨措施。之后俄罗斯经济大致经历了四个时期，即独立之初的衰退期、转型初始的增长期、金融危机以后的滑坡期以及普京执政以来的转折期。2000年普京为了宏观经济增长出台了相关的政策，如打击外贸走私集团，之后对外贸易复苏，使俄罗斯走出了金融危机(表1-1)[3]。

表 1-1　俄罗斯 2001—2018 年对外贸易年度表

时间（年）	总额（单位：亿美元）	同比（%）	出口（单位：亿美元）	同比（%）	进口（单位：亿美元）	同比（%）	差额（单位：亿美元）	同比（%）
2001	1 048.3	-10.8	684.2	-22.0	36 416	22.4	31 999	-44.8
2002	1 162.4	10.9	754.8	10.3	40 754	11.9	34 730	8.5
2003	1 461.6	25.7	956.1	26.7	50 546	24.0	45 065	29.8
2004	2 050.5	40.3	1 369.2	43.2	68 125	34.8	68 801	52.7
2005	2 764.0	34.8	1 849.2	35.0	91 481	34.3	93 435	35.8
2006	3 546.7	28.3	2 265.2	22.5	12 815	40.1	98 373	5.3
2007	4 693.4	32.3	2 797.2	23.5	18 961	48.0	90 104	-8.4
2008	6 231.5	32.8	3 675.7	31.4	25 557	34.8	111 999	24.3
2009	3 891.4	-37.6	2 339.4	-36.4	15 520	-39.3	78 730	-29.7
2010	5 599.7	43.9	3 485.3	49.0	21 143	36.2	137 088	74.1
2011	6 573.8	17.4	3 786.9	8.7	27 869	31.8	99 998	-27.1
2012	6 429.4	-2.2	3 525.4	-6.9	29 043	4.2	62 105	-37.9
2013	5 771.3	30.8	2 901.3	-17.7	31 529	8.6	210 679	239.2
2014	7 828.6	-6.8	4 969.3	71.3	28 706	-9.0	210 296	-0.2
2015	5 258.3	-32.9	3 434.3	-30.9	18 271	-36.3	160 824	-23.5
2016	4 677.5	-11.1	2 854.9	-16.9	18 226	-0.3	103 229	-35.8
2017	5 840.5	24.8	3 570.8	25.0	2 269.7	24.5	1 301.2	25.8
2018	6 871.2	17.4	4 496.9	25.7	2 374.2	4.4	2 122.7	62.9

2015 年俄罗斯经济陷入困难，较前一年萎缩 3.7%。据俄罗斯经济发展部公布的数据，2015 年前三季度 GDP 同比下降 3.8%；固定资产投资下滑，前半年的降幅达 5.8%，居民实际工资下降 9%，失业率高达 5.5%。居高不下的通货膨胀率，抑制了居民的消费，特别是零售业和服务业的消费[4]。

2016 年俄罗斯经济开始好转，萎缩幅度缩窄至 0.2%。据俄罗斯海关发布，2016 年，俄货物的进出口额为 4 677.5 亿美元，比上年同期减少 11.1%。其中，出口 2 854.9 亿美元，下降 16.9%；进口 1 822.6 亿美元，减少 0.3%。贸易顺差 1 032.3 亿美元，下降 35.8%[5]。俄罗斯 GDP 2017 年增长 1.5%，俄罗斯预算赤字在不断下降，1—6 月约 4 000 亿卢布，仅占 GDP 的 1%，而去年同期占比是 3.6%[6]。2018 年，俄罗斯货物进出口总额达 6 871.2 亿美元，比上年增长 17.4%。其中，出口 4 496.9 亿美元，增长 25.74%；进口 2 374.2 亿美元，增长 4.4%。贸易顺差 2 122.7 亿美元，增长 62.9%[7]。

2. **主要产业** 俄罗斯工业最发达，核工业和航空航天业在世界排名靠前。其工业基础扎实，以机械、石油、钢铁、天然气、化工、煤炭等为主，除此之外较发达的有林业、食品、纺织等。俄罗斯重工业虽发达，轻工业发展却很缓慢，因此俄罗斯工业结构不均衡，如民用工业落后状况至今仍未改变。

3. **对华贸易** 据俄罗斯海关统计，2018 年，中俄双边货物贸易额为 1 082.8 亿美元，增长 24.5%。其中，俄罗斯对中国出口 560.8 亿美元，增长 44.1%，占其出口总额的 12.5%，提高 1.6 个百分点。俄罗斯自中国进口 522.0 亿美元，增长 8.6%，占其进口总额的 22%，提高 0.9 个百分点。俄罗斯对中贸易顺差 38.7 亿美元，增长 142.4%。中国成为俄罗斯第一大进出口贸易伙伴。

二、医疗健康保障体系现状

（一）基本情况

自苏联解体后，俄罗斯卫生体制的效率、医疗服务提供质量有所下降，急需改革以使卫生资源浪费和重复设置机构等问题尽早解决。普京上任后，建立了较完整的国家调控体系，目标为“提高人民的生活水平”“让公民过上应有的生活”，将重点放在消除贫困和提高公民实际收入上。实行免费的医疗救助，改革医疗卫生制度，制定医疗社会保障，拨专款给失业人员等[8]。

根据 1993 年 7 月 22 日通过的《俄罗斯联邦公民卫生基本法》第 57 条的规定：“民间医学指以历代传承经验为基础，得到民间传统认可而未按俄罗斯联邦法律程序注册，从事保健、预防、诊断和治疗方法的活动。”[9]

1999 年，该法相关内容修订为：“民间医疗是指在诊断人的疾病方面具有个性或者能正面调整人的机体以达到健康目的而从事卫生保健方面的活动。”“有意从事民间医疗的公民必须按照俄罗斯联邦卫生行政部门规定的程序通过检验。”“颁发和注销民间医疗许可证的条件和程序，以及实施这些活动的程序由俄罗斯联邦卫生行政部门做出规定。”“禁止利用大众媒体进行大规模公众的集体治疗活动(注：指气功等疗法)。”

除联邦法外，俄罗斯还有 6 个联邦主体出台了地方法律法规对管辖区域内公民卫生保健进行调整。俄罗斯政府已决定在俄罗斯联邦卫生部下设工作组，拟定俄罗斯联邦政府《关于为公民从事民间医药、保健权利以及接受医疗服务消费权益方面保障措施》决议草案。

2005年，俄罗斯联邦政府决定用国家民间医生名录来取代民间医生行医许可证，经许可在俄罗斯境内提供各种民间医疗服务的传统医学医生和专家收入该名录。经联邦国家标准与社会发展局批准，由俄罗斯各级卫生与社会发展部门编纂的该名录已于2005年12月7日公布。民间医生由俄罗斯联邦各共和国卫生部、各自治州、自治区、边疆区、州以及莫斯科和圣彼得堡市卫生管理局共同管理。

（二）医疗管理机构

俄罗斯政府特别重视国家卫生发展，设立国家卫生发展重点专项，大力支持新医学技术的研究与发展。联邦政府批准的由卫生部制定的俄罗斯医疗管理机构法律法规被俄罗斯联邦卫生和社会发展监督局执行。根据各地区执行情况的不同，俄罗斯医疗服务体系实施分级医疗和双向转诊。按照医疗服务需求来设置的俄罗斯联邦规划医疗机构，有门诊部、联合诊所与各级医院，大城市还设有专科医院，如传染病、精神病医院等。俄罗斯医院实行院长负责制，由俄罗斯联邦卫生和社会发展监督局颁发为期5年的许可证给医疗机构[10]。

（三）医疗机构

近年来，俄罗斯一直致力于医疗服务体系结构优化和布局调整，经过一系列的评价和考核，很多农村地区规模较小、条件落后的医院和联合诊所被关闭。医院由原来的1.2万家降低至0.65万家，医院床位数由185万张降低到137万张，同时每千人口医师数则相对增长。

俄罗斯医疗体系是以公立医疗机构为主的医疗服务体系，包含了卫生系统和其他部委设置的医疗机构。私人诊所等为数较少的私立医疗机构医疗服务能力低下。

（四）医疗社会保障情况

1. 社会保障　根据俄罗斯《宪法》，俄罗斯公民享有免费医疗制度。俄罗斯改革了医疗制度后，结合法定医疗保险与预算拨款。经联邦政府批准的俄罗斯法定医疗保险有两种：一是由联邦卫生和社会发展监督局制定的基本保险是向所有公民提供基本的医疗保障，二是由联邦主体政府制定的地区险，则专门提供地方医疗保障。法定医疗保险保障每个公民平等获得基本医疗服务。俄罗斯医疗保健机构共雇用了 621 000 名医生和 130 万名护士。每万人中的医生人数为 43.8 人，农村只有 12.1 人。全科医生占医师总数的比例为 1.26%。每千人口大约有 9.3 张床位，几乎是经合组织平均水平的两倍[11]。

2. **商业保险** 由于民众对提供的医疗服务水平不满，以俄罗斯为义务医疗保险的私人医疗保险市场[12]（Добровольное Медицин Скоестрахование，ДМС）于 1992 年 10 月推出，这与国家发起的强制性医疗保险区分开来。私人医疗保健的优势包括获得现代医疗设备诊断和缩短专家治疗等候时间。私营医疗保险在大城市中最常见，如莫斯科和圣彼得堡。因为俄罗斯大部分地区的收入水平仍然偏低，无法满足全部需求。俄罗斯领先的医疗保险提供者包括 Sogaz，Allianz，RESO - Garantia，Alfa Strakhovanie 以及从前的国有企业 Rosgosstrakh 和 Ingosstrakh。

三、传统医药的法律与政策环境

2015 年 6 月“俄罗斯中医药立法与发展高峰论坛”在北京中医药大学举行。中俄参会人员达成了共建“‘一带一路’中医传播与发展联盟”和“俄罗斯中医立法与推广协调委员会”的共识，并共同签署和发布了倡议书[13]。

（一）医师执业

在俄罗斯国家杜马保健委员会、鉴定委员会的全力支持下，俄罗斯相关部门在俄成立相关机构，用以规范中国中医药进入俄罗斯市场。它们对从中国进口的中医药产品进行检验、认证，主要负责四个方面：一是审批保健品号、食品号、添加剂号、药品号等。二是办理中国进口中医诊（理）疗设备、设施的准入。三是培训中医师、中药师、相关诊疗技师、设备维护人员等所有相关人员在俄罗斯长期工作签证的办理。四是负责在俄投资建中医院、制药厂项目的审批和准入[14]，推进中国中医药全面进入俄罗斯的相关法律的制定、完善。

(二) 药品准入

中药疗法的科学研究报告尚未能以现代西方医学角度证明其有效性,因此注册的中药大部分申报的是保健食品许可证。俄罗斯不认可中国出产的中药,只允许本国药用植物用于治疗,因此在俄罗斯推广的中药品种仍较少。近10年来,中药逐渐进入俄罗斯医药市场。进入俄罗斯境内的中药主要通过两种方式[15]:一是通过合法途径即申报保健食品许可证或俄罗斯药品许可证,但中药品类居多。后者有十几种中成药,如三九胃泰、虫草胶囊、银杏叶胶囊、华佗再造丸、冬虫夏草口服液等。另一种是通过不合法途径入俄,主要是夹杂在其他日用品之中通过“灰色海关”,这类中成药在莫斯科设有专门的经销商,销售对象主要是在莫斯科市居住的数万中国人。但随着俄国市场管理力度的加强,使得这类中成药已然变少。

(三) 传统医药教育

在俄罗斯的高等医学教育体系中,经过5～6年的医学院校学习,学生毕业后并不像中国或欧美国家那样颁发学位证书,而是获得“专家”证书。学生毕业后实习1年,可获得普通医生资格证书,再经过2年住院医师培训可获得专科医生资格证书,此后需每3～5年参加一次医师进修教育。俄罗斯的副博士学位相当于我国博士学位,博士学位相当于我国博士后。

(四) 保险覆盖

俄罗斯免费医疗只涉及基本的、简单的医疗服务,不包括药物,此外很多复杂的医疗服务都需要付费。传统医学(中药、针灸、推拿)至今尚未纳入医保,虽然中医药没有进入俄罗斯的医保报销名录,但是仍有很多俄罗斯人痴迷于中医理疗。

(五) 医药投资

医药市场已成为最具前景和最具规模的俄罗斯市场之一。根据俄罗斯官方统计，俄罗斯医药市场营业额在 2018 年达到 30 633 亿卢布，较 2017 年增长 11.6%，在俄罗斯流通有近 8 万种药品。与此同时，俄罗斯国产药品销售比重，以价值形式表示超过 25%。

在药品地域覆盖方面，俄罗斯已达到世界领先地位。因此，俄罗斯一家药店平均涵盖 1 700 个居民，高出发达国家覆盖率 2.5 倍。在俄罗斯销售药品的药店和医疗机构超过 12 万个(图 1－1)。

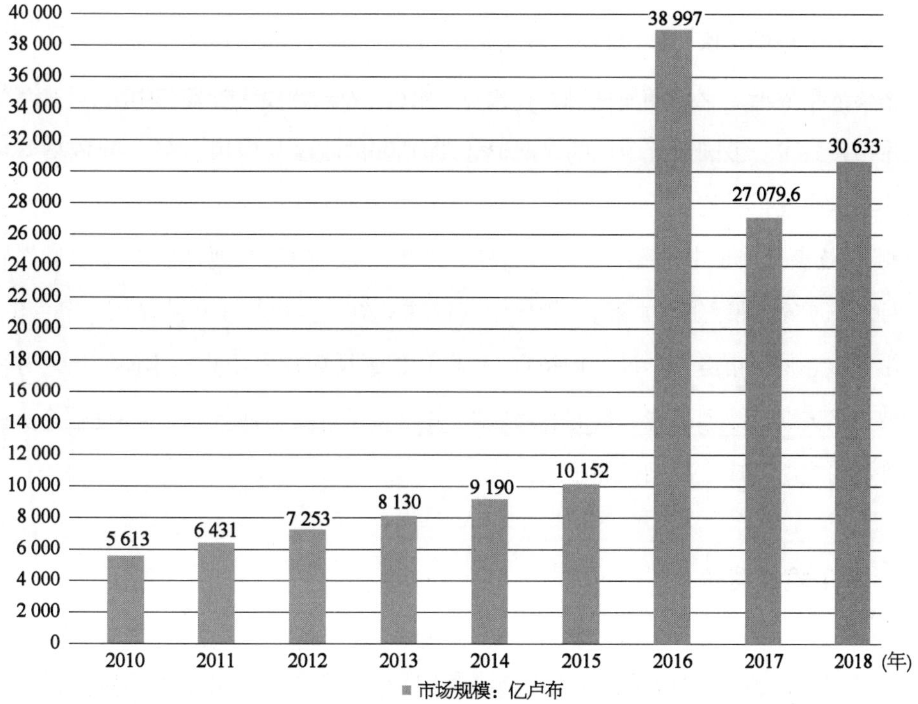

图 1－1　2010—2018 年俄罗斯医疗市场规模

注：本图根据 Business Stat：俄罗斯医疗服务市场分析所引数据整理

四、中医药服务贸易双边合作现状

近年来，作为中华文化的重要载体，中医药服务在俄罗斯的影响力逐步扩大。它立足于中医药特色优势，被认可度不断提升，市场潜力十分广阔。目前，中国正以国际市场为导向，积极探索建立中医药服务贸易促进体系。由此，中医药服务贸易成为我国与俄罗斯服务贸易的重要组成部分和新兴增长点。目前，中医药服务贸易发展迅猛，规模不断扩大，成为提升特色服务出口、优化服务贸易结构的重要力量[16]。

(一) 传统医药交流历程

俄罗斯接触中医疗法、针灸理疗可追溯至 1 000 年前，主要通过民间交往和国家贸易传入俄罗斯。之后随着两国的往来，俄国医学界开始关注针灸与中医，并来华学习牛痘接种术。俄国研究中药的早期记载，即草药的收藏与应用是在公元 1773 年由列比奥欣研究报道的。19 世纪开始，俄罗斯一些医院使用针灸疗法并探索针灸疗效机制，并逐渐开展了中草药的应用与引种。20 世纪 50 年代，当地兴起了“针灸热”，许多神经病学家、神经生理学家、生物化学家前往针灸研究机构工作或学习，当时苏联医学的核心是巴甫洛夫学说。1976 年，莫斯科组建反射疗法中央科学研究所。苏联的彼得洛夫斯基深入研究针灸的麻醉效果，并报道了针灸镇痛效果，因而提倡全苏联各外科研究所均成立针刺镇痛小组。

(二) 境外消费

近年来，俄罗斯对中国传统医学愈加关注，俄罗斯人目前接受的中医疗法主要是针灸推拿[17]。俄罗斯来华的游客非常喜欢前往中国景点内的中医疗养院。在旺季，黑龙江“五大连池工人疗养院”每日接待 1 000 多名俄罗斯游客进行中医疗养，在冬季的日均人次在 400 左右。每年约有 2 万俄罗斯人来黑龙江旅游的同时，进行中医治疗，如针灸推拿、康复理疗等，不仅欣赏到旅途的美好风景，也领略了中医的魅力。未来应加强对俄罗斯中医药服务能力，积极推动绥芬河对俄罗斯中医药中心、五大连池中医药养生旅游中心、佳木斯国医馆等一系列以接待俄罗斯患者、游客为主项目的建设。

(三) 跨境交付

2013 年，《黑龙江省对俄服务贸易中长期规划(2014—2023)》指出发展的重点领域及主要任务：着力推进对俄罗斯中医药服务，建立中医药服务网站，不断完善中医药服务和传统医疗服务系统，宣传、推广中医药知识，为提升中医药服务影响力做贡献；建立中医药远程会诊系统，实现远程会诊、健康指导、医疗信息咨询、服务等功能，积极探索开展跨境交付等方式的对俄罗斯中医药服务。

（四）商业存在

自20世纪60年代起，随着中苏关系恶化，中国和苏联之间的医学交流慢慢停顿了。但是随着20世纪80年代中苏之间贸易的恢复，中国的中医学和中药又逐渐开始慢慢进入当地。现在俄罗斯全境有200～250家中医中心，主要分布在莫斯科、圣彼得堡等大城市中，从事针灸的人员有2万多人。2016年7月3日，俄罗斯第一所获得俄罗斯法律认可的中医院建立，即北京中医药大学圣彼得堡中医中心[18]。2018年长春中医药大学获批国家中医药管理局中医药国际合作专项"中国—俄罗斯中医药中心"。此外，中国的医疗机构、民间团体、贸易公司在俄罗斯成立众多中医门诊部和中医诊所，都为推进在俄罗斯医疗服务、促进中医在俄立法起到重要作用。

这些年来，俄罗斯民众越来越关注和推崇天然植物药，中医药正逐步得到俄罗斯民众的认可[19]。2017年上半年，中俄医药贸易发展平稳，进出口总额为4.05亿美元，同比增长45%。其中，出口仍保持增长态势，同比增长53%，达到3.8亿美元；进口略有减少。值得一提的是，在出口产品中，中药各类产品全线上涨，呈现量价齐升的好势头，出口额同比增长200%，达564万美元。中药类项下的中成药、保健品、提取物、中药材及饮片的出口额涨幅均在100%以上，其中，保健品增幅最大，达到1 812%[20]。

（五）自然人流动

中医师在俄罗斯执业需经其有关部门办理长期工作签证。大部分从事中医行业的医生都是经过中医培训的西医。目前两国间自然人流动的主要形式为我国培养的中医师前往俄罗斯提供中医医疗服务。但由于中医诊疗机构多以中医诊所的形式存在，自然人流动从业空间仍需拓宽。

（六）大事记

中俄服务贸易大事记见表 1－2。

表 1－2　中俄服务贸易大事记

时　间	事　件	意　义
2013 年 3 月 21 日	《远东和贝加尔地区 2025 年前社会经济发展规划》签署	推进中俄两国在运输服务、建筑服务和劳务承包等服务贸易领域的合作
2015 年 12 月 17 日	《中华人民共和国财政部与俄罗斯联邦财政部财金领域合作谅解备忘录》签订	务实推进财金领域合作的重要阶段性成果
2016 年 6 月 24 日	中、蒙、俄三国签署《建设中蒙俄经济走廊规划纲要》	中、蒙、俄经济走廊十大区域贸易合作（包括医疗服务贸易合作）正式启动
2018 年 11 月 7 日	中俄签署《中华人民共和国商务部和俄罗斯联邦经济发展部关于服务贸易领域合作的谅解备忘录》	推动以服务贸易发展为目的的双边展会，加强双边服务贸易数据交换

五、市场机遇与潜力

（一）中医在俄罗斯的发展

在俄罗斯医疗工作中，中医的临床应用并不多，仅有小部分。整体看来，中医临床实践较少的原因是，绝大多数的医生并没去真正理解中医理论。近年来，中医医生运用正宗的中医疗法在俄罗斯中医门诊部广泛开展教学工作，短训班的建立或师徒相传的方式，使得俄罗斯中医人才得以培养[21]。

（二）针灸在俄罗斯的发展

俄罗斯的针刺反射疗法，虽源于中医，却与中医所谓的针灸不尽相同，仅是方法与中医针灸相似，在临床应用上也有所不同。受针刺治疗与神经反射作用机制理论的影响，俄罗斯的各级医院基本是神经科专业的医生在从事针灸工作，所以针刺治疗的病种主要是以神经科疾病为主，如出血性脑卒中。在西医看来针刺要在出血性脑卒中发展的半年后应用，早期应用会使血压升高，导致脑部再次出血。

20 世纪 50 年代中期，当时苏联许多综合医院开始研究针刺疗法，至今，在俄罗斯已经建立了数百个针灸临床与科研基地。在各级医院，针灸的受用面涉及内、外、妇、儿各临床专科、各年龄组的受治者，治疗病种主要是疼痛、功能性疾患、过敏性疾病等。因政府的大力支持，针灸的基础研究在俄罗斯有着良好的发展前景。

（三）我国中成药出口体系日趋完善

《中医药发展战略规划纲要（2016—2030 年）规划》强调，探索建设一批中医药海外中心，开启中医药以服务贸易带动货物贸易，支持中医药参与“一带一路”的建设，使中医药“走出去”。随着越来越多国家对中医的认可，中医疗法在海外也日益盛行，但我国的中成药在海外的注册仍旧很难实现。2015 年前我国中成药出口的 10 大国家中，按膳食补充剂的形式销售的只有美国，其他国家均以中成药的形式。2016 年国家中医药管理局、国家认证认可监督管理委员会联合签署《关于共同推进中医药健康服务完善中医药认证体系的合作协议》，完善了认证体系，提高了中医药行业品质，规范了中医药健康服务市场。

在贸易领域中，为企业在海外创造更多机会而积极打造社团认证体系的医保商会，引领了行业健康有序发展。2016 年，“植物提取物优质供应商”认证（GEP 认证）由医保商会联合美国国家卫生基金会（NSF）共同推出，协助优质企业提升品牌价值，使得企业的海外大力发展成为中医药在俄罗斯发展的一条可循之路[22]。

（四）中俄医药贸易发展前景

近年来，我国对俄罗斯出口迅速增长的医疗器械，主要是些中低端产品，如一次性医疗耗材类。影响我国产品出口减缓的因素主要有西方垄断了高端医疗器械的进口、低端产品被淘汰、市场趋于饱和、新产品的注册需要时间等[23]。

由此可见，今后中俄医药贸易的发展趋势趋于回归理性和平稳，而不应当一味地追求快速增长。

六、风 险 提 示

俄罗斯幅员辽阔，民族成分复杂，传统医学也呈现多民族性的特点，在历史上俄罗斯并没有真正形成自己民族的传统医学，大都采用如中医、阿育吠陀医学、越南医学等外来医学体系。例如在俄罗斯亚洲地区的布里亚特和卡尔梅克两个共和国就有受过传统医学培训的喇嘛，当地居民长期普遍采用我国藏医疗法。

七、案 例 分 析

（一）俄罗斯联邦传统诊断治疗方法临床试验科研中心[24]

【所在地区】 俄罗斯，莫斯科。

【案例定义】 传统医学科研中心。

【案例概况】 1976 年建立，1977 年 3 月正式运作，当时名为“中央反射疗法研究所”，现在隶属于俄罗斯联邦卫生与社会发展监督局。目前该中心有工作人员 262 人，其中科研人员 140 人，博士 12 人，副博士 25 人，俄罗斯医学科学院院士 1 人。中心机构设置包括顺势疗法和天然疗法研究所、反射疗法研究所、传统医学进修学院、传统诊断和治疗方法论证实验室、传统中医研究所（2003 年 1 月组建）、传统医学诊所等。

【案例总结】 中心的科研方向和职能有：在传统诊断和治疗方法领域组织并开展科学研究；拟定并建立采用传统诊断与治疗方法的大众医疗救助体系；在传统诊断和治疗领域培养人才并提高其业务素质，协调这方面的教学活动；拟定科学论证方案，为传统医学活动办理许可证过程提供组织和方法保障；研制并生产传统诊断和治疗的医疗器材和技术设备；研制并生产天然药物（包括顺势疗法）；制订并推广传统诊断和治疗标准。

(二) 海南省三亚市中医院对接国际高端旅游疗养服务

【所在地区】 海南三亚。

【案例定义】 医疗旅游对接服务。

【案例概况】 三亚市中医院专为国际高端游客进行中医旅游服务而成立的三亚欣欣荣中医疗养国际旅行社有限公司,是海南医院系统内唯一的一家国际旅行社。该旅行社不仅会依据游客的身体状况“私人订制”中医治疗,还会为其提供衣、食、住、行等配套服务。据报道,三亚市中医院不仅服务过俄罗斯的政商界人士,还为两批因“俄罗斯别斯兰恐怖事件”受伤的儿童进行过中医康复理疗,因此在外国游客中树立了良好的品牌形象。

【案例总结】 截至 2015 年,三亚市中医院已为 30 000 余人次外宾提供中医疗养服务,平均医疗消费在 2 万美元/人次,而为三亚带来的综合效益则超过 4 倍。2018 年 4 月至 2019 年 2 月达到 16 105 人次。三亚市政府依托三亚市中医院,投资 1.69 亿元建立国际友好中医康复疗养院,与此同时,谋划建设健康国际中医养生保健中心,均按市场化运作模式经营[25]。

八、结论与建议

(一) 以中医药为突破口发展服务贸易

俄罗斯医学界对中草药的认可度不高,因此中药在俄罗斯推广的品种还很少,目前的中药贸易主要属于保健食品范畴,由于注册难度大、注册费用高昂等原因,使得正式申报俄罗斯的药品许可证后进入市场的中成药较少。

早在明代,中医针灸就传入俄国。如今在宽广的中俄边境附近,俄罗斯居民开始服用中草药,针灸得以较为广泛的应用,可见中医药在俄罗斯已经具备一定的发展基础。虽然经历了经济萎缩,俄罗斯经济增长放缓导致客户资金紧缺、资金链断裂、订单减少等问题很大程度上影响了医药贸易的发展，但相信随着近几年俄罗斯经济的复苏，会给中医药服务贸易打开空前广阔的市场。

2017年，中俄两方共同签署和发布了倡议书，达成共建“‘一带一路’中医传播与发展联盟”和“俄罗斯中医立法与推广协调委员会”的共识。俄罗斯相关部门决定在俄成立相关机构专门处理有关中医药服务贸易的事务。

近几年，国内相关部门也在为中医药服务贸易迈出国门出谋划策：《中医药发展战略规划纲要(2016—2030年)规划》和《关于共同推进中医药健康服务完善中医药认证体系的合作协议》的实施，不仅开启了中医药以服务贸易带动货物贸易的机遇，也将提高中医药健康服务产业的质量和效益。这些都是中医药服务贸易走进俄罗斯的利好因素。

(二) 注意医疗资源的投入

因俄罗斯人口分布不均，西部人口密集，东北部苔原带人口十分稀少，应注意医疗资源有选择的投入。俄罗斯某些地区民族文化复杂，如高加索地区大约有40个民族在此生活，在发展中医药服务贸易的过程中应提前了解地域文化、尊重当地各民族的传统习俗。在发展中医药服务贸易的同时应充分了解俄罗斯本国有关卫生保健的法律和当地相关的法律法规。俄罗斯本土针刺治疗的疾病主要是以神经科疾病为主，其本土医院使用的草药疗法也主要依附于西医，与中医传统针灸和中医药体系有很大程度的区别，一方面应尊重俄罗斯本土的治疗手段，另一方面应保证在俄罗斯的中医诊所规范手法、保证疗效，为中医药贸易在俄罗斯发展赢得民众可信度。

(三) 严格规范化管理

中医药服务在俄罗斯属于民间医疗服务和传统医学服务，在俄罗斯境内提供各种民间医疗服务的传统医学医生应在国家民间医生名录上登记。中俄双方相关部门应齐心协力，严厉打击通过不合法的“灰色海关”途径进入俄罗斯境内的中药品，净化中医药服务贸易在俄罗斯的发展环境；要求在俄罗斯的中医门诊部使用正宗中医疗法，使在俄罗斯中医药服务贸易规范化。

（四）广泛开展中医药教学工作

鼓励广泛开展中医药教学工作，或办短训班，或师徒相传，培养俄罗斯中医人才，为中医药服务贸易在俄罗斯的进一步长远发展打下基础。可以由中国的医保企业与俄罗斯方相关单位联合推出认证体系[26]，通过开展 GEP 认证即“植物提取物优质供应商”认证来引领中医药行业在俄罗斯的发展，为中国中医药企业在俄发展带来便利。

（施雪斐）

附

俄罗斯药品进出口与医疗服务法案(英文版)

Chapter 9. Import of Medicines into the Russian Federation and Export of Medicines from the Russian Federation

Article 47. Procedure for Import of Medicines to the Russian Federation and Export of Medicines from the Russian Federation

Import of medicines into the Russian Federation shall be performed in the procedure established by the Government of the Russian Federation and in compliance with the customs legislation of the Customs Union within Eurasian Economic Community (hereinafter — Customs Union) and (or) Russian Federation legislation of customs.

The imported medicines shall be included into the state register of the medicines.

It is allowed to import into the Russian Federation a specific consignment of unregistered medicines to be used in clinical trials of medicinal products, for state expert examination of medicines for the purpose of state registration of medicinal products, or for delivery of health care in accordance with individual vital indications for the patient, on the basis of the permit granted by an authorized federal executive body due to applications of the parties mentioned in Article 48 hereof. This application shall be reviewed and the decision on the issue of the import permit of the specific consignment of registered and (or) unregistered medicines to be used in clinical trials of medicinal products, for state expert examination of medicines for the purpose of state registration of medicinal products or for delivery of health care in accordance with individual vital indications for the patient, or on the rejection of the above mentioned permit shall be taken within the time not exceeding five (5) business days. This permit shall be granted at no charge.

The medicines, the quality of which can be proved with the certificate of the manufacturer of medicines stating that the imported medicines is in compliance with the pharmacopeia monograph or, failing the latter, with the normative documentation or normative document, may be imported into the Russian Federation.

It is forbidden to import to the Russian Federation counterfeit medicines, poor quality medicines, or infringing medicines.

Counterfeit medicines and poor quality medicines are subject to confiscation and subsequent destruction or exportation from the territory of the Russian Federation, and infringing medicines are subject to confiscation and subsequent destruction. Destruction or exportation from the territory of the Russian Federation of counterfeit medicines, poor quality medicines, or infringing medicines shall be performed at the expense of the person that imported such medicines. The procedure for destruction of counterfeit medicines, poor quality medicines, or infringing medicines shall be determined by the Government of the Russian Federation.

The persons importing counterfeit medicines, poor quality medicines, or infringing medicines to the Russian Federation shall be liable in accordance with the customs legislation of the Customs Union and (or) Russian Federation legislation of customs.

The export of medicines from the Russian Federation shall be performed without application of any restrictions imposed thereon in accordance with the customs legislation of the Customs Union and (or) the Laws of the Russian Federation on state regulation of the foreign trade activity. The export from the Russian Federation of medicinal products meant for humanitarian aid (assistance) or help under emergency situations shall be performed on the basis of a resolution of the Government of the Russian Federation or a resolution of public authorities of the Russian Federation constituent entities on rendering assistance to a foreign state.

Article 48. Legal Entities Authorized to Import Medicines into the Russian Federation

Medicines may be imported to the Russian Federation by:

manufacturers of medicines for the purpose of in-house manufacture of medicines;

foreign developers of medicines and foreign manufacturers of medicines or other legal entities on the instructions of the developer of a medicines for the purpose of carrying out clinical trials of the medicinal product, state registration of the medicinal product, inclusion of the pharmaceutical substance in to the state register of medicines, quality control of medicines, subject to a permit from an authorized federal executive body to import a specific consignment of medicines;

wholesalers of medicines; research centres, higher professional educational institutes, manufacturers of medicines for the development, study and control of the safety, quality and efficacy of medicines subject to a permit from an authorized federal executive body;

medical institutions and other institutions mentioned in Clauses 1 to 4 of this Article for delivery of health care in accordance with individual vital indications for a patient subject to a permit from an authorized federal executive body to import a specific consignment of medicinal products issued in the established order in the form of the electronic document signed with the electronic digital signature.

Article 49. Documents Submitted to Customs Authorities of the Russian Federation when Importing Medicines into the Russian Federation

When medicines are imported into the Russian Federation, the following documents shall be submitted to the customs authorities of the Russian Federation, in addition to the documentation provided for by the customs legislation of the Customs Union and (or) Russian Federation legislation of customs:

certificate of manufacturer of a medicine stating that the imported medicine is in compliance with the pharmacopeia monograph or, failing the latter, with the normative documentation or normative document;

permit from an authorized federal executive body to import a specific consignment of medicine under the circumstances provided for in Clause 3 of Article 47 hereof.

The documents specified in Clause 1 subclauses 1 and 2 of this Article shall be submitted to the customs authorities of the Russian Federation on arrival of the medicines at the territory of the Russian Federation.

Article 50. Import of Medicinal Products into the Russian Federation for Personal Use and Other Non-Commercial Purposes

Medicinal products may be brought to the Russian Federation ignoring the requirements provided for by Clauses 1 to 4 of Article 47, Articles 48 and 49 hereof, if they are intended for:

personal use by the individuals who has arrived in the Russian Federation;

members of diplomatic corps or representatives of international organizations accredited in the Russian Federation;

treatment of passengers and crewmen of transport vehicles, train crews and transport vehicles drivers arriving in the Russian Federation;

treatment of participants of international cultural and sport events and of international expeditions; treatment of the zoo animals, as well as of the animals brought into the Russian Federation to take part in sport and entertainment events.

In the circumstances provided for in Clause 1 of this Article, it is allowed to import into the Russian Federation medicinal products that are not registered in the Russian Federation.

Medicinal products meant for humanitarian aid (assistance) or help under emergency situations are imported to the Russian Federation in the order established by the Government of the Russian Federation. It is forbidden to import to the Russian Federation unregistered medicinal products meant for humanitarian aid (assistance) or help under emergency situations.

Article 51. Cooperation between the Federal Executive Body Authorized in the Area of Customs and Other Authorized Federal Executive Bodies

The authorized federal executive authorities make available to the federal executive body authorized in the area of customs a state register of medicines, as well as the information on issued permits to import a specific consignment of medicines in the cases provided for by Clause 3 of Article 47 hereof.

The federal executive body authorized in the area of customs shall inform the authorized federal executive bodies mentioned in Clause 1 of this Article on the import of medicines into the Russian Federation and export of the medicines from the Russian Federation in the form and in the order established by the Government of the Russian Federation.

参考文献

[1] 百度.俄罗斯(俄罗斯联邦).[EB/OL].https://baike.baidu.com/item/俄罗斯/125568?fr=aladdin.

[2] 郭红,于洋,于国政."一带一路"框架下中俄地缘通道探究[J].东北亚经济研究,2017,1(3):22-30.

[3] 王兵银.俄罗斯对外贸易的现状与前景[J].西伯利亚研究,2000(4):16-21.

[4] 蒋菁.俄罗斯经济现状与中俄经贸合作新动向[J].东北亚学刊,2016(1):50-55.

[5] 商务部综合司.2016年俄罗斯货物贸易数据及中俄双边贸易概况[EB/OL].[2017-09-14].https://countryreport.mofcom.gov.cn/record/qikan110209.asp?id=8995.

[6] 新华网.俄罗斯经济上半年增长1.7%[EB/OL].[2017-09-14].http://news.china.com/finance/11155042/20170914/31390982.html.

[7] 商务部综合司.2018年俄罗斯货物贸易及中俄双边贸易概况[EB/OL].[2019-02-28].http://countryreport.mofcom.gov.cn/record/view110209.asp?news_id=63198.

[8] 马翠,姚萱,张向阳.中国与俄罗斯医疗卫生状况的比较[J].新疆医科大学学报,2011,34(7):770-773.

[9] 牛红月.中国传统医学在俄罗斯[J].中华针灸电子杂志,2013,2(1):33-35.

[10] 高新强,赵明钢.俄罗斯联邦医疗卫生体制概况与启示[J].现代医院管理,2014,12(2):22-24.

[11] 辛文.俄罗斯的免费医疗[J].祝您健康,2014(2):50.

[12] "ДМСвРоссии- добровольноемедицинскоестрахование-MetLife".MetLife(in Russian).Retrieved 23 April 2017.

[13] 周蔓仪.我国中医药高等院校助力俄中医立法[EB/OL].[2015-06-12].http://zy.china.com.cn/2015-06/12/content_35803750.htm.

[14] 人民网-国际频道.100家中国中医药试点企业产品今年走进俄罗斯[EB/OL].[2015-05-21].http://world.people.com.cn/n/2015/0521/c1002-27036892.html.

[15] 张文彭,E.B.Владимирский,C.A.Владимировна.俄罗斯传统医药学概况[J].亚太传统医药,2008,4(6):11-13.

[16] 上海市商务委员会.上海大力发展中医药服务贸易[EB/OL].[2015-12-23].http://www.scofcom.gov.cn/swdt/239495.htm.

[17] 赵维婷.中医药哈拉少(好)![EB/OL].http://www.nhfpc.gov.cn/zhuz/mtbd/201707/97634b7bc9a4496f86d94b98623b06e9.shtml.

[18] 王丽莉,刘婧姝."一带一路"战略下俄罗斯中医药教育发展路径探析[J].中国医药指南,2017,15(26):7.

[19] 肖赟赟.新时期中俄医药贸易合作将稳中求进[J].商场现代化,2015(4):1.

[20] 湖南绿洲.中药类产品出口俄罗斯成新亮点[EB/OL].http://www.plantproduct.com.cn/a/zw/news/gongsxw/.

[21] 乔玉山.加大对外交流促进祖国医学发展——考察俄罗斯、波兰、匈牙利中医药纪实[J].中医药导报,2011,17(10):106-108.

[22] 吴新竹.中医药贸易迎全新机遇[EB/OL].[2016-05-11].http://intl.ce.cn/sjjj/qy/201605/11/t20160511_11452663.shtml.

[23] 肖赟赟.中俄医药贸易合作现状、发展前景[EB/OL].[2015-07-21].http://www.chinaru.info.

[24] 徐兴泽.俄罗斯传统医学与中医药[EB/OL].[2003-07-22].http://blog.globalimporter.net/article_6055-14270.htm.

[25] 谭海清,麦婉华.国家旅游局局长李金早——三亚治旅做法值得全国推广[J].小康,2016(8X):19-22.

[26] 柳燕,于志斌,姜丽,等.2015年中药商品进出口分析[J].中国现代中药,2016,18(2):225-229.

第二章 乌克兰

一、政治与经济环境

（一）国家概况

乌克兰(Ukraine)是欧洲第二大拥有较为广袤领土的国家(603 700 平方千米)，领土面积仅次于俄罗斯。乌克兰位于东欧，黑海、亚速海北岸，东北部紧邻俄罗斯，西部靠近波兰、斯洛伐克和匈牙利，南部与罗马尼亚和摩尔多瓦接壤。

乌克兰共分为 24 个州，1 个自治共和国和 2 个直辖市。作为首都的基辅拥有 278 万人口，面积达到了 827 平方千米，是全国的政治、经济、文化以及科学中心。

（二）政治环境

1. *政治制度*　乌克兰为半总统制共和国，总统是代表国家的国家元首。2014 年 5 月 25 日，乌克兰国家政府决定提前举行总统选举。乌克兰的政府机构由总理(1 人)，第一副总理(1 人)和副总理(3 人，其中一人为副手)组成。同时总理也负责规划区域发展建设、居民住房规划和市政建设蓝图方针的部长，同时该总理兼任文化教育事业的部长。现政府于 2016 年 4 月组成，格罗伊斯曼被任命为总理。政府常设有：部长会议部(政府办公室)，经济发展和对外贸易部，区域发展规划、居民住房规划和市政建设部，内务管理部，能源发展和煤炭工业部。常规部门有：外交部，国防部，教育部，卫生部，信息政策部，社会政策部，农业和食品部，基础设施部，青年部和体育部，生态和土地资源部，文化部，财政部，司法部。

乌克兰议会，是该国最高立法机构，乌克兰议会采用并实行了一院制(不设上议院和下议院)。乌克兰议会共设立有 450 个议员席位，每一位议会议员的任期为 4 年，该议会议员是通过直接普选由民众投票选举产生的。乌克兰议会设立有议长 1 人、第一副议长 1 人、副议长 1 人。议会主要行使的权利与义务有：国家立法权和监督政府日常工作的职能，包括批准和修改国家财政预算，监督政府日常管理。乌克兰议会共下设 28 个委员会，涉及农业政策制定和土地规划管理，反腐败问题的监督和有组织犯罪的督察，建筑规划和运输规划，邮电信息的制度确立，财政预算的批准与使用，国家建设方向的制定和地方自治的管理条例的制定，环境保护政策的制定和自然资源合理规划以及利用，改变或维持经济政策的不变，促进欧洲一体化，建立法律保护和立法公正性的保障，文化传播的健康，传统文化的传承和宗教信仰的管理，青年优惠政策的出台和体育事业的发展与推进和旅游业的发展，科学发展教育体系的管理，国家安全和国防安全的资金批准与保障，民众健康的保护与疾病的预防以及医疗事业的管理和发展，能源政策的修订与维持核政策，人权，维持改善以及处理与周边国家或者国内的少数民族和族裔间关系，法律政策的制定与维持，相关的产业政策和企业管理条约的修订与制定，安排相关议程和组织工作，确保言论自由和信息流通的安全性，社会政策和劳工，金融和银行，外交事务，退休人员和退伍军人以及残疾人，土地等相关个人财产的私有化问题等。

2. **外交特点**　乌克兰目前与121国有外交关系。乌新政权将美国和西方视为外交优先事项，推动加入相关条约的进程；谴责俄罗斯的侵略，拒绝承认克里米亚并入俄罗斯，积极寻求国际社会的同情和支持。2014年9月16日，乌克兰议会正式批准了与欧盟的相关国家协议。2014年12月23日，乌克兰议会以绝对多数通过放弃“不结盟地位法”，并决定加强与北约的合作。2016年1月，乌克兰自由贸易协定正式启动。2017年9月，乌克兰—欧洲协定生效。由于克里米亚和乌克兰东部的问题，乌克兰与俄罗斯关系恶化。

3. **中乌关系**　1992年1月4日两国建交。2001年，中乌建立起全面合作的友好伙伴关系，并于2011年共同宣布建立了战略合作伙伴关系。该项决议使得中乌两国在科教文卫等各个领域均展开了友好且互利的合作，两国关系发展迅速，同时两国人民的传统友谊也在不断深化。乌克兰重视对华关系的维护与发展。同时其国内的各派政治力量也都积极倡导加强与中国的友好合作。中国尊重乌克兰的主权独立、政党独立和领土完整性，同时中国也是最早承认乌克兰独立的国家之一。2017年1月瑞士达沃斯世界经济论坛年会期间，习近平主席会见了乌克兰总统波罗申科。同年5月份，乌克兰第一副总理兼经济发展和贸易部部长库比夫赴中国参加由中国组织并召开的“一带一路”沿线国家相关国际合作的高峰论坛及首脑会晤。同年12月，我国副总理马凯远赴乌克兰主持召开中乌政府间合作委员会第三次会议。他与乌克兰总统波罗申科、总理格罗伊斯曼、第一副总理兼经济发展和贸易部长库比夫一同进行了友好会谈，并取得了相当令人振奋的成果。

（三）经济环境

1. 经济概况　在苏联时代，乌克兰地区在工业和农业方面尤为发达。乌克兰的军事科技实力曾一度占苏联原总军事实力的四分之一左右。乌克兰的主要工业部门是航空，航天制造业，冶金业，机械制造业，高度发达的造船业和化学工业。生产谷物、糖，曾有“欧洲粮仓”之称。1991 年乌克兰独立后，经济形势恶化。自 2001 年以来，由于乌克兰国内经济政策的调整以及土地财产所有制度的改革，土地等财产、生产资料的私有化出现并开始经济转型，乌克兰国内的经济结构越来越完善，结构业越来越合理。得益于此，乌克兰国内经济持续增长，GDP 稳步提高，宏观经济形势继续稳步发展，总体呈良好的态势，取得了相当的成绩。但是与此同时，国内通货膨胀等经济问题也在不断加剧，经济领域的深层次问题和矛盾也不断暴露出来。

2010 年以来，乌克兰经济发展态势逐步摆脱了金融危机的影响下的颓势，财政状况也因此有所改善与好转，国内经济开始回暖。各产业之间与产业内部的关系也日益改善，金融体系恢复稳定经济金融危机、有所好转，对比之前同期，乌克兰国内的进出口贸易额大幅增长。国内生产总值增长 4.2%，国民收入增加，通货膨胀控制在年度目标不到 9%。2011 年，整体乌克兰经济也在继续回暖。乌克兰时任总理阿扎洛夫预测并定了目标要将乌克兰经济将在 2011 年增长 5%，这将是一个庞大而艰巨的任务。2010 年以来，乌克兰经济发展逐步摆脱金融危机影响，财政状况改善，金融体系恢复稳定，进出口贸易大幅增长。

2014 年，乌克兰遭遇严重政治经济动荡，GDP 下降 6.8%，工业产值下降 10.7%。

2. 主要产业　乌克兰经济区域可大致分为三个经济区，即顿涅茨克-第聂伯经济区，中西部经济区和南部经济区。顿涅茨克-第聂伯经济区主要集中在采矿业，冶金业，化工业和重工业等大型企业，是全国经济的命脉，该区域的发展也紧紧围绕着相关产业展开，经济园区内的相关配套设施也都较为完善与完整。在取得巨大经济效益的同时，日益增长的环境负债与生态破坏使得乌克兰政府不得不重新规划该区域的经济发展；中西部经济区主要以加工与再制造业、轻工业和食品工业为主，是乌克兰国内民生与相关保障的强有力的后盾；南部经济区的特点是以造船业、港口运输和休闲旅游为主。游客在乌旅游热点以及必去的景点是喀尔巴阡山，以优美的环境与极具特色的乌克兰当地风俗以及东欧典型的文化吸引了大批游客前往度假或体验风土人情。

乌克兰国内采矿业相当发达，这得益于其较为开阔的地形与广袤的领土，乌克兰国内地下的矿产资源丰富，其主要开采的有煤炭、石油、天然气、铁矿石和锰矿石，以及有色金属和稀有金属和天然硫黄、钾盐和岩盐等。此类矿物是乌克兰的主要出口品，该项收入也是乌克兰的经济支柱之一。

乌克兰工业以重工业为主，主要有：机械制造和金属加工业，黑色和有色金属冶炼，化学工业和焦化工业，石化工业。不过乌克兰的食品制造工业和轻工业相对而言较为发达。与此同时近些年来，乌克兰的林业、木材加工业、造纸业和建材产品也发展迅速，上升势头迅猛。可见乌克兰政府也在积极努力地寻找经济转型的方案，试图从金融危机的阴影中走出来。

电力工业是乌克兰国民经济的基础产业与民生支柱产业，同时也是乌克兰燃料能源综合体的重要组成部分。乌克兰现代化电力工业十分发达，与欧洲许多的发达国家相当，许多指标甚至超过欧洲发达国家，在行业内部有着较高的影响力，在国内经济的地位举足轻重。乌克兰的煤炭储量非常丰富(大型煤田包括顿涅茨克，利沃夫-沃伦和第聂伯煤田)。乌克兰的石油和天然气的采集主要集中在喀尔巴阡山脉和乌克兰的东北部经顿涅茨克-第聂伯经济区，在加工与处理后供国内使用以及运输往国外，成为国内的支柱产业。该国规模较大的热电站有：Ugregorsk 热电站，Krivo Rouge 热电站，Bolshetten 热电站和 Zmiyev 热电站等。

得益于强大的重工业水平与在苏联时期的重要地位，乌克兰发展了运输并建立了完整的运输系统，这一系统有利于乌克兰统一运输网络与各类物资的运送，使得它可以更好地联系国内的网络运输与经济交流，还可以更好地同其他周边陆上国家发展贸易交流。乌克兰本国国内的公路总长度达到了 247 300 千米，铁路运营总里程总长为 234 500 千米。同时较为先进的管道运输系统也早已在乌克兰的交通运输系统中占有了较大的比重，管道运输在乌克兰货物运输中排名第三，流向中欧和东欧的俄罗斯石油和天然气必须在乌克兰过境。乌克兰的造船业与多个优质不冻港的存在使得它的海上运输和内陆水运也较为发达。由于苏联时期发达的航天航空科技，乌克兰本国自身的航空系统相对健全。

3. **对华贸易**　自中乌建交以来，两国在经贸领域签署了一系列重要的政府和部门间合作协议，为两国贸易奠定了法律基础。乌克兰从我国主要进口电机电器设备与零件、塑料制品、钢铁制品等各类工业产品，主要出口木材、木制品、钢铁、矿砂等工业原料以及谷物、面粉和航天器零件等。目前，乌克兰是我国在独联体地区的第三大贸易伙伴，因此维持乌克兰相关地区的和平稳定发展对于中国而言也有着相当重要的利害关系与战略意义[1]。2017 年乌克兰对华贸易总额为 80.42 亿美元,同比增长 17.72%,对华贸易总额占对外贸易总额的 8.66%;对华出口额为 21.43 亿美元,同比增长 10.68%,占出口总额的 4.95%;进口额为 58.99 亿美元,同比增长 20.5%,占进口总额的 11.89%(表 2-1、图 2-1)。

表 2-1 2007—2018 年中乌贸易总额(单位:亿美元)[2]

项目 \ 年份	2007	2008	2009	2010	2011	2012	2013	2014	2015	2016	2017	2018
总额	40.28	64.81	44.59	62.95	88.51	101.01	110.75	84.10	63.80	68.31	80.42	139.56
出口	34.61	58.52	28.80	48.72	65.11	82.15	82.01	56.25	39.25	48.95	58.99	112.1
进口	5.67	6.29	15.79	14.23	23.40	18.86	28.74	27.85	24.56	19.36	21.43	27.46

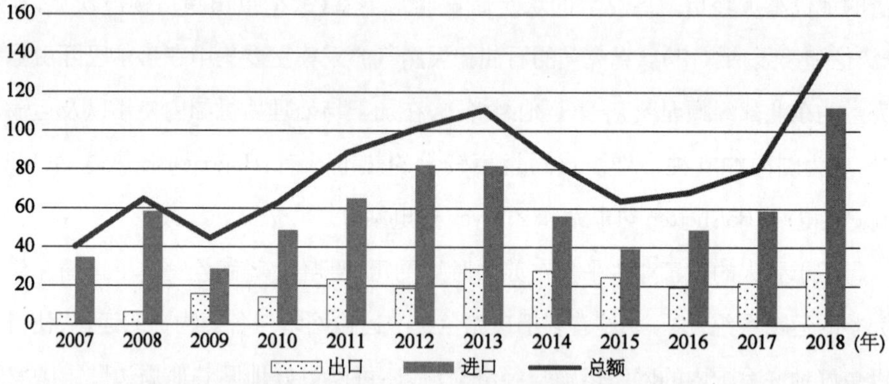

图 2-1 2007—2018 年中乌贸易情况(单位:亿美元)

二、医疗健康保障体系现状

(一) 基本情况

乌克兰拥有各类医院、诊所、医疗专业人员和医学研究机构。其医疗机构分为公立和私立。如果乌克兰公民重病患者需要住院，得益于完善的医疗保障与保险制度，普通病房通常免费入住或只收取少量费用即可入住。通常，医院会列出住院患者的免费药物清单，其他药物将自费。此外，苏联卫国战争的退伍军人、切尔诺贝利核事故的受害者、残疾人和一些退休人员有权获得免费医疗。

（二）医疗管理机构

乌克兰的医疗保健系统分为国家、州和地区以及较低级别。国家一级主要是指乌克兰卫生部。乌克兰设有卫生系统来应对紧急情况。每个州都有一个卫生行政部门负责执行卫生部的区域卫生政策，其主要职能是运营一系列保健服务，包括综合诊所、专科医院和医疗诊所。城市，区和村一级的地方政府有一些初级卫生保健机构。该国医疗管理机构还包括有关机构，如议会卫生服务委员会、妇女和儿童委员会以及其他与卫生有关的委员会[3]。

（三）医疗机构

1. **公立医疗机构**　乌克兰目前主要以公立医疗机构为主要医疗力量。它可以分为四个层次，即国家层面（三层）、州层面（二层）、区域层面（一层）和下层。目前乌克兰在卫生部公布的公立医院共计 6 048 所[4]。

2. **私立医疗机构**　乌克兰私立医疗机构并不发达，近年来对其发展情况并无统计。根据 2008 年相关学者的调查，私人医疗服务机构的总数估计为 1 000～3 500 个。大多数私人医疗服务机构的能力有限，而且他们在为人口提供医疗服务方面的作用今天并不那么明显，总体不到 1%。

（四）医疗社会保障情况

1. **国民社会医疗保险**　乌克兰国民的医疗保障由政府统一办理，按照规定，乌克兰公民在乌克兰能够免费享受公立医疗机构的诊疗服务，住院期间所有费用全免，但相对的所有药品需要自费[5]。

2. **外来人员医疗保险**　外国公民留乌克兰需要办理医疗保险，一年保金约为 300 美元。2015 年 7 月 20 日，乌克兰医疗保险制度进一步完善，年龄在 15～25 岁的外国公民可以自由选择1个月到1年的医疗和健康保险,并提供短信服务(每年30美元),办理保险后,即可享受和乌克兰公民同等的诊疗费用减免待遇。

三、传统医药的法律与政策环境

乌克兰的中医立法一直空缺,没有专门针对中医的法律法规。此外,乌克兰本身没有本土传统医疗留存,因此针对传统医药的管理方面也始终空缺。

(一) 医师执业

在乌克兰,无论是中医师还是针灸师都未设置相关考核规章和职业规范与标准。但是乌克兰现阶段存在已持有医师资格的医师学习针灸后在临床实施相关治疗的情况,目前乌克兰没有专门针对中医或针灸的执照,若按照乌克兰当地法律,则必须考取乌克兰的医师资格,方可实施针灸相关治疗[6]。

(二) 药品准入

乌克兰于2013年加入《欧洲药典》成员国,因此在药品质量监管和准入方面认同该药典规定。《欧洲药典》自第5版起,就收录了超过180种植物药及其制剂,并规定了其质量标准。但是从数量上看与我国现用中草药数量相差甚远,种类上也主要是欧洲常用植物药。目前中药在乌克兰的准入,还尚未有已公布的统一标准。

(三) 传统医药教育

2013年,中国国家卫生和计划生育委员会确认,甘肃是中国与乌克兰合作的省份。同年,甘肃省卫生和计划生育委员会与乌克兰首都基辅州卫生厅签署了合作协议,并在乌克兰国立医科大学建立了岐黄中医学院。岐黄中医学院已在乌克兰注册,并在乌克兰培训中医,以推广适当的中医药技术。2017年,11名乌克兰学员被派往甘肃进行为期1个月的中医实践和理论研究，包括针灸、按摩、中药生产技术和中医内科基础。借助岐黄中医学院，中医药教育开始在乌克兰兴起，但目前当地尚无相关学位学历。

(四) 保险覆盖

乌克兰的医疗保险对于中医药和其他医学无区分，即只要在公立医院接受诊疗，一律按照诊疗费全免、药费自付的方式进行。目前部分医院可以进行针灸治疗，因此此类治疗已经被覆盖在医保范围内。中药方面，虽然尚未能以药品方式在乌克兰使用，但因乌克兰医保制度本身不涵盖药费，因此影响不大。

(五) 医药投资

乌克兰在医药投资方面没有做特别限制。在贸易方面，乌克兰每年存在医疗器械与药品的进口，据《中国医药报》报道：2012年全年，中乌两国贸易额达到了1.6亿美元，同比增长幅度达到了2.72%。这不仅仅象征着中乌两国的友谊，也象征着中乌两国的合作在不断地深入。1.6亿美元中，中国对乌克兰的出口商品出口价格总额为1.59亿美元，同比增长幅度达到了3.88%；进口额为1 984 400美元，同比下降45.79%。但与我国基本还是以化工产品为主要贸易商品，没有突出的医疗投资成果或先例[7]。从另一个国家的角度来看，乌克兰卫生部于2018年9月报道，该部计划与荷兰Task Force Health Care医疗保健组织签署合作备忘录。在该组织的支持下，荷兰医疗公司将有机会投资乌克兰医疗领域，因此在乌克兰进行医药投资方面是存在前景的。

四、传统医药服务贸易双边合作现状

(一) 传统医药交流历程

中乌之间的医疗交流可以追溯到清朝与俄罗斯的医疗交往。清康熙二十四年

(公元1685年),即中俄尼布楚条约签署的前两年,中俄在雅克萨发生了战争。沙俄士兵被清军包围,风湿病发作,并有流行病发生。康熙皇帝派了两名中国医生到雅城。康熙三十三年(公元1694年),俄罗斯学生被派往北京。那时,天花是很严重的流行病。当时中药进入俄罗斯的主要是大黄,俄罗斯则提供了羚羊角。两国在该市建立了共同机构。乌克兰独立后,两国于1992年正式建交。自建交以来,中乌签署了许多协议,如《关于鼓励和相互保护投资协定》《关于避免双重征税的协定》《关于海运合作的协定》《进出口商品合作与评估协定》《关于科技合作协定》《知识产权合作协议》等协议。两国贸易开启新篇章。

(二) 境外消费

目前以留学生来华进行消费为主。在传统医药境外消费方面,在华接受中医药相关消费、学习的主要是乌克兰留学生。由于文化差异问题和乌克兰本身缺少传统医药发展的历史,以就医目的来华的患者没有相关报道。但在岐黄中医学院建立后,乌克兰学生开始逐渐前往我国学习相关知识,这促成了中医药境外消费的些许增长。而我国亦无成规模的为医疗前往乌克兰的人群。

(三) 跨境交付

电子商务购物在乌克兰越来越受欢迎。“一带一路”催生了电商在其沿线的爆发式发展,我国商品通过电商已经能够发往乌克兰。远程医疗上,乌克兰未和我国签订相关合作协议,因此目前无法实现云诊断、云治疗的平台体系,但相关合作在推进中。但从电商平台和支付平台上看,我国平台尚未拥有在乌克兰的一席之地。乌克兰消费者主要购置的商品中,药品也不占主要地位。中医药产品由于刚刚打开乌克兰市场,因此尚未取得较好的跨境购置成绩。

(四) 商业存在

目前主要以岐黄中医学院这种形式。2013年经过中国国家卫生和计划生育委员会确认并认证,甘肃成了中国与乌克兰合作的主要省份。同年,甘肃省卫生计划委员会也同时与乌克兰基辅州卫生厅签署了相关的合作协议,双方就相关的医疗合作事宜达成了一致，这也是中国将中医药资源与信息技术输入乌克兰的第一次初步尝试，并在乌克兰国立医科大学建立了岐黄中医学院。岐黄中医学院建立后积极开展中医药的人才培养，让中医药在乌克兰从无人问津到现在逐渐在民间建立了一定声望、针灸进入乌克兰当地的临床治疗中。部分中药也以食品补充剂、保健品的形式进入乌克兰市场，能否作为药物准入仍然在洽谈。

（五）自然人流动

目前我国与乌克兰在中医药方面的自然人流动主要依靠岐黄中医学院创造的交流机会。2013 年 10 月，第一家“岐黄中医学院”在乌克兰挂牌成立。随后，甘肃省卫生和计划生育委员会组织了一批甘肃中医专家入驻“岐黄中医学院”，举办中医讲座，开展中医义诊活动等，打开了我国专家走进乌克兰开展中医药服务贸易的局面。2017 年 10 月 30 日，第五期乌克兰中医药研讨班召开。来自乌克兰国立医科大学的 11 名学生在甘肃中医药大学及附属医院进行为期 1 个月的中医实践和理论研究。自乌克兰人来中国学习中医药相关知识也成了乌克兰人流动进入中国的重要方式。

五、市场机遇与潜力

（一）政策阻力较少

乌克兰属于对中医药方面尚未立法的国家，但也没有明确的贸易与绿色壁垒限制中医药的进入。乌克兰没有成熟的传统医药使用历史，自独立以来也没有相关的发展，因此在传统医药方面始终保持既没有专门立法也没有刻意限制的态度。随着传统医学逐渐被世界各国的重视，中医药也已经逐步进入乌克兰。两国通过商讨洽谈，让针灸和部分中药先行进入乌克兰，在这个过程中乌克兰政策方面相较于其他欧美国家阻力不大。因此，低阻力的政策条件有利于中医药投资的进行。

(二) 中医药认同度不断提升

乌克兰本来没有发达的本土传统医学,在2013年中医药进入乌克兰前当地人对其知之甚少。然而,自从甘肃省卫生和计划生育委员会与乌克兰首都基辅州卫生部签署合作协议后,经过5年的发展,中医药的疗效得到了当地人民的认可,针灸治疗已经能够进入当地医院实施,中药的准入也开始进行洽谈。中药制剂可以成为乌克兰人的较为廉价、方便且安全的后被医疗手段,或者是作为常规医疗手段的一种补充治疗,也可以在医疗资源相对较为落后的地区作为主要的医疗手段,以减轻乌克兰当局政府的医疗民生压力,乌克兰对中医药的认同度正在逐步上升,可以预见当地的中医药发展具有较好前景。

(三) 岐黄中医学院创造良好条件

2013年岐黄中医学院的成立,打开了中医药进入乌克兰的大门。通过岐黄中医学院的工作,乌克兰人民对中医药进行了评估,合作逐步推进改善。岐黄中医药学院作为先行的机构完成了中医药在乌克兰的试水和基础奠定工作,正在进一步从政策方面入手给中医药投资更好的环境。

六、风 险 提 示

(一) 投资环境不稳

乌克兰多年来一直存在多种问题。政治形势较为混乱,政策多变;法律制度不完善,法律规定相互矛盾;相关的基础设施建设与利民健康设施不够完善,而金融市场体系不够健全,产业链不合理,存在着较为严重的漏洞与风险,民众的生活质量与生活水平遭遇瓶颈,无法进一步继续提升,而乌克兰本国国内的银行信誉普遍不高,民众无法放心地存款与进行金融活动。税收制度存在着一定的漏洞,相关法律法规制度建设不健全，存在着不法之徒利用漏洞谋取私利的现象、贸易结算不规范等。而根据目前最新的2012年乌克兰投资和经济风险分析报告指出，乌克兰的参考水平为7(7/9)[8]，这也就意味着国际上对于乌克兰的投资热情不高，对于其投资前景不够明朗，世界各国普遍对乌克兰存在着一种不信任感与距离感，尤其在乌克兰内战爆发之后，对在其投资更加谨慎，外方投资人员，估计其期待度还会更进一步的下调。综上所述，这也是中国政府、社会各界的投资人员对乌克兰的直接投资不高，进入乌克兰的华籍人员和中国注资的公司很少的原因。随着乌克兰2014年大选后，政局改善不显著，尚不能排除以上诸多风险的存在。2019年5月，弗拉基米尔·泽连斯基正式就任乌克兰新总统。

（二）缺少传统医药使用基础

乌克兰自独立以来没有传统医药使用的基础存在，中医药于2013年进入乌克兰是传统医药在乌克兰的首次落地[9]。这既是中医药发展的机遇，但同时意味着我国在乌克兰中医药方面投资没有经验可循，同时容错度低。在乌克兰进行中医药方面投资主要依靠和企业等自行分析、探索，且需确保医疗服务和中医药产品的质量，一旦发生问题将会较大程度影响其进一步发展。无传统医药使用历史的国家对中医药认同度的起点一般较低，目前乌克兰中医药已经建立了一定的口碑，而对于中药的使用仍然存在不少问题，因此建立乌克兰人民对中药的信赖也是工作重点之一。

（三）中小企业在乌克兰成功案例少

目前我国在乌克兰成立的中国企业、工厂等数量很少，主要原因在于乌克兰政治、法律、经济情况的不稳定，使得企业立足十分困难，难以盈利。目前华为、中兴、中成套、中建材、中国路桥等国内大企业在乌克兰拥有自己的企业，经营状况并没有想象中的那么理想，但凭借自身的资本、管理基础尚能应对当地环境变化，承担一定程度的损失。而对于小企业来说，在乌克兰开设中资企业势必更是困难重重。在这样的背景下，在乌克兰的中小型中资企业典型性成功案例较少，中资企业发展依旧存在困难。

七、案 例 分 析

(一)法斯托夫化纤厂(Eco-Vtor)

【所在地区】 乌克兰,基辅州法斯托夫市。

【案例定义】 商务部注册在乌克兰中资企业。

【案例概况】 Eco-Vtor是一家中资企业,位于基辅州的法斯托夫市,主要从事聚酯纤维生产。工厂总投资1 100万美元,年产纤维2万吨,产品出口波兰、德国、意大利、比利时、立陶宛、斯洛伐克、土耳其、俄罗斯等邻近国家,工厂为当地提供了200~300个就业岗位。除此之外,Eco-Vtor是一家环保工厂,所采用的原料大都来自饮水瓶、啤酒瓶等可回收利用的物品,同时工厂非常重视保护环境,在环保方面进行了大力投资。

但其在发展过程中曾遭遇巨大挑战,2013年10月破土动工后,企业负责人没有意识到乌克兰国家机器存在的严重问题将为工厂带来一系列影响;在工厂的准备和建设过程中,何生根需要在政府部门处理各种文件,并要求支付超过10万美元的不明费用;国内运送的货物因不明原因在乌克兰被扣押半年,并缴纳5万美元罚款,货物发放后发现了大量物资遗失;由于乌克兰危机导致当地货币格里夫纳快速贬值,不得不使用非常规手段兑换货币;遭遇所谓"环保主义者"携带枪支入侵,以及夜间不明人士纵火等。2014年4月22日,何生根的化纤厂正式投产。接着,乌克兰内战开始,工厂不敢满负荷投产,生产能力只发挥了三分之二。2015年7月当内乱结束时,工厂持续损失已经超过1年。此后工厂才开始盈利。然而新政府的税收政策仍然令企业头疼:海关关税在2015年达到了27%,所幸工厂进口的原材料大部分可以免关税;但官方要求利润税从年末变为每月付款。

【案例总结】 法斯托夫化纤厂目前是在乌克兰成功生存下来的非大型中资企业。该厂能够实现赢利,为当地提供大量的就业岗位,并且给予当地人民更高的工资,与此同时从其生产情况、出口情况和注重环保的理念可以看出投资者对当地需求的把握非常准确。但令投资者始料未及的是当地政治因素带来的影响超乎了想象,工厂经历了乌克兰最危险的内乱时期，所幸工厂得以逐步发展。这也警示乌克兰的政治不稳定性对于投资企业来说有着巨大的影响，政治因素所带来的风险若不在投资规划时做好分析和对策应对，将对企业产生破坏性影响。

（二）华为乌克兰有限公司

【所在地区】 乌克兰，基辅州基辅市。

【案例定义】 商务部注册在乌克兰中资企业。

【案例概况】 华为在乌克兰的代表处成立于1998年。自2000年以来，它已在乌克兰正式销售设备，并与乌克兰的主要移动和固定电话运营商签订了一系列合同。2012年，乌克兰开始出售智能手机和平板电脑。2013年12月，华为在乌克兰进行了推广活动，此时，华为智能手机销售额占乌克兰市场的5%。2013年下半年，华为智能手机和平板电脑在乌克兰的销量增长为前一年的两倍。2016年7月15日，华为乌克兰有限公司表示，有超过400人在该公司工作，而这一数字还在继续增加；华为在乌的员工数量已扩大50%；发起人数量也在增加，现在有50人，但计划至少扩大两倍。根据该公司的数据，华为在乌克兰智能手机零售市场的份额已超过8%。2016年11月4日，华为首次在乌克兰推出“未来种子”CSR项目。华为连续3年邀请乌克兰著名大学如基辅大学和基辅理工大学的学生到中国学习通信技术，不仅促进了乌克兰通信业的发展，还加强了中乌合作。2018年12月4日，该公司与乌科技部签署合作备忘录。据该文件，至2021年，华为将继续在乌实施“未来种子计划”，分三期资助共计30名互联网通信领域的乌在校大学生来华进行学习、考察活动。

【案例总结】 华为作为一家有国际视野的企业很早就入驻了乌克兰，对乌克兰当地的情况有了一定的了解，并且在销售设备时就已经签署了一系列协议合同，拿到主动权。2012年华为开始在乌销售智能手机和平板电脑，成功占据市场，并适时开启推广营销活动提高销售量。也正是因为提前布局，签署了诸多协议保障其在乌克兰的地位，使得政局的混乱和动荡并未过多影响其发展。在政局稍为稳定后，华为在拉动乌克兰就业的同时还开启了与乌克兰的人才培养合作项目。准确把握住市场动向，第一时间进入市场，提前了解当地情况，积极签署相关协议保证自身权益，对在乌克兰投资具有借鉴意义。

八、结论与建议

总体来看,我国与乌克兰之间的贸易额正在逐年上升。随着乌克兰政局的逐渐稳定,贸易环境会相对有所好转。但是乌克兰不健全的法律,不够合理的税收制度和仍然不够令人放心的政治形势对于我国企业来说有不小的挑战。乌克兰虽然缺少传统医药使用基础,但近年来中医药在乌克兰逐渐升温,其发展前景令人看好。不过中医药在乌克兰毕竟刚刚起步,需改进的部分仍然很多。对此具体建议如下。

(一) 国家做好扶持工作,保证企业权益

乌克兰是投资风险较高的国家,但同时又有较大的市场值得我国开展各类投资和服务贸易。因此,为了保证中资企业在乌克兰安全、稳定、健康发展,国家需要对企业进行相应的支持。国家关系维护方面应该注重与乌克兰政府商谈,完善税收政策,免除不必要的税务;企业管理方面应注重所有在乌克兰中资企业的安全和权益维护,保证当企业出现非自身经营问题带来的损失时有专门机构能够及时出面为其解决困难,保证其安全和合法权益;在研究方面需要及时更新乌克兰贸易指南,尤其对其政治环境、税收政策等应仔细分析,帮助更多企业顺利入局,帮助已经入局的企业及时把握形势变化,防止意外损失的发生。

(二) 积极发挥乌克兰中国商会作用

乌克兰中国商会是一家于2015年9月7日在基辅成立的非营利性组织。其使命是促进中乌经贸合作、改善企业经营环境、保护商会会员合法权益,与乌克兰工商会签署了框架合作协议。目前大部分中资企业已经加入商会。商会是一个保护企业合法权益和企业间相互交流的良好平台。尤其在乌克兰这样投资风险较高的国家,应该充分发挥商会的作用,促进企业之间互帮互助、经验传输,以及为乌克兰中资企业起到保护伞的作用。商会作用的发挥尤其对于中小型企业有着重要意义,能够防止

其遇到超出自身能力的困难时孤立无援,对改善我国企业在乌经营环境有着突出意义。因此,应当加强商会建设,商会定期安排企业间交流,注重听取企业发展困难,积极与乌克兰方沟通,促进中资企业权益保护相关协议的签署与完善。

(三) 抓住机会推进中医药发展

目前中医药服务贸易在乌克兰刚刚起步,且大多依托于岐黄中医学院。从这5年来的成果来看令人较为满意,但长期只维持一家独大的情况不利于中医药在乌的进一步发展。因此需要趁中医药在乌克兰不断升温的势头下趁热打铁。在原先基础上,进一步促进乌克兰与我国的人员交流,积极商谈,让更多的中药进入乌克兰,尝试与乌克兰签订进一步医疗合作协议,积极推动远程医疗进入乌克兰。

(四) 提高服务质量,严格行业标准

在乌克兰的所有中资企业都必须严把质量关,确保产品的质量与安全,这样有助于维护中资企业的相关协议的签订和扶持政策的制定。对于中医药来说更是如此。中医药作为刚刚在乌克兰起步的行业,若要进一步推进其发展和准入,目前正在开展的服务和已经进入的药品必须确保高质量,以获取当地人民和政府的信任。尤其是中医药在乌克兰声望渐涨的现在,若发生质量问题或安全事故将会直接影响其发展。另一方面,若能严把质量关,推进中医药的准入,将来在乌克兰传统医药的质控上我国将会获得更高的发言权。因此做好质量的把控,行业标准的严格是弥足关键的一步。

(顾怿丰)

附

《乌克兰卫生部条例》

ЗАТВЕРДЖЕНО
постановою Кабінету Міністрів України
від 25 березня 2015 р. № 267

ПОЛОЖЕННЯ
про Міністерство охорони здоров'я України

1. Міністерство охорони здоров'я України（МОЗ）є центральним органом виконавчої влади, діяльність якого спрямовується і координується Кабінетом Міністрів України.

МОЗ є головним органом у системі центральних органів виконавчої влади, що забезпечує формування та реалізує державну політику у сфері охорони здоров'я, протидії ВІЛ-інфекції / СНІДу та іншим соціально небезпечним захворюванням, забезпечує формування та реалізацію державної політики у сфері створення, виробництва, контролю якості та реалізації лікарських засобів, медичних імунобіологічних препаратів і медичних виробів, у сфері обігу наркотичних засобів, психотропних речовин, їх аналогів і прекурсорів, протидії їх незаконному обігу, а також забезпечує формування державної політики у сфері санітарного та епідемічного благополуччя населення.

2. МОЗ у своїй діяльності керується Конституцією та законами України, указами Президента України і постановами Верховної Ради України, прийнятими відповідно до Конституції та законів України, актами Кабінету Міністрів України, іншими актами законодавства.

3. Основними завданнями МОЗ є

(1) забезпечення формування та реалізація державної політики у сфері охорони здоров'я, протидії ВІЛ-інфекції/ СНІДу та іншим соціально небезпечним захворюванням;

(2) забезпечення формування та реалізації державної політики у сфері створення, виробництва, контролю якості та реалізації лікарських засобів, медичних імунобіологічних препаратів і медичних виробів, у сфері обігу наркотичних засобів, психотропних речовин, їх аналогів і прекурсорів, протидії їх незаконному обігу;

(3) забезпечення формування державної політики у сфері санітарного та епідемічного благополуччя населення;

(4) координація діяльності органів виконавчої влади з питань обігу наркотичних засобів, психотропних речовин, їх аналогів і прекурсорів, протидії їх незаконному обігу.

4. МОЗ відповідно до покладених на нього завдань

(1) узагальнює практику застосування законодавства з питань, що належать до його компетенції, розробляє пропозиції щодо його вдосконалення та внесення в установленому порядку проектів законодавчих актів, актів Президента України, Кабінету Міністрів України на розгляд Кабінету Міністрів України;

(2) розробляє проекти законів та інших нормативно-правових актів з питань, що належать до його компетенції;

(3) погоджує проекти законів, інших актів законодавства, які надходять на погодження від інших міністерств та центральних органів виконавчої влади, готує в межах повноважень, передбачених законом, висновки і пропозиції до проектів законів, інших актів законодавства, які подаються на розгляд Кабінету Міністрів України, та проектів законів, внесених на розгляд Верховної Ради України іншими суб'єктами права законодавчої ініціативи, нормативно-правових актів Верховної Ради Автономної Республіки Крим;

(4) готує в межах повноважень, передбачених законом, зауваження і пропозиції до прийнятих Верховною Радою України законів, що надійшли на підпис Президентові України;

(5) визначає перспективи та пріоритетні напрями розвитку сфер охорони здоров'я, протидії ВІЛ-інфекції / СНІДу та іншим соціально небезпечним захворюванням, створення, виробництва, контролю якості та реалізації лікарських засобів, медичних імунобіологічних препаратів і медичних виробів, обігу наркотичних засобів, психотропних речовин, їх аналогів і прекурсорів, протидії їх незаконному обігу, санітарного та епідемічного благополуччя населення;

(6) здійснює нормативно-правове регулювання у сферах охорони здоров'я, протидії ВІЛ-інфекції / СНІДу та іншим соціально небезпечним захворюванням, створення, виробництва, контролю якості та реалізації лікарських засобів, медичних імунобіологічних препаратів і медичних виробів, обігу наркотичних засобів, психотропних речовин, їх аналогів і прекурсорів, протидії їх незаконному обігу, санітарного та епідемічного благополуччя населення;

(7) здійснює міжнародне співробітництво, забезпечує виконання зобов'язань, взятих за міжнародними договорами України з питань, що належать до компетенції МОЗ;

(8) у сфері охорони здоров'я:

забезпечує в межах повноважень, передбачених законом, додержання закладами охорони здоров'я, підприємствами, установами та організаціями права громадян на охорону здоров'я та прав пацієнта;

готує пропозиції стосовно визначення пріоритетних напрямів розвитку охорони здоров'я, розробляє та організовує виконання державних комплексних та цільових програм охорони здоров'я;

здійснює організаційне керівництво судово-медичною і судово-психіатричною службами;

здійснює керівництво службою медицини катастроф;

визначає пріоритетні напрями розвитку системи екстреної медичної допомоги;

погоджує щорічні регіональні плани функціонування та розвитку системи екстреної медичної допомоги в Автономній Республіці Крим, областях, мм. Києві та Севастополі;

визначає єдині вимоги і критерії до закладів охорони здоров'я системи екстреної медичної допомоги та їх структурних одиниць, а також до закладів охорони здоров'я, які можуть бути залучені до надання екстреної медичної допомоги у разі виникнення надзвичайних ситуацій та ліквідації їх наслідків, здійснює контроль за дотриманням таких вимог і критеріїв;

затверджує примірні штатні розклади і табелі оснащення закладів охорони здоров'я системи екстреної медичної допомоги та їх структурних одиниць;

визначає єдині кваліфікаційні вимоги до медичних та інших працівників закладів охорони здоров'я системи екстреної медичної допомоги та їх структурних одиниць;

організовує наукове забезпечення функціонування системи екстреної медичної допомоги;

здійснює розподіл та працевлаштування випускників вищих навчальних закладів, що належать до сфери управління МОЗ, у заклади охорони здоров'я в межах державного замовлення;

аналізує якість освітньої діяльності вищих навчальних закладів, що належать до сфери управління МОЗ;

затверджує:

— галузеві стандарти у сфері охорони здоров'я, зокрема клінічні протоколи і стандарти, здійснює контроль за їх дотриманням;

— критерії та стандарти державної акредитації закладів охорони здоров'я;

— єдині кваліфікаційні вимоги до осіб, які провадять певні види медичної та фармацевтичної діяльності, у тому числі господарську діяльність;

— норми харчування для дітей у дошкільних навчальних закладах, фізіологічні норми харчування для осіб, що постраждали внаслідок Чорнобильської катастрофи;

— норми радіаційної безпеки та допустимі рівні впливу на людину інших фізичних факторів;

— нормативи навантаження лікуючих лікарів;

— медико-біологічні і соціально-психологічні показання для зміни (корекції) статевої належності;

— порядок проведення медичної експертизи з тимчасової втрати працездатності громадян;

— порядок надання медичної допомоги лікарями та іншими медичними працівниками і порядок направлення пацієнтів до закладу охорони здоров'я, що надає медичну допомогу відповідного виду;

— порядок проведення обов'язкових медичних оглядів дітей у дошкільному навчальному закладі;

— порядок проведення клінічних випробувань тканинних і клітинних трансплантатів і експертизи матеріалів клінічних випробувань з метою їх застосування у клінічній практиці;

— умови провадження господарської діяльності із зайняття народною медициною (цілительством);

— кваліфікаційні вимоги до фізичних осіб — підприємців, які займаються народною медициною (цілительством);

— положення про здійснення медико-педагогічного контролю за фізичним вихованням учнів у загальноосвітніх навчальних закладах;

— правила визначення придатності за станом здоров'я осіб для роботи на суднах;

здійснює:

— ліцензування господарської діяльності з медичної практики;

— державний контроль діяльності психіатричних установ незалежно від форми власності та фахівців, інших працівників, які беруть участь у наданні психіатричної допомоги;

— організацію заходів щодо поширення здорового способу життя серед населення;

— організацію медичної допомоги на первинному, вторинному та третинному рівні, організацію надання медичної допомоги за спеціальностями, у тому числі з використанням телемедицини;

— моніторинг стану здоров'я населення, діяльності та ресурсного забезпечення закладів охорони здоров'я;

— контроль і нагляд за додержанням законодавства про охорону здоров'я, зокрема про медико-соціальну експертизу, вимог, необхідних для провадження діяльності, пов'язаної із трансплантацією органів та інших анатомічних матеріалів людині, та дотриманням галузевих стандартів медичного обслуговування, медичних матеріалів і технологій;

організовує разом з Національною академією наук, Національною академією медичних наук конкурси для проведення наукових досліджень з пріоритетних напрямів розвитку медичної науки;

створює метрологічну службу МОЗ;

формує пропозиції до державного замовлення на підготовку фахівців, наукових, науково-педагогічних кадрів, підвищення кваліфікації та перепідготовку кадрів у сфері охорони здоров'я на відповідні роки та розміщує затверджені обсяги в установленому законодавством порядку;

погоджує в установленому порядку навчальні плани і програми підготовки, перепідготовки та підвищення кваліфікації медичних і фармацевтичних працівників;

видає спеціальні дозволи фізичним особам — підприємцям на зайняття народною медициною (цілительством);

проводить медико-соціальну експертизу з метою виявлення ступеня обмеження життєдіяльності особи;

встановлює медичні показники застосування методів стерилізації громадян;

встановлює регламенти медичних втручань, дозові межі опромінення пацієнтів з урахуванням особливостей конкретних медичних втручань;

встановлює правила та періодичність проведення обов'язкових профілактичних оглядів на туберкульоз певних категорій населення;

бере участь в організації щорічного медичного обстеження (диспансеризації) осіб, які постраждали внаслідок Чорнобильської катастрофи;

забезпечує замовлення, постачання бланків листка тимчасової непрацездатності, ведення їх обліку та звітності витрачання, розподіл за регіонами згідно із заявами;

встановлює норми харчування і рекомендації щодо складання наборів продуктів для донора у день здавання крові та (або) її компонентів;

затверджує переліки:

— суб'єктів господарювання, що належать до сфери управління МОЗ, які забезпечують цивільний захист населення;

— захворювань, які дають право на усиновлення хворих дітей без дотримання строків перебування на обліку;

— хвороб, наявність яких є перешкодою для реалізації права на усиновлення;

— хронічних захворювань, за наявності яких громадяни не можуть проживати в комунальній квартирі або в одній кімнаті з членами своєї родини;

— інфекційних хвороб, захворювання якими є підставою для відмови в наданні дозволу на імміграцію в Україну;

— груп населення та категорій працівників, які підлягають профілактичним щепленням, у тому числі обов'язковим;

— важких робіт, робіт із шкідливими та небезпечними умовами праці, на яких забороняється застосування праці жінок і неповнолітніх осіб, граничні норми піднімання і переміщення важких речей;

— медичних протипоказань (захворювань і вад), за наявності яких особа не може бути допущена до керування відповідними транспортними засобами;

— дозволених методів профілактики, діагностики, лікування і реабілітації;

— медичних показань для застосування імплантації електрокардіостимуляторів, органів та інших анатомічних матеріалів, які можуть використовуватися для трансплантації;

— органів людини, які дозволяється вилучати в донора-трупа, показників безпеки та якості крові, її компонентів і препаратів, що вводяться реципієнтам, органів людини, анатомічних утворень, тканин, їх компонентів і фрагментів та фетальних матеріалів, які дозволяється вилучати в донора-трупа та мертвого плода людини;

— захворювань і форм ризикованої поведінки, за наявності яких виконання донорської функції може бути обмежене;

затверджує порядки:

— застосування методів профілактики, діагностики, лікування, реабілітації та лікарських засобів;

— надання первинної, вторинної, третинної, екстреної, паліативної медичної допомоги, медичної реабілітації;

— допуску до професійної діяльності в Україні громадян, які пройшли медичну або фармацевтичну підготовку у навчальних закладах іноземних держав;

— проведення судово-медичної експертизи та судово-психіатричної експертизи;

— проведення патолого-анатомічного розтину;

— проведення медичних оглядів працівників, зайнятих на важких роботах, роботах із шкідливими чи небезпечними умовами праці або таких, де є потреба у здійсненні професійного добору, щорічного обов'язкового медичного огляду осіб віком до 21 року;

— проведення медичних оглядів працівників професійних аварійно-рятувальних служб, а також медичних оглядів зазначених працівників після виконання аварійно-рятувальних робіт та періодичність проведення таких оглядів;

— проведення медичного обстеження осіб, стосовно яких прийнято рішення про оформлення документів для вирішення питання щодо визнання біженцем або особою, яка потребує додаткового захисту, та визначення віку особи;

— застосування методу штучного запліднення та імплантації ембріона;

— проведення попередніх і періодичних психіатричних оглядів;

— переведення хворих, які страждають на психічні розлади, щодо яких були застосовані примусові заходи медичного характеру, з одного психіатричного закладу в інший за рішенням суду про зміну застосування примусового заходу медичного характеру, направлення хворих на наркоманію на примусове лікування;

— лікування від наркоманії осіб, які страждають важкими психічними розладами або іншою важкою хворобою, що перешкоджає перебуванню в спеціалізованих закладах охорони здоров'я, інвалідів Ⅰ і Ⅱ групи, вагітних жінок та матерів, що мають немовлят, а також чоловіків у віці понад 60 років та жінок у віці понад 55 років;

— проведення екстреної постконтактної профілактики працівників, які під час надання медичної допомоги та соціальних послуг людям, які живуть з ВІЛ або контактують з кров'ю або біологічними матеріалами людини, забрудненими ними інструментарієм, обладнанням чи предметами, отримали пошкодження шкірного покриву або слизової оболонки внаслідок фізичного контакту із забрудненими кров'ю або біологічними матеріалами людини інструментами, обладнанням чи іншими предметами або зазнали безпосереднього відкритого фізичного контакту з кров'ю або біологічними матеріалами людини;

— проведення медико-біологічної оцінки якості та цінності природних лікувальних ресурсів, визначення методів їх використання;

— створення та ведення Державного кадастру природних лікувальних ресурсів;

— застосування ксенотрансплантатів;

— застосування трансплантації органів та інших анатомічних матеріалів людини;

— медичного обстеження донора, умови взяття крові та (або) її компонентів, їх заготовки, величину разової максимально допустимої дози крові та (або) її компонентів, яка може бути здана донором, умови і строк зберігання крові та (або) її компонентів;

— здійснення медичного контролю за станом здоров'я хворих, які живуть з електрокардіостимуляторами, умови та порядок заміни електрокардіостимуляторів таким хворим;

— створення та ведення загальнодержавного реєстру хворих, які потребують імплантації електрокардіостимуляторів;

— ведення реєстрів донорів крові та її компонентів, обміну даними між ними і порядок виключення донорів із зазначених реєстрів;

— здійснення організації та забезпечення функціонування системи екстреної медичної допомоги України;

— госпіталізації громадян, які перебувають на курортах;

— проведення медичних оглядів кандидатів у водії та водіїв, а також їх направлення на позачергові огляди та періодичність їх проведення;

— присвоєння кваліфікації судового експерта і кваліфікаційних класів судово-медичним і судово-психіатричним експертам та позбавлення кваліфікації судового експерта і кваліфікаційних класів судово-медичних і судово-психіатричних експертів;

— визначення критеріїв перинатального періоду, живонароджуваності та мертвонароджуваності, а також порядок реєстрації живонароджених і мертвонароджених;

— застосування методів психологічного та психотерапевтичного впливу;

— здійснення контролю діяльності закладів охорони здоров'я та наукових установ, пов'язаної із трансплантацією органів, тканин і клітин;

затверджує форми:

— медичного висновку про стан здоров'я дитини для зарахування її до загальноосвітнього навчального закладу;

— акта про дитину, покинуту в пологовому будинку, іншому закладі охорони здоров'я або яку відмовилися забрати батьки або інші родичі, про підкинуту чи знайдену дитину та інструкцію щодо заповнення такого акта;

— первинної облікової документації, яка використовується в закладах охорони здоров'я незалежно від рівня надання медичної допомоги і форми власності, порядок її видачі та заповнення;

— медичної облікової документації "Картка донора резерву" та інструкцію з її заповнення;

— довідки про медичне обстеження або здавання крові та (або) її компонентів і порядок її видачі, а також форму книги реєстрації посвідчень донора крові та (або) її компонентів;

— реєстраційної картки особи, яка зазнала впливу радіації внаслідок аварії на Чорнобильській АЕС;

затверджує:

— рішення про проведення лікування громадян за кордоном;

—медико-біологічні вимоги до тварин, умови їх утримання, порядок взяття у них ксенотрансплантатів;

— медичну документацію, яка засвідчує випадки народження і смерті, затверджує критерії, за якими встановлюється факт смерті;

— діагностичні критерії смерті мозку та процедуру констатації моменту смерті людини;

— разову максимально допустиму дозу крові та її компонентів, які можуть бути взяті в донора;

— правила проведення заходів фізичного обмеження та (або) ізоляції особи, яка страждає на психічний розлад;

(9) у сфері протидії ВІЛ-інфекції / СНІДу та іншим соціально небезпечним захворюванням:

затверджує:

— перелік і обсяг протитуберкульозних препаратів, якими безоплатно і безперебійно забезпечуються хворі на туберкульоз під час лікування;

— нормативи оснащення лабораторій з мікробіологічної діагностики туберкульозу I-IV рівня;

— перелік та нормативи забезпечення необхідними засобами індивідуального захисту працівників, що проводять діагностичні дослідження на ВІЛ-інфекцію, надають медичну допомогу та соціальні послуги людям, які живуть з ВІЛ, або контактують з кров'ю або біологічними матеріалами людини, забрудненими інструментарієм, обладнанням чи предметами;

— типову інструкцію про порядок використання засобів індивідуального захисту працівниками, що проводять діагностичні дослідження на ВІЛ-інфекцію, надають медичну допомогу та соціальні послуги людям, які живуть з ВІЛ, або контактують з кров'ю або біологічними матеріалами людини, забрудненими інструментарієм, обладнанням чи предметами;

— перелік державних і комунальних закладів охорони здоров'я, які ведуть облік ВІЛ-інфікованих і хворих громадян України, іноземців та осіб без громадянства, що перебувають на території України на законних підставах, та здійснюють медичний нагляд за такими особами;

— програму навчання догляду за дітьми, ураженими ВІЛ-інфекцією, для прийомних батьків;

— перелік спеціалізованих закладів охорони здоров'я та структурних підрозділів закладів охорони здоров'я, які проводять діагностику туберкульозу та надають лікувально-профілактичну допомогу хворим на туберкульоз;

затверджує порядки:

— ведення обліку людей, які живуть з ВІЛ, та здійснення за ними медичного нагляду;

— здійснення контролю за якістю крові, її компонентів і препаратів та відповідних консервуючих розчинів;

— повідомлення особі, яка пройшла тестування з метою виявлення ВІЛ, результатів тестування та видачі їй відповідних офіційних висновків;

— виявлення, профілактики та лікування хворих на туберкульоз іммігрантів;

— безоплатного забезпечення антиретровірусними препаратами та лікарськими засобами для лікування опортуністичних інфекцій людей, які живуть з ВІЛ;

— підтвердження зв'язку зараження ВІЛ-інфекцією з виконанням працівником своїх професійних обов'язків;

— ведення реєстру хворих на туберкульоз;

— обліку захворювань на туберкульоз;

затверджує форми:

— облікової документації хворих на туберкульоз, порядок її видачі та заповнення;

— первинної облікової документації, а також звітності з питань ВІЛ-інфекції/СНІДу та інструкції з її заповнення;

здійснює:

— моніторинг рівня захворюваності на ВІЛ-інфекцію/СНІД та інші соціально небезпечні захворювання;

— контроль за якістю крові, її компонентів і препаратів та відповідних консервуючих розчинів;

веде Національний реєстр донорів крові та її компонентів;

здійснює ліцензування господарської діяльності:

— з переробки донорської крові та її компонентів, виготовлення з них препаратів, крім діяльності банків пуповинної крові, інших тканин і клітин людини;

— банків пуповинної крові, інших тканин і клітин людини згідно з переліком, затвердженим МОЗ (діяльність банків пуповинної крові, інших тканин і клітин людини);

проводить у межах повноважень, передбачених законом, моніторинг виконання програм та використання грантів Глобального фонду для боротьби із СНІДом, туберкульозом та малярією;

встановлює за погодженням з Національним координатором форми і строки подання картки моніторингу виконання програми Глобального фонду для боротьби із СНІДом, туберкульозом та малярією за підсумками півріччя, щорічного звіту про виконання програми зазначеного Фонду;

(10) у сфері створення, виробництва, контролю якості та реалізації лікарських засобів, медичних імунобіологічних препаратів і медичних виробів:

затверджує:

— порядок здійснення контролю за додержанням ліцензійних умов провадження господарської діяльності з виробництва лікарських засобів, оптової та роздрібної торгівлі лікарськими засобами;

— загальні вимоги до матеріально-технічної бази для виробництва лікарських засобів, здійснення виробничого контролю їх якості, а також технологічних регламентів;

— методи здійснення контролю якості лікарського засобу;

— обов'язковий мінімальний асортимент лікарських засобів для аптечних закладів та фельдшерсько-акушерських пунктів;

— інструкцію з медичного застосування лікарського засобу;

— державні та галузеві стандарти якості лікарських засобів, медичних імунобіологічних препаратів;

— внесення змін до переліків лікарських засобів вітчизняного та іноземного виробництва, які можуть закуповувати заклади та установи охорони здоров'я, що повністю або частково фінансуються з державного та місцевих бюджетів;

затверджує переліки:

— лікарських засобів, дозволених до застосування в Україні, які відпускаються без рецептів в аптеках та їх структурних підрозділах, лікарських засобів, що підлягають лабораторному аналізу;

— препаратів (лікарських засобів), що містять незначну кількість наркотичних засобів, психотропних речовин і прекурсорів, що підлягають контролю під час ввезення на митну територію України та вивезення за її межі;

— лікарських засобів, які повинні бути наявні в медичних аптечках першої медичної допомоги для пасажирських легкових і вантажних транспортних засобів;

— отруйних і сильнодіючих лікарських засобів;

— лікарських засобів, заборонених до рекламування, які відпускаються без рецепта;

затверджує порядки:

— ведення міжвідомчої бази даних зареєстрованих в Україні лікарських засобів;

— інспектування суб'єктів господарювання та здійснення контролю якості лікарських засобів;

— видачі реєстраційного посвідчення лікарського засобу;

— заборони (тимчасової заборони) і вилучення з обігу лікарських засобів на території України;

— здійснення контролю якості лікарських засобів під час оптової та роздрібної торгівлі;

— отримання листа-повідомлення щодо можливості ввезення на митну територію України незареєстрованих лікарських засобів, стандартних зразків, реагентів, ввезення і вивезення зразків біологічного матеріалу та супутніх матеріалів, призначених для проведення доклінічних, клінічних випробувань і наукових досліджень;

— проведення моніторингу безпеки та ефективності лікарських засобів у стаціонарах закладів охорони здоров'я;

— здійснення контролю за цільовим використанням спирту етилового, який застосовується для виготовлення лікарських засобів, якістю медичних імунобіологічних препаратів, які використовуються, виробляються або пропонуються до використання в медичній практиці в Україні;

— організації та проведення експертизи, а також узгодження нормативно-технічної документації з виробництва лікарських засобів;

— проведення експертизи матеріалів клінічних випробувань та типового положення про комісію з питань етики;

— проведення доклінічного вивчення лікарських засобів, вимоги до умов проведення окремих досліджень, а також порядок проведення експертизи матеріалів доклінічного вивчення лікарських засобів;

— проведення сертифікації виробництва лікарських засобів, лікарських засобів для міжнародної торгівлі, а також сертифікації підприємств, які здійснюють оптову реалізацію (дистрибуцію) лікарських засобів;

інформує працівників охорони здоров'я і населення про лікарські засоби та імунологічні препарати, дозволені до застосування;

здійснює державну реєстрацію (перереєстрацію) лікарських засобів, у тому числі медичних імунобіологічних препаратів в Україні;

затверджує форму спеціальних бланків рецептів, порядок їх реєстрації, ведення обліку і зберігання, а також правила оформлення;

здійснює державну реєстрацію лікарських засобів, які містять генетично модифіковані організми або отримані з їх використанням;

затверджує правила:

— виписування рецептів і вимог-замовлень на лікарські засоби та вироби медичного призначення, порядок відпуску лікарських засобів і виробів медичного призначення з аптек та їх структурних підрозділів;

— виробництва (виготовлення) лікарських засобів в умовах фармацевтичних (аптечних) закладів, припису лікарських засобів;

— зберігання лікарських засобів у закладах охорони здоров'я та здійснення контролю їх якості;

— проведення клінічних випробувань медичних виробів;

— утилізації та знищення лікарських засобів;

затверджує форми:

— звіту про обсяги виробництва лікарських засобів з використанням спирту етилового;

— реєстраційного посвідчення на лікарський засіб;

видає реєстраційне посвідчення на лікарський засіб;

дозволяє ввезення незареєстрованих в Україні лікарських засобів в установленому законодавством порядку;

приймає рішення про затвердження програми клінічних випробувань лікарських засобів та їх проведення;

здійснює державну реєстрацію лікарських засобів;

затверджує декларовані зміни оптово-відпускних цін на лікарські засоби та вироби медичного призначення, що закуповуються за кошти державного та місцевих бюджетів;

приймає в установленому порядку рішення про проведення клінічних випробувань лікарських засобів та їх припинення;

веде Державний реєстр лікарських засобів;

(11) у сфері обігу наркотичних засобів, психотропних речовин, їх аналогів і прекурсорів, протидії їх незаконному обігу:

затверджує порядки:

— виявлення та взяття на облік осіб, які незаконно вживають наркотичні засоби або психотропні речовини;

— реєстрації, ведення обліку і зберігання рецептів на наркотичні засоби, психотропні речовини, включені до таблиць Ⅱ і Ⅲ переліку наркотичних засобів, психотропних речовин і прекурсорів, а також правила їх оформлення;

— проведення медичного огляду та медичного обстеження осіб, які зловживають наркотичними засобами або психотропними речовинами;

затверджує форми:

— спеціальних бланків рецептів на наркотичні засоби, психотропні речовини, включені до таблиць Ⅱ і Ⅲ переліку наркотичних засобів, психотропних речовин і прекурсорів;

— замовлення на придбання лікарських засобів, що містять наркотичні засоби, психотропні речовини і прекурсори;

визначає спеціалізовані лікувальні та лікувально-виховні заклади охорони здоров'я для неповнолітніх осіб, хворих на наркоманію;

встановлює переліки посад медичних і фармацевтичних працівників, а також закладів охорони здоров'я, яким може надаватися право на реалізацію (відпуск) наркотичних засобів, психотропних речовин фізичним особам;

розробляє і затверджує навчальні програми, методичні рекомендації та посібники з питань обігу наркотичних засобів, психотропних речовин і прекурсорів, організовує проведення навчальних курсів для фахівців, зайнятих у сфері обігу наркотичних засобів, психотропних речовин і прекурсорів;

(12) у сфері санітарного та епідемічного благополуччя населення:

затверджує:

— державні санітарні норми і правила, санітарно-епідеміологічні та санітарно-протиепідемічні правила і норми, санітарно-епідеміологічні правила і норми, протиепідемічні правила і норми, гігієнічні та протиепідемічні правила і норми, державні санітарно-епідеміологічні нормативи, санітарні регламенти;

— показники якості питної води;

— показники та критерії умов праці, за якими надаються щорічні додаткові відпустки працівникам, зайнятим на роботах, пов'язаних з негативним впливом на здоров'я шкідливих виробничих факторів;

— рекомендовані допустимі добові дози споживання дієтичних добавок;

— обов'язкові параметри безпечності харчових продуктів та інших об'єктів санітарних заходів, мінімальні специфікації якості харчових продуктів, звід правил і належну практику їх виробництва з метою забезпечення належного рівня захисту здоров'я людей;

— регламенти використання небезпечних факторів, рівень їх гранично допустимої концентрації та орієнтовно безпечні рівні хімічних і біологічних факторів у предметах та виробах, воді, повітрі, грунті;

— санітарні правила та норми у сфері охорони праці;

здійснює державну реєстрацію косметичних засобів, які містять генетично модифіковані організми або отримані з їх використанням;

здійснює погодження тексту реклами харчових продуктів для спеціального дієтичного споживання, функціональних харчових продуктів та дієтичних добавок;

координує діяльність органів виконавчої влади з питань безпечності та якості харчових продуктів;

затверджує переліки:

— установ та організацій, які виконують роботи з гігієнічної регламентації небезпечних факторів;

— особливо небезпечних і небезпечних інфекційних захворювань та умови визнання особи інфекційно хворою або носієм збудника інфекційного захворювання;

— показників, за якими здійснюється виробничий контроль у сфері питної води та питного водопостачання;

— харчових продуктів, які звичайно представляють високий і низький ризик для здоров'я людей;

— професій, виробництв та організацій, працівники яких підлягають обов'язковим профілактичним щепленням проти відповідних інфекційних хвороб;

— видів робіт, для виконання яких особи, які є бактеріоносіями, можуть бути визнані тимчасово або постійно непридатними;

затверджує порядки:

— здійснення виробничого контролю у сфері питної води та питного водопостачання і періодичність його проведення;

— підготовки і подання державної, галузевої та оперативної звітності про санітарно-епідемічну ситуацію;

— реєстрації харчових добавок та ароматизаторів;

— ведення державного обліку інфекційних і професійних захворювань, отруєнь;

— проведення усіх видів випробування, дослідження, спеціалізованої оцінки у разі проведення державної санітарно-епідеміологічної експертизи, гігієнічної регламентації та державної реєстрації небезпечних факторів у нехарчовій продукції, дезінфекційних засобів, а також порядок проведення аналізу небезпечних для здоров'я людини факторів на всіх етапах виробництва та реалізації нехарчової продукції;

— проведення профілактичних щеплень, у тому числі обов'язкових;

— проведення перевірки виконання вимог реєстрації та виключення з реєстру потужностей (об'єктів) для імпорту в Україну;

— затвердження тексту для етикетування харчових продуктів, призначених для спеціального дієтичного споживання, функціональних харчових продуктів і дієтичних добавок;

затверджує форми:

— ведення державного реєстру дезінфікуючих засобів;

— токсикологічно-гігієнічного паспорта хімічної речовини;

(13) здійснює розгляд звернень громадян з питань, пов'язаних з діяльністю МОЗ, підприємств, установ та організацій, що належать до сфери його управління;

(14) утворює, ліквідовує, реорганізовує підприємства, установи та організації, у тому числі заклади охорони здоров'я, затверджує їх положення (статути), в установленому порядку призначає на посаду та звільняє з посади їх керівників, формує кадровий резерв на посади керівників підприємств, установ та організацій, що належать до сфери управління МОЗ;

(15) виконує в межах повноважень, передбачених законом, інші функції з управління об'єктами державної власності, що належать до сфери управління МОЗ;

(16) координує та здійснює методичне забезпечення діяльності структурних підрозділів місцевих держадміністрацій;

(17) здійснює інші повноваження, визначені законом.

5. МОЗ з метою організації своєї діяльності

(1) забезпечує в межах повноважень, передбачених законом, здійснення заходів щодо запобігання корупції і контролю за їх реалізацією в апараті МОЗ, на підприємствах, в установах та організаціях, що належать до сфери його управління;

(2) здійснює добір кадрів в апарат МОЗ, на підприємства, в установи та організації, що належать до сфери його управління, формує кадровий резерв на відповідні посади, організовує роботу з підготовки, перепідготовки та підвищення кваліфікації працівників апарату МОЗ;

(3) забезпечує в межах повноважень, передбачених законом, організацію внутрішнього контролю і внутрішнього аудиту та їх здійснення на підприємствах, в установах та організаціях, що належать до сфери управління МОЗ;

(4) здійснює контроль за діяльністю підприємств, установ та організацій, що

належать до сфери його управління;

(5) організовує планово-фінансову роботу в апараті МОЗ, на підприємствах, в установах та організаціях, що належать до сфери його управління, здійснює контроль за використанням фінансових і матеріальних ресурсів, забезпечує організацію та вдосконалення порядку ведення бухгалтерського обліку;

(6) забезпечує ефективне і цільове використання бюджетних коштів;

(7) забезпечує в межах повноважень, передбачених законом:

реалізацію державної політики стосовно державної таємниці, захист інформації з обмеженим доступом, а також технічний захист інформації, здійснення контролю за їх збереженням в апараті МОЗ;

виконання завдань з мобілізаційної підготовки та мобілізаційної готовності держави;

залучення громадян до участі в управлінні державними справами, ефективну взаємодію з інститутами громадянського суспільства, здійснення громадського контролю за діяльністю МОЗ, урахування громадської думки під час формування та реалізації державної політики у сферах, що належать до компетенції МОЗ.

6. МОЗ для виконання покладених на нього завдань має право

(1) залучати в установленому порядку спеціалістів центральних і місцевих органів виконавчої влади, підприємств, установ та організацій (за погодженням з їх керівниками), вчених, представників інститутів громадянського суспільства (за згодою) до розгляду питань, що належать до його компетенції;

(2) отримувати безоплатно від міністерств, інших центральних та місцевих органів виконавчої влади, органів місцевого самоврядування необхідні для виконання покладених на нього завдань інформацію, документи і матеріали, зокрема від органів статистики — статистичні дані;

(3) скликати наради, утворювати комісії та робочі групи, проводити наукові конференції, семінари з питань, що належать до його компетенції;

(4) користуватися відповідними інформаційними базами даних державних органів, державною системою урядового зв'язку та іншими технічними засобами.

7. МОЗ у процесі виконання покладених на нього завдань взаємодіє в установленому порядку з іншими державними органами, допоміжними органами і

службами, утвореними Президентом України, тимчасовими консультативними, дорадчими та іншими допоміжними органами, утвореними Кабінетом Міністрів України, органами місцевого самоврядування, об'єднаннями громадян, громадськими спілками, профспілками та організаціями роботодавців, відповідними органами іноземних держав і міжнародних організацій, а також з підприємствами, установами та організаціями.

8. МОЗ у межах повноважень, передбачених законом, на основі і на виконання Конституції та законів України, актів Президента України і постанов Верховної Ради України, прийнятих відповідно до Конституції та законів України, актів Кабінету Міністрів України видає накази, організовує та контролює їх виконання.

Накази МОЗ, які відповідно до закону є регуляторними актами, розробляються, розглядаються, приймаються та оприлюднюються з урахуванням вимог Закону України "Про засади державної регуляторної політики у сфері господарської діяльності".

Нормативно-правові акти МОЗ підлягають державній реєстрації в установленому законодавством порядку.

Накази МОЗ, видані в межах повноважень, передбачених законом, є обов'язковими до виконання центральними органами виконавчої влади, їх територіальними органами, місцевими держадміністраціями, органами влади Автономної Республіки Крим, органами місцевого самоврядування, підприємствами, установами та організаціями незалежно від форми власності та громадянами.

9. МОЗ очолює Міністр, який призначається на посаду за поданням Прем'єр-міністра України і звільняється з посади Верховною Радою України.

Міністр має першого заступника, заступників та заступника Міністра — керівника апарату, які призначаються на посаду та звільняються з посади Кабінетом Міністрів України за поданням Прем'єр-міністра України відповідно до пропозицій Міністра.

10. Міністр

(1) очолює МОЗ, здійснює керівництво його діяльністю;

(2) спрямовує і координує здійснення іншими центральними органами виконавчої влади заходів з питань, що належать до компетенції МОЗ;

(3) спрямовує та координує діяльність визначених Кабінетом Міністрів України центральних органів виконавчої влади, зокрема:

забезпечує формування державної політики у відповідній сфері та контролює її реалізацію центральними органами виконавчої влади, діяльність яких спрямовує і координує Міністр;

погоджує та подає на розгляд Кабінету Міністрів України розроблені центральними органами виконавчої влади, діяльність яких спрямовує і координує Міністр, проекти законів, актів Президента України та Кабінету Міністрів України;

визначає пріоритетні напрями роботи центральних органів виконавчої влади, діяльність яких спрямовує і координує Міністр, та шляхи виконання покладених на них завдань, затверджує плани роботи таких центральних органів виконавчої влади;

вносить Прем'єр-міністрові України пропозиції щодо кандидатур на посаду керівників центральних органів виконавчої влади, діяльність яких спрямовує і координує Міністр, і за пропозицією керівників зазначених органів — пропозиції щодо кандидатур на посади їх заступників;

погоджує структуру апарату центральних органів виконавчої влади, діяльність яких спрямовує і координує Міністр;

видає обов'язкові до виконання центральними органами виконавчої влади, діяльність яких спрямовує і координує Міністр, накази та доручення з питань, що належать до компетенції таких органів;

погоджує призначення на посаду і звільнення з посади керівників і заступників керівників самостійних структурних підрозділів апарату центральних органів виконавчої влади, діяльність яких спрямовує і координує Міністр;

порушує перед Кабінетом Міністрів України питання щодо скасування актів центральних органів виконавчої влади, діяльність яких спрямовує і координує Міністр, повністю або в окремій частині;

порушує перед Кабінетом Міністрів України питання щодо притягнення до дисциплінарної відповідальності керівників центральних органів виконавчої влади, діяльність яких спрямовує і координує Міністр, та їх заступників;

ініціює питання щодо притягнення до дисциплінарної відповідальності керівників структурних підрозділів апарату центральних органів виконавчої влади, діяльність яких спрямовує і координує Міністр, територіальних органів зазначених центральних органів виконавчої влади та їх заступників, а також керівників підприємств, установ та організацій, що належать до сфери управління таких центральних органів виконавчої влади;

ініціює питання щодо проведення службового розслідування стосовно керівників центральних органів виконавчої влади, діяльність яких спрямовує і координує Міністр, їх заступників, інших державних службовців і працівників апарату центральних органів виконавчої влади, діяльність яких спрямовує і координує Міністр, та територіальних органів зазначених центральних органів виконавчої влади, підприємств, установ та організацій, що належать до сфери управління таких центральних органів виконавчої влади;

приймає рішення щодо проведення перевірки діяльності центральних органів виконавчої влади, діяльність яких спрямовує і координує Міністр;

заслуховує звіти про виконання покладених на центральні органи виконавчої влади, діяльність яких спрямовує і координує Міністр, завдань та планів їх роботи;

визначає структурний підрозділ апарату МОЗ, що відповідає за взаємодію з центральними органами виконавчої влади, діяльність яких спрямовує і координує Міністр;

визначає посадових осіб МОЗ, які включаються до складу колегії центральних органів виконавчої влади, діяльність яких спрямовує і координує Міністр;

визначає порядок здійснення обміну інформацією між МОЗ та центральними органами виконавчої влади, діяльність яких спрямовує і координує Міністр, періодичність її подання;

вирішує інші питання, пов'язані з координацією діяльності центральних органів виконавчої влади, діяльність яких спрямовує і координує Міністр;

(4) визначає пріоритети роботи МОЗ та шляхи виконання покладених на нього завдань, затверджує плани роботи МОЗ, звіти про їх виконання;

(5) організовує та контролює виконання в апараті МОЗ Конституції та законів України, актів Президента України і Кабінету Міністрів України;

(6) подає на розгляд Кабінету Міністрів України проекти законів, актів Президента України, Кабінету Міністрів України, розробником яких є МОЗ;

(7) представляє в установленому порядку проекти законів України, розробником яких є МОЗ та центральні органи виконавчої влади, діяльність яких спрямовує і

координує Міністр, і доповідає з інших питань, що належать до компетенції МОЗ, під час їх розгляду на пленарних засіданнях Верховної Ради України;

(8) веде переговори і підписує міжнародні договори України у межах наданих йому повноважень;

(9) затверджує положення про самостійні структурні підрозділи апарату МОЗ, призначає на посаду та звільняє з посади в установленому порядку їх керівників та заступників керівників, працівників патронатної служби, присвоює їм ранги державних службовців, приймає рішення щодо їх заохочення та притягнення до дисциплінарної відповідальності;

(10) вносить подання щодо представлення в установленому порядку державних службовців та працівників апарату МОЗ, підприємств, установ та організацій, що належать до сфери його управління, до відзначення державними нагородами;

(11) порушує в установленому порядку питання щодо заохочення та притягнення до дисциплінарної відповідальності своїх заступників;

(12) притягує до дисциплінарної відповідальності керівників підприємств, установ та організацій, що належать до сфери управління МОЗ;

(13) погоджує призначення на посаду та звільнення з посади керівників відповідних структурних підрозділів обласних, Київської та Севастопольської міських держадміністрацій;

(14) порушує в установленому порядку питання щодо присвоєння рангу державного службовця заступникові Міністра — керівникові апарату;

(15) визначає обов'язки першого заступника Міністра, заступників Міністра та заступника Міністра — керівника апарату, розподіл повноважень Міністра між першим заступником Міністра та заступниками Міністра, які вони здійснюють за його відсутності;

(16) дає обов'язкові до виконання працівниками апарату МОЗ доручення;

(17) приймає рішення щодо здійснення розподілу бюджетних коштів, головним розпорядником яких є МОЗ;

(18) організовує внутрішній контроль і внутрішній аудит та забезпечує їх здійснення у МОЗ та бюджетних установах, що належать до сфери його управління;

(19) представляє МОЗ у публічно-правових відносинах з іншими органами,

підприємствами, установами та організаціями в Україні та за її межами;

(20) скликає та проводить наради з питань, що належать до його компетенції;

(21) підписує накази МОЗ;

(22) здійснює інші повноваження, визначені законом.

11. Для погодженого вирішення питань, що належать до компетенції МОЗ, обговорення найважливіших напрямів його діяльності у МОЗ може утворюватися колегія.

Рішення колегії можуть бути реалізовані шляхом видання відповідного наказу МОЗ.

Міністр організовує роботу колегії МОЗ і головує на її засіданнях, затверджує кількісний та персональний склад колегії МОЗ, консультативних, дорадчих та інших допоміжних органів і положення про них.

Для розгляду наукових рекомендацій та проведення фахових консультацій з основних питань діяльності у МОЗ можуть утворюватися інші постійні або тимчасові консультативні, дорадчі та інші допоміжні органи.

12. Гранична чисельність державних службовців та працівників апарату МОЗ затверджується Кабінетом Міністрів України.

Структура апарату МОЗ затверджується Міністром.

Штатний розпис та кошторис МОЗ затверджуються заступником Міністра — керівником апарату за погодженням з Мінфіном.

13. МОЗ є юридичною особою публічного права, має печатку із зображенням Державного Герба України та своїм найменуванням, власні бланки, рахунки в органах Казначейства.

参考文献

[1] 商务部.对外投资合作国别(地区)指南乌克兰(2017版)[Z].2017-12-28.

[2] 乌克兰对外贸易情况统计[DB/OL].[2018-11-19].http://www.ukrstat.gov.ua/operativ/menu/menu_e/zed.htm.

[3] 乌克兰内阁发布关于乌克兰卫生部条例[EB/OL].[2018-11-20].http://moz.gov.ua/polozhennja-pro-ministriv.

[4] 乌克兰医疗机构的地图[EB/OL].[2018-11-20].http://moz.gov.ua/karta-medzakladiv-med.

[5] 乌克兰医疗保障计划[EB/OL].[2018-11-20].http://moz.gov.ua/plan-reform.

[6] 汪文新,许静,樊宏,等.乌克兰卫生体制改革概况[J].中国社会医学杂志,2009,26(2):82-84.

[7] 达莎.中国对乌克兰直接投资分析[J].商,2015(32):103.

[8] 乌克兰投资与经贸风险分析报告[J].国际融资,2012(12).

[9] 海外华人中医药群集体.国际中医药发展和立法情况概览[J].中医药导报,2016(9):1-5.

第三章 波兰共和国

一、政治与经济环境

(一) 国家概况

波兰共和国(the Republic of Poland,以下简称波兰),首都为华沙,官方语言为波兰语,主要民族为波兰族。波兰是一个位于多国交界处且历史文化悠久的中东欧国家。波兰拥有独特的地理位置,东与波兰、白俄罗斯相连,东北与立陶宛及俄罗斯的飞地加里宁格勒州毗邻,西与德国为邻,北面濒临波罗的海,南与捷克共和国和斯洛伐克为邻。波兰的区位特色也决定了波兰在历史、政治和文化上的复杂性。波兰全国共分为 16 个省,整体面积约 31.27 万平方千米,截至 2018 年,波兰人口总数约 3 863.8万人[1]。

(二) 政治环境

1. **政治制度** 当前波兰的政治制度起源可追溯至 1997 年颁布的宪法(the Constitution of the Republic of Poland of 2nd April, 1997)[2]。该宪法规定了波兰是一个民主法治国家,在国内实行社会正义规则;保证了每个公民的各项活动自由和基本权利,同时也维护了公民的安全。在社会环境上,该宪法保护新闻自由和个人信仰,在宗教和哲学方面也赋予人民自主选择权。在经济制度上,波兰实行市场经济,个体和合作经营是波兰的经济基础。在法治方面,波兰有一套立法、行政和司法平衡制度。立法权属于众议院和参议院,行政权力属于波兰总统和部长会议。

2015 年底,波兰政党中以法律和公正党为代表思想的右翼政党上台执政。新政府在政策制定上有较大的变动,主要包括加重权力集中、增加税收和援助、提高福利、加强文化管控和增强爱国主义。相对于其他中东欧国家来说,波兰的政治制度和政治环境将会为中国在中东欧开展"一带一路"倡议带来一定政治风险[3]。波兰的政治环境相对复杂,国内左翼和右翼政党之间的矛盾和摩擦不曾间断。2015 年右翼势力掌握波兰政坛之后,波兰国内一度陷入政治危机。不单单是波兰本土的人民,包括一些国际组织和其他国家对波兰在政策上的种种改变产生了极大的抵触情绪。

2. **外交特点** 21世纪的今天，世界秩序相较于冷战结束后最初确立之后又发生了巨大的变化。对此，波兰当局政府对波兰的外交政策有着深刻的认识。由于地处俄罗斯与西欧博弈的交界点，波兰在政治外交上不可避免地受到俄罗斯和西欧的双重影响。波兰本身是一个欧洲国家，这也决定了其在大国博弈时明显的欧洲属性。但有别于其他欧洲发达国家，受到区位和政治文化环境因素的影响，波兰在中东欧地区的意识形态相对独立，如此也造就了波兰在欧洲整体中的作为独立国家的特色意识。首先，在处理俄罗斯的问题上，波兰认为俄罗斯的一系列行为是典型的政治和经济侵略。因此在经济政治联盟中，波兰主要倾向欧盟和北约。但在针对欧洲极端宗教主义和恐怖主义方面，波兰又同西方发达国家有明显的界限。欧盟和北约的一系列政策和条约让波兰也意识到欧盟本身面临的挑战和其在处理经济问题上的弊端，英国脱欧以后，欧盟对欧洲市场的整体性和东欧经济造成的负面效应不断暴露出来更是加剧了这一问题。波兰意识到全球经济正逐步向亚太地区倾斜，亚洲将成为目前和未来一段时间内全球经济增长的热点地区。对此，在处理国际关系上，波兰并不固定自身立场，仍以谋发展、求合作为主要原则[4]。

结合国际政治环境，波兰在外交特点上显现出一定目的性，其关注点覆盖了世界环境和自身发展方向。波兰关注地区社会稳定，同时对不可预测的事件进行预防；作为欧盟的一分子，波兰关注欧盟的全球地位；在世界文明和经济全球化进程中，波兰寻求发展；波兰关注地区社会稳定。为了有针对性地完成这一系列目标，波兰外交事务部也提出了相应的举措：① 提升波兰自身的安全防御能力，加强波兰在欧盟和北约的影响力，积极参与地区建设。② 促进经济增长和社会进步。③ 塑造正面形象，提升波兰在欧盟和全球的信誉[5]。

3. **中波关系** 1949年10月5日波兰宣布承认中华人民共和国，7日正式建立外交关系。20世纪50年代后期随着中苏关系逐渐恶化，中国和波兰之间的外交关系也日益疏远，领导层的交流访问逐渐陷入停滞。但在这个非常时期，波兰仍坚持反对“两个中国”论调，并支持恢复中国在联合国的合法席位，中国同样关心波兰在维护主权方面的斗争。20世纪中后叶，波兰发生团结工会事件，国内政局动荡。中国主张波兰问题应在符合波兰国家和人民利益的基础上由波兰人民自己和平解决。从1983年开始，中波关系逐渐走向正常化；中波两国副总理进行互访；两国外长在联大会晤，就双边关系和国际问题进行了磋商；两国在经济、科技、贸易、文教等领域的合作也显著恢复和发展。1989年波兰发生剧变，由团结工会派生的党派执政，内外政策改弦易辙,中波两国关系进入新的历史时期。1997 年时任波兰总统克瓦希涅夫斯基对中国进行国事访问,这是近 40 年来波兰国家元首第一次正式访问中国。两国元首签署了《中华人民共和国和波兰共和国联合公报》。2016 年 3 月,波兰前总统科莫罗夫斯基访华。4 月,波兰外长瓦什奇科夫斯基访华。6 月,习近平主席对波兰进行国事访问,两国关系提升为全面战略伙伴关系[6]。2017 年 5 月,波兰总理谢德沃应邀来华出席"一带一路"国际合作高峰论坛。2018 年 4 月,习近平主席特使、中共中央书记处书记郭声琨访问波兰。2018 年 9 月"波兰中国商会"成立,包括波兰波亚商会主席、前副总理兼经济部部长在内的 150 名嘉宾参加了此次活动。2019 年 3 月 14 日波兰中国总商会在华沙成立,40 多家会员企业覆盖了多个行业,推动了中波经贸进一步发展。

(三) 经济环境

1. **经济概况**　波兰的经济发展经历了明显的转型。早在 1990 年之前,波兰经济萧条,曾一度被戏称为"波兰病"。而随着巴尔采罗维奇计划和波兰战略的实施,以及加入欧盟,波兰的整体经济形势也经历了三段阶梯式的变化,并取得了突破性的成果。目前波兰整体的经济形势发展比其他中东欧国家相对平稳,市场经济制度建设也得到了明显改善。由此波兰的这一系列变化也被称为"波兰奇迹"[7]。在经济建设上波兰有明确的发展方向,包括宏观经济稳态、经济效率提升、创新经济和现代技术应用在内的多项指导方针也被写入了国家发展战略之中[8]。

2. **经济特色**　在我国面向西方的多项经济建设项目上,中东欧地区是许多经济通路的覆盖区域和终点站。波兰独特的区位优势也使得其在多项经济合作中成为不容忽视的转接点和交汇中心。相较于其他中东欧国家,波兰更接近西欧发达国家,因此在向西进的过程中,波兰也顺其自然地成为打开欧洲发达国家市场的大门[9]。2017 年波兰的运输业,除管道运输和内陆河道运输外,其他运输方式在货物运输量相比 2016 年均有增长,公共交通方式(铁路、公路、海路、陆地河道、空运)输送的乘客数量同样有所增长(表 3-1)。在国际旅客输送上,2017 年波兰全境机场(无过境)的客运量同比 2016 年增加了 17.4%。国际和国内航空运输的旅客数量分别增长了 16.9%和 22.2%。其中波兰航空公司输送的乘客总数占比约 29.3%(图 3-1)。

表 3-1 2017 年波兰运输业运输总量一览

项目 \ 年份	2016	2017		
			2015=100	2016=100
货物运输量(千吨)	1 836 652	2 053 244	113.8	111.8
铁路运输	222 523	239 501	106.8	107.6
公路运输	1 546 572	1 747 266	116.0	113.0
管道运输	54 058	52 393	95.5	96.9
海上运输	7 248	8 254	118.5	113.9
内陆河道运输	6 210	5 777	48.4	93.0
航空运输	41	53	140.0	127.2

注：本表据 Transport of goods and passengers in 2017，Elżbieta Alke，Trade and Services Department of Poland 整理

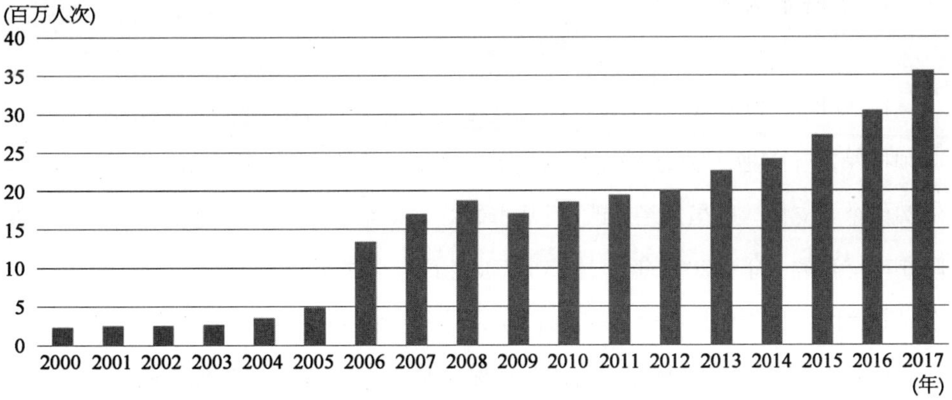

图 3-1 2017 年波兰国际旅客输送总量一览

注：本表据 Transport-wyniki dział alności w 2017 r.，Główny Urząd Statystyczny，Urząd Statystyczny w Szczecinie 整理

3. **对华贸易** 波兰在经济建设方面十分重视全球经济一体化，但近年来全球贸易形势严峻，波兰当局担忧波兰经济会受此影响而减退。此外，波兰经济作为欧洲经济的重要组成部分，受到了欧洲市场的双重影响。一方面欧洲市场是波兰最大的贸易区，占波兰对外贸易的近 70%，但另一方面，波兰经济对欧洲市场的依赖也致使波兰经济发展受限，导致各项贸易的利润率低下。为扩增经济伙伴和改良出口结构，波兰开始转变资源利用，在加强与欧盟和东欧经济贸易的同时扩张南亚、北美等发展中国家的市场。波兰凭借自身产品和服务所具备的高竞争能力以及拥有的丰富资源，

目前该政策已初显成效。也就是在这样的背景下，波兰还发展了“走向非洲”和“走向中国”(Go Africa and Go China)的项目。其中“走向中国”项目于2012年启动，该项目旨在增加波兰与中国之间的贸易往来，主要针对波兰对中国的出口，并为打算在中国开展业务的波兰企业提供支持，其另一个目的则是吸引中国投资。该项目汇集了四个部和四个政府机构的合作：经济部、外交部、体育和旅游部、农业部、信息和外国投资局、企业发展局、农业市场局和旅游组织[10]。

二、医疗健康保障体系现状

(一) 基本情况

在20世纪30年代，波兰议会正式通过了《疾病保险法》。该法律规定，所有员工必须投保，支付的医疗保险费比例为月薪收入的6.5%，其中40%由职工个人支付，60%由企业支付。后虽几经修改，但基本做法延续至今。2003年是波兰新旧医疗保险制度交替的一年。2003年1月23日，波兰议会通过了关于《成立国家医疗卫生基金及普遍医疗保险法》和全民医疗保险法，该法规经总统批准并于2003年4月1日生效。据此规定，波兰彻底改革当时的医疗保险制度，重建全国医疗保险制度。该医疗保险制度的核心是集中管理国家医疗保健基金，使所有被保险人员能够得到平等的医疗待遇。建立国家医疗保健基金和实施全民医疗保险制度是构成新制度的两个重要因素[11]。

(二) 医疗卫生基金

国家健康基金会是一个具有法人资格的国家机构。它取代了原有的17家医疗保险管理机构，负责国家健康保险工作。该基金会总部设在华沙，每个省都有一个分支机构(16个)。基金董事会由13人组成，任期5年。其主要职责是负责制定和监督国家医疗保险计划的实施，确定和监督基金会管理委员会工作章程的实施，并审查基金会的工作计划和资金使用报告。基金管理委员会由基金会主席和3名副主席组成。基金会主席由总理任命,副主席由基金委员会任命。基金管理委员会的主要职责是协调基金会与政府部门和其他医疗机构的合作,制定和实施国家年度医疗保险服务计划,管理和使用国家医疗保险基金。该基金会是一个非营利组织,不从事商业活动,不开设医院和药房,也不拥有任何形式的医疗单位的财产所有权。

(三)医疗机构

波兰的医疗服务体系相对完整,2017 年的统计显示,波兰全国共有综合医院 956 所,诊所 20 412 家,病床 18 694 张,从业医生 142 962 名(包括 60 031 名专科医生),一般拥有硕士以上学历,懂外语,并具有较高的专业素质。医疗服务分为公共和私人类别。近年来,波兰没有大规模的传染病[12,13](图 3-2)。

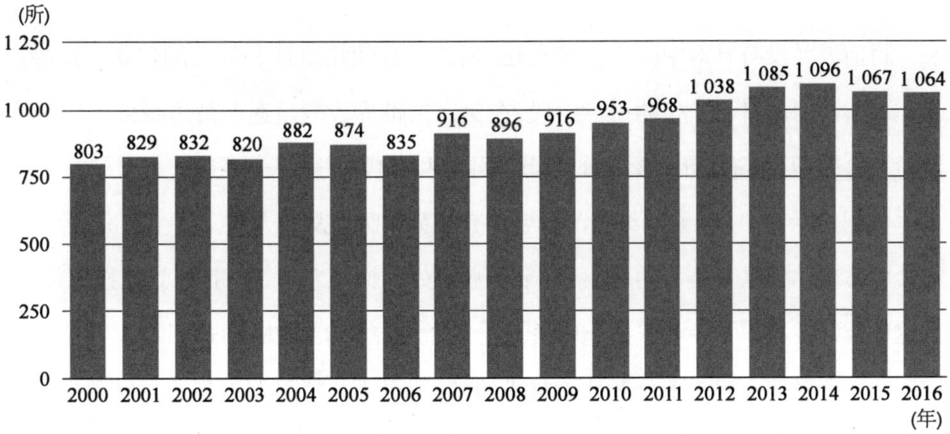

图 3-2 波兰医院数量一览

注:本图据 statista、中华人民共和国驻波兰共和国大使馆数据报告制作

(四)医疗社会保障情况

1. 普通医疗保险 波兰的普通医疗保险,即国家健康基金(NFZ)面向所有波兰公民和合法居住在波兰的外国人,不包括驻波兰的外交机构和国际组织的工作人员。普通医疗保险分为两种:强制保险和自愿保险。参加职工社会保险、农民社会保险的所有人员和所有军警司法人员都有义务参加医疗保险,其他人员可以自愿参加医疗保险。2003 年支付医疗保险费的职工比例为 8%,每年增加 0.25%。保险金按月一

次性交纳。农民的医疗保险费根据其所拥有的耕地面积计算。职工和农民支付保险费后,其医疗福利也适用于不需另缴保险费的直系家庭成员。

2. **商业保险** 没有 NFZ 保险的情况下,可以付费接受国家公共医疗保险,同时可以购买商业医疗保险和私人医疗机构每月或每年提供的医疗服务包。

三、传统医药的法律与政策环境

(一) 医师执业

目前波兰没有针对中医的具体立法,但波兰有使用草药和针灸的传统。这种疗法作为“补充和替代医学”的一种手段,在第二次世界大战后逐渐被边缘化。1989 年波兰社会转型后,随着市场经济的复苏,“补充和替代医学”迅速发展。

数据显示,2004 年波兰约有 7 万名补充和替代医疗从业人员。波兰家庭、劳工和社会事务部承认以下类型的从业者:针灸师、按摩师、推拿师、正骨师、足底按摩师等,但这些技师并不属于专业医生。针灸不是波兰医学院的正规课程,目前主要由波兰中医药协会等非官方组织开展技能培训,并向获得正式资格的医生颁发针灸资质证书。《2011 年欧洲医疗系统和政策观察波兰报告》显示,唯一可以纳入健康保险体系的是减轻慢性疼痛的针灸治疗[14]。

(二) 药品准入

在医学领域,波兰最重要的法律是《医药法》和欧盟的《2001/83/EC 人类药物法》。根据上述规定,波兰将药物分为 12 类,草药属于其中之一,但其地位比其他西药轻,一般属于非处方药(细分项目的“传统草药”,更是被定义为根据其成分和目的不需要医生指导的药物),且需遵守药品检测和上市审批的规定。波兰有专门的草药店,这些都是典型的非处方药店。法律规定,草药店的从业人员应有专门的药剂师或相关学历者[15]。

四、中医药服务贸易双边合作现状

（一）传统医药交流历程

中国和波兰在中医药领域开展了多层次的合作与交流。为加强对针灸师的培训，波兰针灸协会自20世纪80年代以来曾多次举办针灸培训班，并聘请中国针灸师前往波兰讲学和参加学术会议。波兰弗罗茨瓦夫医科大学与中国的中医药大学合作，在弗罗茨瓦夫建立了中医药研究中心，主攻中医药的联合研究和推广。

2012年8月北京同仁堂波兰华沙店开业，这也是同仁堂在欧洲第一家门店。同年，北京同仁堂全资公司在华沙成立。2014年11月波兰同仁堂第二家分店开业。2014年7月，甘肃省中医药代表团访问波兰，拜访波兰国家药品医疗器械和生物制品注册局，并与波兰卢布林医科大学达成初步协议，探索在波兰建立中医中心和教育培训机构，开展人员培训和科研合作。2016年7月，由中国中药协会，波兰弗罗茨瓦夫医科大学和弗罗茨瓦夫商会联合举办的首届中波中医学论坛在波兰举行。其间中波双方签署了《中波中医药合作备忘录》，中波中医药合作中心正式挂牌成立[15]。

（二）境外消费

中波旅游交流充满活力。波兰旅游局的官方统计数据显示，2015年超过6万中国游客到访波兰，与2014年相比增长了25.58%，这是该国游客增长最快的一年。与此同时，2015年到中国的波兰游客人数为近7万人。通过旅游交流，两国人民进一步增进了解，加深友谊。中国游客在波兰以团队游览为主。波兰旅游局北京办事处前首席代表杨·瓦乌日尼亚克曾表示，波兰非常重视与中国旅行社的合作，并促进波兰旅游市场的产品开发。随着波兰旅游在中国的兴起，旅行社开展了波兰之旅业务[16]。数据还显示，2016年去中欧和东欧的中国游客在2015年同比增长229%。波兰、捷克、匈牙利、塞尔维亚和斯洛伐克是增长最快的五大目的地之一[17]。2017年，波兰全境机场(无过境)的客运量比2016年增加了17.4%。国际和国内航空运输的旅客数量分别增长了16.9%和22.2%。其中波兰航空公司输送的乘客占乘客总数的29.3%(前一年为27.1%)。根据中国奖学金理事会的数据,2011—2015年,在获得中国政府奖学金的留学生中,波兰学生人数从664人增加到1 556人。越来越多的波兰学生有兴趣学习与中国有关的中医和经济学。这些学生认为这将使他们在就业市场上更具竞争力。根据教育部《推进共建"一带一路"教育行动》,中国国家留学基金管理委员会应充分发挥"丝绸之路"中国政府奖学金的优势并予以落实,为沿线各国专项培养"行业领军人才和优秀技能人才"。结合该文件的精神和波兰青年出国留学的需要,将加大对经济、管理、法律、新闻和其他相关专业的入学和奖学金投入[18]。

(三) 跨境交付

波兰市场是中欧和东欧最大的医药市场,70%的市场份额被仿制药占据。2011年,中国—中东欧双边医药贸易总额达7.7亿美元[19]。2012年,中国向波兰和捷克出口的中成药价值分别为53.26和51.64万美元,市场基本处于稳定状态。2014年,中国对波兰的中成药出口额为75.27万美元,同比增长75.27%。到2015年约增长到15.2亿美元,年均增长率超过20%。其中,波兰、斯洛文尼亚和匈牙利是我国出口中欧和东欧地区的主要目的地,出口额占比57%。我国在当地销售的中成药主要包括叶黄素软胶囊、益神软胶囊、复方黑鱼骨粉软胶囊等。

(四) 商业存在

在20世纪末,针灸在波兰迅速发展,有130多个针灸咨询办公室和针灸诊所,每年治疗约200万名患者。波兰除了对针灸疗法高度重视外,对植物药也相当关注。像许多国家一样,波兰在医学院提供植物学课程。与我国使用中草药的方式一样,波兰将各种草药制成丸、散、针剂和片剂,或者将药材加工成粉末提取物和颗粒剂,在波兰主要城市的草药店出售。波兰最大的草药公司是赫尔鲍尔草药公司(Herbour Herbs),下有7家制药厂,在各大城市设有分药店,年营业额相当于数亿人民币[20]。

(五) 自然人流动

参加中医学术访问交流的专家学者和在海外执业的中医师是中波之间中医交流

的重要人员组成部分。尽管中国同波兰的医学交流可以追溯至19世纪甚至更早，但直到20世纪70年代，中医的针灸治疗技术才被波兰著名的医学教授卡努斯泽夫斯基(Zbigniew Garnuszewski)推广至医疗实践中，针灸技术也在波兰得到长足发展。20世纪末，教授中医课程的学校在波兰遍地开花，教育机构对中医教学人才的需求越发凸显。但受限于中波之间的文化差异和众多外界因素的影响，直至近年，中波之间的中医交流范围才迅速扩大。2012年，华沙维斯瓦大学的孔子课堂正式开班，责任教师开始向波兰学生介绍中国视角下的中医文化。同年，波兰第一家同仁堂文化中心开业，并在中国公开招聘符合资格的中医师坐堂看诊。2014年，甘肃省与波兰开展中医合作，参与交流活动的中医专家代表团在当地进行了义诊和学术讲座。2017年，第二届国际中医大会在波兰召开，世界各地100多名中医专家参与了大会。大会期间，专家们推出了面向普通大众的讲座和诊疗活动。2019年，“一带一路”中医药中心(波兰站)成立，天津市向波兰派遣多批中医医师和中医行政管理人员，极大地推动了中波之间的中医药医疗服务建设。总体来看，得益于中医药文化和医疗的双重属性，中波之间中医药服务贸易自然人流动天然结合了学术交流和商业合作：专家学者的访问交流为波兰的中医药市场注入了新活力，与此同时，服务需求增大也促进了学术交流。

五、市场机遇与潜力

(一) 经济形势稳定与区位优势

波兰的可持续发展与其坚实的经济基础有着很大关系。全球经济危机没能对波兰构成损害，它是欧洲国家中唯一躲过2009年经济衰退的国家，同时其还是欧洲大陆上发展速度最快的国家，每年外国企业家的投资都在增加。除了经济因素，波兰相对稳定安全的环境也使其成为外国投资者信任的合作伙伴。波兰对中国与欧洲的合作具有独特的重要性，因为其是中欧陆路运输线上中国货物进入欧洲途经的第一个欧盟成员国和欧洲经济区成员国中的第一站。中国与波兰之间只有两个海关边界，一个位于中国和哈萨克斯坦边界，另一个位于白俄罗斯和波兰边界，所有的货物都需经过这两个海关口岸才能进入欧盟。从2013年开始，波兰与中国之间已经有了两条直达线路，一条从中国的成都到波兰的罗兹，另一条是中国的苏州到波兰的华沙。大多数中国企业都非常看重波兰与德国邻近的地理位置，波兰在东、西欧的走廊的区位优势大大降低了货物进口的难度。中国投资者对波兰的评价也很高，不仅因为其是通往欧洲的必经之地，还因其是一个营商环境好并且宜居的国家。他们觉得波兰稳定、可信、安全，而且完全能够兼容中国的商业惯例。波兰对境外投资者和他们的雇员也都非常欢迎和接纳[21]。

（二）针灸疗法的应用

针灸在波兰主要用于治疗脑血管病、心血管病、颈椎病、腰椎病、关节病、头痛、失眠、哮喘、溃疡病、视神经萎缩、皮肤病和脊柱外伤等20多种疾病。近年来，针灸还用于戒烟、戒酒和戒毒。

（三）中医药建设

几千年来中医作为中国特色的医疗方式，在卫生医疗领域取得了巨大的成果。中医药也将在中国参与全球卫生治理方面发挥重要作用。据《中医药"一带一路"发展规划（2016—2020年）》，到2020年，中国将建立50个中医药对外交流合作示范基地和30个中医药海外中心；颁布20项国际中医药标准；注册100多种中药产品；基本形成中医药"一带一路"全方位合作的新格局；国内政策支持体系和国际协调机制逐步完善，中医药与"一带一路"的联系越来越紧密。波兰是欧洲对于"一带一路"倡议响应最为积极的国家之一，随着中波在多个领域的合作推动，中医药服务贸易也迎来了良好的发展机遇。通过多途径、多平台和多领域的一系列举措，在波兰深入发展中医药服务贸易的条件基本完备。

六、风险提示

国际投资是一种跨国界的投资行为，需要适当的政治、经济、法律环境和社会习俗等。如果跨国投资企业没有充分利用各种渠道提前对当地市场进行认真的研究，则在环境评估、招标合同、公司决策、现场管理、人才管理等方面容易产生一系列问题，从而导致投资失败[22]。此外，波兰同中国的关系仍有不确定性。随着中美贸易摩擦升级，部分西方国家同中国的关系也受到了一定影响。由此产生的负面作用可以影响中医药开展服务贸易的多个方面，经济同政治的结合也将进一步扩大双边的争端和摩擦。波兰作为"16 + 1"合作和"一带一路"倡议在中东欧地区的主要合作伙伴，双方的友好发展具有重要意义，如何缓解政治争端带来的阻碍有待进一步研究和探讨。同样的，波兰作为中东欧国家在一定程度上受到欧盟的影响。中国同波兰长期稳定的合作可能会被欧盟视作中国在中东欧地区扶持政治势力[23]。虽然中国不太可能引起欧盟的整体形势发生新的变化，但仍然会使欧盟产生中国分裂和治理欧盟的担忧[24]。中国扩大波兰在区域的经济利益也可能与西欧的地方利益相冲突。

除了国际政治关系和经贸关系，中医药服务贸易建设进度缓慢，成效不显也将对行业内部输送潜在的负面效应。中医药在中东欧地区的布局本身就是高风险投资，它依靠资金支持、政治扶持、稳定的社会环境和密切的人文交流等重要因素。一旦中医药服务贸易开展的一个环节受到影响，整个循环的稳定性和抵抗性都会衰减，甚至使整个中医药服务贸易发展一蹶不振。因此，中医药服务贸易环境的稳态缺失也是主要风险之一。

七、案 例 分 析

波兰同仁堂

【所在地区】 波兰，华沙。

【案例定义】 中医药企业进入波兰。

【案例概况】 2014 年，波兰同仁堂第二分店开业。作为同仁堂进入欧洲的第一站，波兰同仁堂具有非常重要的意义和地位。自正式营业以来，波兰同仁堂在推广中医文化、中医按摩、保健茶和保健品方面取得了显著成效。传统中医、针灸和按摩在波兰已是众所周知，波兰也有中医协会。

【案例总结】 同仁堂是我国具有代表性的中医药公司。凭借早年的经营经验和对时势的把控,同仁堂在国内外多个重要城市开设了分店。同时,同仁堂也得到国内政策的支持,大力突破传统药店的限制,充当中医、中华文化交流和传播的载体角色。同仁堂的发展模式不易复制,但也有可学习之处:一是打中医药文化牌,结合中医药的文化背景,以文化发展带动商品销售;二是依托资本实力,对当地市场展开充分调研,针对具体的消费人群制定特色销售计划;三是依靠国家政策,适应当地环境,做到稳定持久的发展。

八、结论与建议

(一) 发挥区位优势,建设物流中心

波兰是中医走向欧盟的大门,波兰的物流基础承载了中国至欧洲一带的贸易线路上货物运输和人员输送的重要任务。中国沿"一带一路"的贸易主要是商品交易,中药产品贸易也是如此。"一带一路"沿线国家中药物流中心的建设对中医药的发展具有重要意义。中药物流中心的建设可以缓解中药运输过程中的运力压力。此外,中药物流中心可以短暂储存中药产品,避免长途运输过程中药产品的变质和损坏。中药物流中心还可以规划产品交付区域,以更有效地降低运费。

(二) 中药企业进驻提升就业率

虽然已经度过了欧债危机最困难的阶段,但波兰的经济复苏与其他欧盟国家一样困难。国内不断升高的失业率也为经济发展埋下了危机,因此,波兰迫切需要创造就业机会,提高国内就业率。中国企业进驻波兰,扎根波兰市场将会消化当地一部分空闲的劳动人口,提升波兰的就业水平。目前,国际中医药产业园已在波兰初期完成。中医药企业的进驻还会带来更多的双边互惠。一方面,随着新市场的开拓和国内市场的转移,中医药企业对市场的压力会相对减小,加之整个欧洲中药市场的逐步繁荣,对中医药企业也是一种利好;另一方面,中药企业将会为处在复苏关键节点的

波兰经济打一针强心剂。

（三）扎实基础创造发展新机遇

中医药在波兰的发展已经取得了一定成果，其中包括中药企业进驻、大学合作办学、中医药论坛举办和针灸疗法立法等。充分利用这些成果，不断扩大中医药的影响力是未来中医药在波兰乃至整个欧洲地区发展的重点方向。这些成果也可以在双方政府或民间持续深入的合作中不断深化。如在未开办孔子学院或孔子课堂且与中国有友好交流背景的大学中逐步增加中国文化相关的课程，增加国际学生和交换学生的数量，加强合作，以在未来创建更多的孔子学院；已经进驻的中药企业应加强企业生产销售规范，为波兰的医药市场提供高品质的中医药产品，为中医药赢得更多赞誉；在现有针灸立法的基础上，中医药从业者可以更进一步推动相关政策完善，或是尽可能促成中草药立法，提升中医药的规范和准入质量。

（张建忠）

附

《波兰外交战略 2017—2021》与中国相关内容部分节选

Economic Expansion

Poland's economy is closely intertwined with the global marketplace. In 2015, its exports amounted to 49.6% of GDP — significantly more than in the major global economies. Deteriorating global trade would thus likely have a dampening effect on Poland's economy.

The Polish economy is part of the European economy. Therein lies its greatest source of foreign investment, its biggest trade partner — accounting for over 70 percent of Poland's foreign trade, and its main market for outbound investment. Despite its advantages, this situation connotes an overdependence on one market — currently stagnating, and often limits Poland to the role of a subcontractor taking in lower profits.

To take full advantage of the opportunities offered by globalization and trade liberalization, Poland should widen its circle of economic partners and its export structure, which should be dominated by highly processed, high value-added goods, and should tap into its indigenous resource base, especially hard coal.

Without relinquishing its strong position in the European Union and Eastern Europe, Poland should strengthen its economic bonds with countries in more distant regions — South Asia, North America, South America, Africa, the Middle East, as well as selected developing countries. Making use of political support and trade promotion, Polish products and services should hit new markets where they can gain an edge thanks to their quality and competitive pricing, and make use of the abundance of Poland's natural resources. Poland will continue to implement the *Go Africa* and *Go China* programs, complementing them with similar initiatives addressed to the ASEAN countries, Iran, and India. Poland will develop new programs aimed at the hi-tech, upstream and downstream industries, and will seek to gain access to new sources of raw materials abroad, including seabed resources (for instance, by strengthening relations with the UN International Seabed Authority). The changing geography of Poland's global business presence will require adjustments. on the one hand, in the network of Polish diplomatic and consular posts, and, on the other hand, in future trade mission destinations.

The steady liberalization of global trade has so far produced measurable, positive results for the Polish economy. Hence Poland's support for EU negotiations of various free trade agreements. Poland will actively pursue its interests in this regard via international organizations, especially the WTO, OECD, World Bank, and UN agencies.

Poland will seek to satisfy its capital needs by mobilizing more domestic resources, but will also welcome foreign capital and foreign direct investment. It will attach special importance to projects dealing with infrastructure, those involving the transfer of modern technologies to Poland, and those promoting domestic innovation. Poland will also encourage its businesses to take part in investment projects financed by international institutions such as the World Bank, the European Investment Bank, the European Bank for Reconstruction and Development, and the Asian Infrastructure Investment Bank.

Economic expansion does not necessarily require involvement in projects in distant parts of the world. Regional cooperation also offers plenty of untapped potential. By virtue of its unique location at the juncture of Central Europe, the Baltic Sea, and the Carpathian region, Poland can play a key role in initiating cooperation between these regions. This refers first and foremost to the development of energy, transportation, road, rail, and inland waterways infrastructure. Gas interconnectors, via Carpatia, and the TEN-T Baltic-Adriatic Core Network Corridor (linking Polish seaports with ports on the Adriatic Sea) could become flagship projects, acting as catalysts of cooperation between the Baltic countries, Carpathian countries, the Visegrad Group, Bulgaria, Romania, Croatia, and Southern Europe. Poland will also undertake efforts to complement cross border connectivity with inland waterways. Once completed, these projects will enhance the EU's economic and social cohesion. It is worth noting that cooperation with China in the framework of the Belt and Road Initiative could, in the 2017–2020 perspective, facilitate these and similar projects.

Tasks:

- Take action to increase the share of highly processed goods in the structure of Polish exports. Seek to expand the volume of exported raw materials, especially hard coal.
- Enter into new international agreements with countries of South Asia, the Americas, the Middle East, and Australia — based on common goals as regards the use of raw materials, especially coal.
- Assist Polish businesses in expanding onto new international markets, in particular by developing cooperation with Asian, African, Middle Eastern, and Latin American countries.
- Seek favorable provisions in trade agreements negotiated by the EU.
- Continue the implementation of infrastructural initiatives that can enhance Central European cohesion, especially along the North-South axis.
- Seek cooperation opportunities with non-European partners, especially the People's Republic of China, in the implementation of regional infrastructure projects.
- Identify and eliminate barriers to non-EU markets that are particularly cumbersome for Polish exporters.
- Support international measures, especially within the WTO, that strengthen the global trade system, in line with Polish economic interests.
- Cooperate with countries in our region, as well as with non-European countries, with a view to advancing scientific research and creating innovative products and technologies.
- Attract more foreign tourists by promoting innovative tourism products.

参考文献

[1] THE WORLD BANK. Population total [EB/OL]. [2019 - 01 - 11]. https://data.worldbank.org/indicator/SP.POP.TOTL?locations=PL.

[2] PRESIDENT. Polish political system [EB/OL]. [2019 - 01 - 11]. https://www.president.pl/en/about-poland/polish-political-system/.

[3] 杨君岐,任禹洁."一带一路"沿线国家的投资风险分析——基于模糊综合评价法[J].财会月刊,2019(2):131 - 139.

[4] 孙琦.波兰外交政策的重点和优先方向[J].学术交流,2016(10):220.

[5] MINISTRY OF FOREIGN AFFAIRS REPUBLIC OF POLAND, Polish Foreign Policy Strategy 2017 - 2021 [Z]. 2017 - 09 - 12.

[6] 中华人民共和国外交部.中国同波兰的关系[EB/OL].[2007 - 08 - 15].https://www.fmprc.gov.cn/web/gjhdq_676201/gj_676203/oz_678770/1206_679012/sbgx_679016/t6777.shtml.

[7] 姬文刚.波兰的经济转型及社会发展:阶段、成就与挑战[J].欧亚经济,2018(4):57 - 78 + 126 + 128.

[8] THE COUNCIL OF MINISTERS, POLAND. National Development Strategy 2020 [Z]. 2012 - 09 - 17.

[9] 张晓锋.波兰与"一带一路"建设:新挑战与新思路[J].管理工程师,2018,23(6):28 - 33.

[10] CONSULATE GENERAL OF THE REPUBLIC OF POLAND IN GUANGZHOU. Go China — Polish program aiming to increase trade exchange between Poland and China [EB/OL].[2012 - 04 - 06].https://www.msz.gov.pl/en/p/kanton_cn_k_en/news/go_china_2012_04_06?printMode=true.

[11] 中华人民共和国外交部.波兰社会保障制度[EB/OL].[2003 - 06 - 20].https://www.fmprc.gov.cn/web/ziliao_674904/zt_674979/ywzt_675099/wzzt_675579/jjywj_675649/t24060.shtml.

[12] STATISTA. Hospitals-in-Poland [EB/OL].[2019 - 01 - 11].https://www.statista.com/statistics/557052/hospitals-in-poland/.

[13] 中华人民共和国驻波兰共和国大使馆.了解波兰[EB/OL].[2019 - 01 - 11].http://www.chinaembassy.org.pl/chn/ls/lsbhyxz/t1494437.htm.

[14] 驻波兰经商参处.波兰中医药服务贸易发展情况[EB/OL].[2015 - 06 - 09].http://pl.mofcom.gov.cn/article/ztdy/201507/20150701031355.shtml.

[15] 浙江在线.中医药合作中心落户波兰,专注中西医结合抗肿瘤研究[EB/OL].http://health.zjol.com.cn/system/2016/07/15/021229099.shtml.

[16] 赵珊.塞尔维亚、波兰成中国游客新兴目的地,中东欧游扮靓"一带一路".环球网[EB/OL].[2016 - 06 - 22].http://www.sohu.com/a/85261978_162522.

[17] 宋薇萍."一带一路"提振旅游产业,中东欧旅游人次增长超2倍[EB/OL].[2017 - 05 - 09].http://stock.qq.com/a/20170509/033617.htm.

[18] 程鑫,卡妯日娜·皮乐邦奇克,马丁·雅谷比.波兰高等教育概况及中波高等教育合作[J].世界教育信息,2017(17):61 - 65.

[19] 医药经济报编辑.由"一带一路"迈向中东欧医药市场[EB/OL].[2016 - 05 - 24].http://yp.gmw.cn/2016/05/24/content_20244696.htm.

[20] 乔玉山.加大对外交流,促进祖国医学发展——考察俄罗斯、波兰、匈牙利中医药纪实[J].中医药导报,2011,17(10):106 - 108.

[21] 戈瑞克,王晓波.波兰投资指南[J].中国投资,2018(11):81 - 86.

[22] 陈祥升.中海外波兰工程折戟对我国企业走出去的启示[J].对外经贸实务,2013(4):74 - 76.

[23] DARIUSZKALAN. China in Hungary's foreign policy [J]. the Polish institute of international affairs, bulletin (63), 2012.

[24] STEFANIE BOLZEN, JOHNNY ERLING. Divide, con-quer, aim East: China has a sharp new Euro-pean trade strategy [EB/OL]. [2012 - 11 - 11].https://www.worldcrunch.com/world-affairs/divide-conquer-aim-east-china-has-a-sharp-new-european-trade-strategy.

第四章 意大利共和国

一、政治与经济环境

（一）国家概况

意大利共和国(Italian Republic)，俗称意大利(Italy)，主要由欧洲南部亚平宁半岛(意大利半岛)及西西里岛和撒丁岛两个地中海岛屿所组成。北部与法国、瑞士、奥地利、斯洛文尼亚以阿尔卑斯山脉为界接壤，东部、南部、西部面向地中海[1]。领土面积301 338平方千米，总人口6 048.4万。

意大利自1946年来废除君主立宪制度，实行议会共和制度。全国行政上划分为20个行政区(15个普通自治区和5个特别自主区)、101个省与8 001个市镇。首都罗马的人口约为300万。意大利人口主要是意大利人，其余的有法兰西人、拉丁人、弗留利人、日耳曼人和斯拉夫人等。

意大利语是意大利官方语言，西部和东北部的一些少数民族地区使用法语、德语或斯洛文尼亚语。绝大多数意大利居民信奉天主教。古罗马帝国的深厚底蕴以及文艺复兴时期的思想文化运动使意大利拥有浓厚的人文气息，意大利拥有全球第一的世界遗产数目。

（二）政治环境

1. 政治制度　意大利实行议会共和制。总统为国家元首，代表国家的统一，议会是最高立法和监督机构，由参议院和众议院构成两院制。总统由参议院和众议院两院的联席会议选举产生。总理由总统任命，行使管理国家的职责，对议会负责。现任总统塞尔焦·马塔雷拉(Sergio Mattarella)于2015年1月31日当选，2015年2月3日宣誓就职。现政府于2018年6月1日宣誓就职，现任总理是朱塞佩·孔特(Paolo Gentiloni)。

意大利是多党制国家，主要政党有五星运动、民主党、联盟党、力量党、自由与平等党和兄弟党。力量党参议员卡塞拉蒂当选参议长，五星运动众议员菲科当选众议长。

意大利的宪法于1947年12月22日由立宪会议通过，1948年1月1日颁布，后于2001年10月7日全民公决通过了对现行宪法的修改。

2. **外交特点** 目前有120多个国家与意大利建立外交关系。意大利的外交以立足欧洲，积极参加欧盟建设，促进欧洲一体化进程为对外政策基点。但是由于国内政治局势难测，意大利很难制定长期稳定的外交政策。意大利外交政策的调整，与国内左右政党博弈密切相关。中左翼具有国际主义和多边主义导向，希望意大利在联合国、欧盟和北约中发挥更大的作用，包括参与海外军事行动。然而，联盟中的传统左派仍然具有一定的反美与反战意识形态。中右翼更偏向地缘政治思想，强调意大利的国家利益，而非对国际社会的积极贡献[2]。

俄罗斯是意大利的最大能源进口国，意大利20%的石油和47%的天然气从莫斯科进口[3]。中国、日本和韩国是意大利在北亚、东亚地区的主要建交国家，2014年为意韩建交130周年，2016年为意日建交150周年。在南亚地区，意大利主要从印度进口石油副产品、化学品、塑料、合成橡胶和服装，从孟加拉国、巴基斯坦等国家进口纺织品和皮革制品。意大利对南亚地区的主要出口商品是工业机器产品。新加坡和印度尼西亚是意大利在东盟最主要的两大出口国。

3. **中意关系** 1970年11月6日，中国与意大利正式建立外交关系。2004年我国和意大利建立全面战略伙伴关系，贸易往来迅速增长，经济合作全面展开，文化交流的领域也大大扩展。2013年，我国正式提出了“一带一路”倡议，而意大利作为古丝绸之路的终点，也表示了积极参与的意向[4]。中国与意大利同为文化古国，除经济贸易合作外，中意双方在文化产业，例如文物修复等方面也进一步增加合作[5]。自2014年以来，中意两国高层交往频繁，双边合作机制不断完善。2014年6月11日，前意大利总理马泰奥·伦齐来华正式访问。2017年2月21日—26日，意大利总统马塔雷拉对我国进行了为期6日的国事访问。2019年3月21日，习近平主席应邀前往意大利进行国事访问(表4-1)。

表4-1 部分重要双边协议及文件

协议及文件	时间
《中意文化合作协定》	1978年10月
《中意科技合作协定》	1978年10月
《中意领事条约》	1986年6月

（续表）

协 议 及 文 件	时　间
《中意关于加强经济合作的三年行动计划》	2014 年 6 月
《中意 2015—2019 年文化合作执行计划》	2015 年 4 月
《中国和意大利关于加强经贸、文化和科技合作的行动计划(2017—2020)》	2017 年 5 月
《中意关于开展第三方市场合作的谅解备忘录》	2018 年 9 月
《中意关于共同推进丝绸之路经济带和 21 世纪海上丝绸之路建设的谅解备忘录》	2019 年 3 月

注：表格根据中国外交部网站信息整理

（三）经济环境

1. **经济概况**　作为发达工业国家，意大利是欧洲第四大、世界第八大经济体。2018 年意大利国内生产总值(GDP)1.75 万亿欧元，同比增长 1.7%[6]。意大利人均国内生产总值居欧盟第 12 位、世界第 27 位。意大利经济发展从北到南变化较大，北方以工业为主，经济发展迅速；南方以农业为主，经济发展缓慢。意大利经济受欧元波动影响大，是欧盟最大的重债国，2008 年的经济危机对意大利的冲击较大，但是自 2014 年起，意大利经济复苏，消费与投资实现增长，现在的财政赤字率已降至 1.9%。对外贸易是意大利最重要的经济支柱，外贸产值占国内生产总值 40%以上。2018 年意大利进出口总额 8 858.08 亿欧元，其中出口总额 4 628.06 亿欧元，同比增长 3%，进口总额 4 230.02 亿欧元，同比增长 5.4%[7]。出口商品主要以机械仪器、汽车、钢铁等工业制成品为主，种类齐全。意大利自然资源稀缺，其石油和天然气仅能满足国内市场需求的一小部分，能源和主要工业原料仍依赖进口。欧盟国家是意大利最重要的国外市场，占意大利出口总量的半数以上。近年来意大利对俄罗斯、日本、中国、巴西、美国、越南等非欧盟国家和地区的出口额逐渐增加，这些国家也是意大利的重要贸易伙伴。

2. **主要产业**　意大利的主要产业为工业，实体经济发达，是欧盟中仅次于德国的第二大制造业强国。意大利主要以中小产业为主，所以各类中型科技消费品和投资产品在国际市场上地位甚重，但是高技术产品相对较少。意大利的主要产业有石油化工、汽车制造、家用电器、电子仪器。此外意大利的服务业和旅游业发展迅速。意大利服务业产值占国民生产总值的 2/3，多数与制造业产品营销相关。意大利也是世界第 5 大旅游国，人文与自然景观丰富，主要旅游城市包括罗马、威尼斯、佛罗伦萨等。

3. **对华贸易**　意大利是中国在欧盟的第 5 大贸易伙伴，中国是意大利在亚洲最大的贸易伙伴。2018 年,中意双边贸易额为 542.4 亿美元,同比增长 9.1%。意大利自中国进口总值 331.7 亿美元,同比上升 13.6%,对中国出口总值 210.6 亿美元,同比增长了 2.8%。意大利对中国主要出口纺织机械、动物皮革等工业产品,从中国主要进口服装及其配件、纺织纱线等[8](表 4-2、图 4-1)。

表 4-2 2008—2018 年中意贸易总额(单位:亿美元)

项目 \ 年份	2008	2009	2010	2011	2012	2013	2014	2015	2016	2017	2018
自华进口	345.8	267.8	378.3	408.3	316.0	257.5	332.2	312.6	272.8	291.7	308.8
对华出口	94.5	92.5	113.8	138.9	115.4	175.8	138.9	115.2	110.8	204.3	131.7
总　额	440.3	360.3	492.1	547.2	431.4	433.3	471.1	427.8	383.6	496.0	439.5

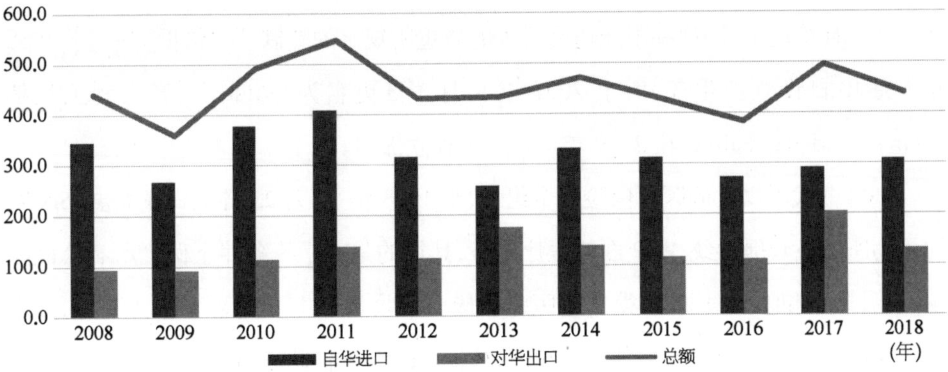

图 4-1 2008—2018 年中意贸易总额(单位:亿美元)

注:图表依据意大利国家统计局、中国商务部网站、中国贸促会网站数据整理

二、医疗健康保障体系现状

(一) 基本情况

2000 年,世界卫生组织(WHO)对其所有成员国卫生系统绩效进行了排名,意大

利位列第二。意大利全民医疗的付费模式为住院全免费、门诊支付挂号费。意大利推行家庭医生首诊制度。意大利国家医疗卫生服务组织(SSN)是在英国国家卫生服务系统基础上对意大利国家医疗卫生系统进行改革而形成的。根据 WHO 数据显示,意大利医院病床密度为 34 张/10 000 人口,医生密度为 338 名/100 000 人口,医疗卫生支出占国民生产总值的 9%。在 2018 年 12 月 30 日颁布的《2019 财政年度国家预算》中,第 514 条表明,2019 年,意大利对国家卫生标准的资助水平为 1 144.39 亿欧元。这一水平在 2020 年增加 20 亿欧元,在 2021 年增加 15 亿欧元[9]。

(二) 医疗管理机构

意大利《宪法》第 32 条规定:"共和国保护健康作为一项基本的个人权利和社区利益,并为有需要的人提供免费治疗。除法律规定外,任何人不得被迫接受特定的治疗。在任何情况下,法律都不能违反对人的尊重所规定的限制。"并依据宪法,于 1958 年 3 月 13 日设立卫生部,后于 2001 年 8 月 3 日更名为"Salute"。意大利卫生部(Ministero della, Salute)在 2009 年正式成为独立部门。

SSN 取代了以往的医疗保险基金组织,于 1978 年 12 月 23 日正式成立。SSN 专注于为所有民众提供统一、全面的医疗服务,其目的是在平等条件下保证所有公民无论国籍,居住和收入,均能获得普遍医疗供应。税收是其主要资金来源,SSN 的资金的收支由地方卫生局(ASLs)负责。ASLs 对各级医疗机构既有监管,又有统筹安排的职能。每个 ALS 的设立按照覆盖人口 30 万~40 万人作为依据。

根据意大利宪法所批准的权限,意大利公共卫生职能由两级政府行使: ① 国家,国家规定基本援助水平(LEA)和融资所需的财政资源总额。② 区域,各区域的任务是组织各自的区域卫生服务(SSR)并保证按照 LEA 提供相关服务。

此外,意大利设有高级卫生委员会(CCS),主要负责应卫生部长的要求审查有关公共卫生的事实;提议研究卫生和健康有关问题;提议对卫生和健康领域的重大事件进行科学调查;建议卫生行政部门制定保护公共卫生的规章制度;建议制定公共行政部门建设医院,护理机构和其他卫生工程的建筑和组织标准。

(三) 医疗机构

意大利医疗机构主要为地区医院和大学医院。2003 年,国家公共财政支持的医院总共有 1 308 所，其中 59%是公立医院，且 79%的公立医院由 ASLs 直接管理，但是也有 96 所医院不受 ASLs 管理，这其中包括部分教会医院。

1. **公立医疗机构** 意大利公立医疗机构实施企业化管理模式，由政府投资，根据各医院单位规模、技术条件和承担的医疗任务，实行资金总额包干。

2. **私立医疗机构** 意大利私立医疗机构中，除少数教会医院为非营利性医疗机构以外，大部分私立医院均为营利性质。

3. **社区医疗服务** 社区医疗服务包括初级医疗服务、特殊照顾（老人、残障人士）以及医疗救助（如收容所）。

（四）医疗社会保障情况

1. **意大利国家医疗卫生服务组织（SSN）** SSN 向所有的意大利居民（包括外国合法居民）提供全面的医疗服务。2001 年，意大利将部分医疗服务如医疗整形（畸形和伤害造成的整形除外）、包皮环切、非常规的口服药，外出旅游和雇佣所需要的疫苗接种以及超过 20 种的物理治疗从原有 SSN 框架中剔除。并且 SSN 规定，一些特殊的诊疗方法，比如骨密度的测量、激光手术等类目，只能在特殊病例下享受。

大多数学生没有资格在 SSN 注册，必须购买私人医疗保险或者从 SSN 本身购买全额医疗保险，SSN 费用为 150 欧元/年。

2. **商业保险** 意大利商业保险有个人医疗保险，覆盖了专家门诊，私营医院提供的产科和外科的手术，或为公司、为职工提供 SSN 以外的眼科、牙科等检查的商业保险。

三、传统医药的法律与政策环境

中意传统医药相关协定/条约见表 4-3。

表 4-3 中意传统医药相关协定/条约

时间	相关条约	内容
2004 年 4 月	《卫生和医学科学领域合作谅解备忘录》	双方就中医药医疗、教育、科研领域进行积极的合作，评价中医药产品的质量、安全性和有效性，以便在意大利和欧盟注册及正确使用
2004 年 5 月	《传统医学领域科技合作谅解备忘录》	优先合作领域：① 传统药物与天然药物研究开发。② 中医针灸的临床与基础研究。③ 传统药物疗效评价方法与标准规范。④ 天然药物资源保护与合理使用
2004 年 11 月	《中国国家中医药管理局与意大利卫生部中医药合作谅解备忘录的行动计划》	提高意大利中医教育和实践水平。在意大利大学开设中医硕士课程，颁发中医资格证书，中方大学参与教学和临床培训，在欧盟新法律框架下促进中药产品进入意大利和欧盟市场的合作
2006 年 7 月	《关于建立中意中医药联合实验室合作谅解备忘录》	合作双方为意大利高等卫生研究院、米兰大学药学院、佛罗伦萨大学药学院；中国天津中医药大学、天津药物研究院、天士力医药集团

(一) 医师执业

贝卢斯科尼(Silvio Berlusconi)政府执政期间，中意关于中医药的政府间合作转为民间合作。直至目前意大利仍未承认中医师的合法行医资格，中医师大多以针灸医生的身份行医。1982 年意大利国家医生及牙医联合会(Federazione Nazionale Ordini dei Medici Chirurghi e Odontoiatri, FNOMCeO)规定，只有职业外科医生、牙医、兽医和麻醉师可以操作针刺。并且，意大利不承认欧盟以外获得的执业医师证明。

意大利专业注册针灸医生至少有 1.5 万人。较大组织有意大利针灸学会(AIA)、意大利针灸学校联合会(FISA)、巴拉切索研究院(PARASERSO)。这些针灸医生在补充与替代医学领域相对活跃。但是由于缺乏正规的中医教育和临床实习，大多数针灸医生基于西医理论使用针刺技术。

(二) 药品准入

意大利对于中成药的准入依据《欧盟传统草药制品法》。中草药产品(包括保健品)在意大利属于非处方药，在商店内或网络电商平台上的可选择性都很小。意大利法律规定，医生只能开具处方，草药将由具备生产草药产品资格的药房提供。由于最初被引入意大利的中药或中成药杂质较多，甚至存在伪品，加之意大利民众对矿物药和动物药接受度低，所以目前意大利市场流通的大多数中药为外用散剂、片剂或辅助针灸治疗的药剂。

（三）传统医药教育

2006 年 3 月，意大利卫生部、教育部及大学联合代表团访华，中意双方达成协议，罗马大学、米兰大学以在职西医医生为培养对象，开设中西医结合研究生课程，双方共同协商制定相关课程计划，部分师资和临床实习由南京中医药大学承担，该硕士课程班于 2006 年 11 月 27 日结业[10]。

目前，意大利 Sowen 中心对外科及牙科开设了三年制针灸硕士课程，要求学生完成每年 30 小时的在线病例讨论，成功毕业的学生可获得Ⅱ级硕士证明[11]；另外，还有 Amab 中心、S.MNC Scaligera 等均在意大利部分地区开设针灸学习班。

（四）保险覆盖

中医在意大利主要作为补充和替代医学，未进入非主流医学体系，所以不被 SSN 纳入，部分商业保险或者私人保险覆盖到中医药，但是由于大部分商业保险为公司为员工提供的福利，主要为牙科与眼科的保险，所以涵盖中医药的商业保险也并不是很多。在艾米利亚—罗马涅地区，政府将针灸纳入区域卫生服务（RHS）的基本护理水平（LEA），其规定针灸可用于两种适应证：预防头痛（偏头痛和紧张型头痛）和治疗腰痛。

（五）医药投资

目前，在意大利佛罗伦萨，齐佩利乌斯医生（Dr.Zippelius）致力于推广传统医学与现代运动医学的结合，在其网上商店同时也出售多种以草药提取物为主要成分的膳食补充剂，例如 2 号突然的微笑（Sudden Smile）的主要成分组成为三七、当归、红花、杜仲、郁金、牛膝、乳香、没药、大黄。

四、中医药服务贸易双边合作现状

(一) 传统医药交流历程

意大利作为欧洲的文明古国,很早就有了草药的运用史,例如希波克拉底时期就有运用曼德拉草根治疗狂躁症患者。早在元代,意大利就通过商业、文化、外交、旅行开始接触中医。马可·波罗13世纪到访中国之后,其著作《马可·波罗游记》的传播令意大利对中国古代文明愈加好奇。20世纪末期,中药随着最早的一批中国移民进入意大利。尼克松访华给欧洲世界带去了一片针灸热。另外,在2003年"非典"爆发之后,尤其是广州中医药大学附属医院中医参与"非典"治疗且医务人员零暴露的情况下,意大利进一步深入对于中医的研究,开始了政府直接参与合作研究工作。

(二) 境外消费

意大利宾客访华时参观中药店、中医体验馆及意大利患者不远万里赴华就医是两大主要的中医药境外消费方式。意大利宾客对中国传统文化有着浓郁兴趣,大多数宾客乐意体验传统文化项目,对于中药店及养生会所的体验活动反馈极佳。随着补充与替代医学理论的发展及对中医药疗效的认可,部分意大利患者对自身所患的难愈性疾病选择赴中国求医。

2018年8月30日晚,意大利经济和财政部部长乔瓦尼·特里亚先(Prof. Giovanni Tria, Minister of Economy and Finance),意大利驻华大使谢国谊(S.E. Ettore Sequi, Ambassador of Italy in PRC),意大利驻沪总领事陈琪(Mr. Michele Cecchi, Consul General of Italy in Shanghai)一行20余人在广誉远王徐蕾女士的陪同下参观了上海广誉远国医馆。

浙江中医药大学附属第三医院肿瘤内科陈炳旗主任曾用"以功引药"的治疗方式为一位意大利籍神经元疾病患者治疗,28日的疗程之后,患者的病情出现明显好转。

（三）跨境交付

意大利拥有相对完备的医疗器械产业，与德国并称欧洲两大医疗器械出口国。意大利医疗器械市场销售额可达80多亿欧元，其出口额远高于进口额，年出口额约为40亿欧元。商务部发布《2016年中药材流通市场分析报告》显示，日本、韩国、马来西亚、美国、德国、新加坡、越南、意大利及中国香港、中国台湾为2016年我国中药材饮片的十大出口地。当年，我国对意大利中药材出口额为1.707千万美元。

（四）商业存在

意大利经济市场萧条使得其极为欢迎外资入驻。中国药企并购意大利药企的新闻屡见不鲜。2018年3月，海辰药业与华西股份斥资3.69亿美元正式完成对意大利肿瘤药企NMS(Nerviano Medical Science Group S.R.L)集团的收购。2018年4月18日，万东医疗联合云锋基金、天亿、鱼跃、上海自贸区基金、康达5家医疗企业、机构，以2.321亿欧元的最终交易额完成了对意大利百胜医疗集团的收购。意大利药企拥有中国药企追求的高新研究技术，中国药企对意大利药企的收购，有助于两国在医疗卫生领域的进一步合作。

（五）自然人流动

中医在意大利的传播离不开华人华侨。除此之外，留学生也是两国中医方面自然人流动的主要来源。随着中医在意大利的复苏，中国中医名家赴意举办各类讲座也是宣传中医药的新方式。2018年9月8日及9月9日，中医“头针”创始人焦顺发教授在米兰中国文化中心，与来自意大利、瑞士、瑞典、法国、德国、挪威6个国家近40位海外华人华侨中医工作者及4位意大利执业医生共同开展中医“头针”疗法的学习与交流[12]。2018年12月11日，中医药专家王国宝和杨春梅主讲“大山楂丸的中医科学思维与现代科学证据”的讲座在意大利罗马国立住读中学举办，受到师生的热烈欢迎，他们通过讲座将中医药文化带入异国他乡。

五、市场机遇与潜力

（一）意大利对中国传统文化认可度高

意大利对中国传统文化有着很高的认同。目前，意大利已有 12 家孔子学院及 39 个孔子课堂，中意两国赴对方国的研究生日益增多，意大利与中国政府还签订协议，为“马可·波罗”和“图兰朵”计划的学生专门留出名额。在“一带一路”倡议背景下，文化领域的交流合作受到重视。中国文化在意大利得到了积极的推广，比如中意建交 40 周年时，意大利举办了“中国文化年”活动；中国驻米兰总领事馆曾在意大利北部城市帕多瓦组织舞龙舞狮表演。意大利的中国文化周上经常有中医论坛出现。

（二）“中国—意大利中医中心”建立

当地时间 2017 年 11 月 21 日，在意大利首都罗马举行了“中国—意大利中医中心”揭牌仪式，驻意大利大使李瑞宇、国家中医药管理局王志勇副局长、意大利外交部伊瑞可·格拉纳纳全权公使，意大利卫生部、教育部、拉齐奥大区和罗马市议会及政府等部门代表出席揭牌仪式[13]。“中国—意大利中医中心”由巴拉切索研究院和世界针灸学会联合会合作建立，企业模式的中医中心在医疗市场中有更大的发展前景。“中国—意大利中医中心”的成立，帮助推动中医药在意大利的发展，促进两国在医疗卫生领域的合作。

（三）意大利医疗体系完善

意大利拥有完善的医疗保障体系，但是由于 SSN 的支出主要依赖国家税收，所以意大利政府较为欢迎有效的补充替代医学以减轻 SSN 的财政压力。鉴于意大利 SSN 体系的存在，中医在意大利的医疗机构只能以商业机构的形式出现。

SSN 作为国民医疗保障制度，其空间巨大，部分城市已将针灸纳入 SSN 范围内，意味着对针灸疗效以及其普遍性的认可。总体来说,意大利的医疗制度为中医学发展提供的利大于弊。

(四) 养生市场的开放

意大利老龄化水平严重。意大利国家统计局统计结果显示,年龄在 65 岁及以上的人口占 2017 年意大利登记总人口的 22.6%[14]。然而 SSN 体系注重医疗大于保健,所以中医的养生保健体系在意大利很受欢迎。意大利国际自然养生疗法协会主席马里奥皮亚内西奋发学习《黄帝内经》等中医学典籍,致力于在意大利推广中医养生。

(五) “一带一路”倡议的稳步推进

意大利积极响应我国提出的“一带一路”倡议。2014 年起中意两国高层领导人互访频繁,众多中意合作政策的出台帮助中国各个产业,包括中医药产业在意大利的发展。2018 年 11 月 17 日第十五届世界中医药大会暨“一带一路”中医药文化周在罗马开幕,30 多个国家和地区的近千名中医药行业代表到场参加会议,本次会议发布了《罗马宣言》,将每年的 10 月 11 日定为“世界中医药日”[15]。

六、风 险 提 示

(一) 顺势疗法与植物提取物研究竞争激烈

同为传统医学及补充替代医学,顺势疗法在欧洲的发展迅猛,优先占据了部分草药市场,是中医药在意大利的重要竞争对手。顺势疗法作为西方传统医学,曾经受到过英国、法国、意大利等众多国家王公贵族的推崇,也在一定程度上更加契合意大利国民健康情况。目前,意大利高等卫生研究院对于天然物质的研究主要着重于植物精油的提取等工艺[16]。由于对草药本身的研究趋于冷淡,中药进入意大利市场也存在一定困难。

（二）意大利国内经济动荡

意大利现在仍处于财政赤字的地位，且意大利经济受欧元汇率的波动影响较大。意大利政府的此次大选也十分曲折。对此，中方在意的债权投资借助这种动荡进入意大利，在一定程度上为中医药在意大利的发展提供一定资本支持。意大利国内动荡的经济环境使中医药服务贸易的投资最大化受阻，需要投资者的深思。而另一方面，萧条的经济环境更需要资金的注入，传统医学领域将是一个热门选择。

（三）专业人才及管理政策的缺乏

意大利对中国的文化存在很高的认同，但是由于文化大背景的截然不同，即使意大利人民对针灸和中医有着极浓厚的研究兴趣，意大利仍未有健全的行业规范，大部分针灸医生不具备中医传统知识。同时，由于现在国际上普遍认为针灸有效但无法具体说明机制，而矿物药和动物药不被意大利人民所接受，中药在欧盟注册困难，所以中医在意大利的发展受到了限制。

意大利没有专门的中医药管理机构，大部分的中医及针灸的管理工作主要由学术研究学会担任。政府间合作的缺少使得意大利的中医药发展在 2007 年迅速达到高峰后回跌，直至“一带一路”倡议的提出。

另外意大利对中草药及中成药的流通仍是依据欧盟的规定，而并没有本国独立的管理政策出台，然而对于顺势疗法，意大利出台了相关药物政策。

七、案 例 分 析

（一）中意中医药联合实验室[17]

【所在地区】 中国，天津中医药大学。意大利，佛罗伦萨大学。

【案例定义】 中医药国际联合研究实验室。

【案例概况】 中意中医药联合实验室2006年建立，于2007年1月16日揭牌。2008年，入选国家首批国际联合研究中心名单。

中方单位：天津中医药大学、天津药物研究院、中新药业集团、天士力集团、天津市现代中药质量检验中心、天津国际生物医药联合研究院。

意方单位：意大利国家高等卫生院、佛罗伦萨大学药学院、米兰大学药学院、SigmaTau公司、Aboca公司。

实验室主要任务为[18]：联合开展中药临床前和临床有效性及安全性评价的研究；建立符合中医药特性的国际评价方法和标准体系；从中药材和中成药中发现、鉴定、提纯，甚至化学合成针对重大疾病的活性药物成分；开展中药活性成分或组分配伍研究，并进入临床前和临床试验；针对全球市场开展新药注册；深入了解欧盟的GMP、GCP、GLP标准，推动中方生产单位、实验室和医疗机构获得认证，促进在中国和在意大利生产的中药产品进入全球市场；在教学和实践中促进中西医结合治疗发展，促进人力开发和组织培训班；组织学术研讨会、联合考察、专家互访、信息共享等活动；促进上述活动科技成果的产业化。

【案例总结】 中意中医药联合实验室最初为落实《中国国家中医药管理局与意大利卫生部中医药合作谅解备忘录的行动计划》及《关于建立中意中医药联合实验室合作谅解备忘录》建立，后在合作过程中，加深了两国在传统医学领域的合作。2019年5月3日，孙成永参赞赴佛罗伦萨访问中意中医药联合实验室，了解中意两国中医药合作交流情况。联合实验室在基地建设、合作项目、学术交流、人才培养、中医药文化传播等方面取得了重要成绩，已成为中医药国际合作研究的高层次科研基地。

（二）意大利高等卫生研究院

【所在地区】 意大利。

【案例定义】 意大利高等卫生研究院承认中医药并出资研究。

【案例概况】 意大利高等卫生研究院正式承认中医药作为临床实验和研究管理的替代医学，并出资50万欧元，做了中成药有效成分分析，但未取得理想成果。之后做了中药食用安全性研究，然而中药复方往往含有超过1 500种分子，结构复杂难以定性[19]。

【案例总结】 中药尤其是中国国内生产的中成药如何合格销往意大利，是现行中医药在意大利进一步发展的瓶颈。复方中成药成分复杂，毒副作用不明确，一定程度上限制了中成药在意大利的受认可程度，从而阻碍中医药在意大利的发展进程。意大利高等卫生研究院对中成药的研究止步于其中的分子组成，而并未得到复方中最主要的有效成分。

八、结论与建议

（一）加强“中国—意大利中医中心”建设，以针灸带动中药

“中国—意大利中医中心”的建立一方面为中医药在意大利的传播提供标准化依据以及师资氛围。另一方面，中医药在意大利的服务贸易可以依托中医中心，以中医院发展带动整体医疗产业发展。中国—意大利中医中心可通过接待意大利政府高层，如总理、卫生部官员等，以实际疗效宣传中医药，发展意大利中医医院。

（二）注重高层对接沟通，争取政策扶持

加强政府间活动是推进中医药在意大利发展的必经之路。尤其是在药品准入、医师教育、执业医师准入等方面的政策支持，是目前中医药在意大利发展的瓶颈。政府间活动是了解意大利医药政策走向的最直接途径，也是对中医药发展方向的最直接指向。近年来中意两国高层领导人的频繁交流，是加强中医药与意大利政府合作的良好基础。且随着中国科学技术的迅速发展，中医药的现代化研究已初步成型，有一定的科研基础，更值得共同推进。

（三）完善中医产品质量，提高中药在欧盟的准入

中医药产品尤其是中成药在欧盟的准入受限严重，ISO/TC249 等国际标准的相继出台，使得出口中成药合格率保持良好的上升趋势。意大利的草药政策仍依据欧盟草药政策，对中草药的出口极为不利。意大利为欧盟第二大医疗器械出口国，联合意大利工业技术，建立符合欧盟标准的新型中成药产业链能有效推动中医两国

贸易往来。

（四）建设养生品牌，以品牌效应带动整体行业

意大利作为发达国家，同样面临老龄化严重的问题，中医养生行业在中国国内已有相应基础，在此基础上，在欧洲各国，包括意大利，通过优质的中成药产品来宣传中医养生思想。品牌化建设有助于扩大中医药在意大利的受众范围，也可吸引国内中医药品牌向外投资，例如同仁堂已进驻意大利市场，具有一定市场导向作用。

中医药可联合意大利本土品牌，联动发展更有助于拓展市场。意大利本土有草药酒等植物药品产业，是合作商机之一。中医太极等养生功法如何与瑜伽等其他传统医学竞争市场仍为一大难题。

（陈佳乐）

附

指示 2004 /24 /CE(节选)

La direttiva 2001/83/CE è modificata come segue:

1. All'articolo 1 sono aggiunti i punti seguenti

(29) medicinale vegetale tradizionale: medicinale vegetale che risponda ai requisiti di cui all'articolo 16 bis, paragrafo 1;

(30) medicinale vegetale: ogni medicinale che contenga esclusivamente come principi attivi una o più sostanze vegetali o uno o più preparati vegetali, oppure una o più sostanze vegetali in associazione ad uno o più preparati vegetali;

(31) sostanze vegetali: tutte le piante, le parti di piante, le alghe, i funghi e i licheni, interi, a pezzi o tagliati, in forma non trattata, di solito essiccata, ma talvolta anche allo stato fresco. Sono altresì considerati sostanze vegetali taluni essudati non sottoposti ad un trattamento specifico. Le sostanze vegetali sono definite in modo preciso in base alla parte di pianta utilizzata e alla denominazione botanica secondo la denominazione binomiale (genere, specie, varietà e autore);

(32) preparati vegetali: preparati ottenuti sottoponendo le sostanze vegetali a trattamenti quali estrazione, distillazione, spremitura, frazionamento, purificazione, concentrazione o fermentazione. In tale definizione rientrano anche sostanze vegetali triturate o polverizzate, tinture, estratti, oli essenziali, succhi ottenuti per spremitura ed essudati lavorati.

2. Al titolo Ⅲ è inserito il seguente capo

CAPO 2 bis

Disposizioni speciali relative ai medicinali vegetali tradizionali

Articolo 16 bis

1. È istituita una procedura di registrazione semplificata (in seguito denominata 'registrazione fondata sull'impiego tradizionale') per i medicinali vegetali che soddisfano tutti i seguenti requisiti.

a) le indicazioni sono esclusivamente quelle appropriate per i medicinali vegetali tradizionali che, in virtù della loro composizione e del loro scopo, sono destinati ad essere utilizzati senza controllo medico per necessità di diagnosi, di una prescrizione o per il controllo del trattamento;

b) ne è prevista la somministrazione solo in una determinata concentrazione e posologia;

c) si tratta di un preparato per uso orale, esterno e/o inalatorio;

d) è trascorso il periodo di impiego tradizionale di cui all'articolo 16 quater, paragrafo 1, lettera c);

e) i dati relativi all'impiego tradizionale del medicinale sono sufficienti; in particolare, il prodotto ha dimostrato di non essere nocivo nelle condizioni d'uso indicate e i suoi effetti farmacologici o la sua efficacia risultano verosimili in base all'esperienza e all'impiego di lunga data.

2. Fatto salvo l'articolo 1, punto 30, la presenza nel medicinale vegetale di vitamine o minerali, per la sicurezza dei quali esistano prove ben documentate, non impedisce al prodotto di essere ammissibile alla registrazione ai sensi del paragrafo 1, a condizione che l'azione delle vitamine o dei minerali sia secondaria rispetto a quella dei principi attivi vegetali per quanto riguarda le indicazioni specifiche richieste.

3. Le disposizioni di cui al presente capo non si applicano, tuttavia, nei casi in cui le autorità competenti ritengano che un medicinale vegetale tradizionale soddisfi i criteri per l'autorizzazione ai sensi dell'articolo 6 o per la registrazione in base all'articolo 14.

Articolo 16 ter

1. Il richiedente e il titolare della registrazione sono stabiliti nella Comunità.

2. Per la registrazione fondata sull'impiego tradizionale il richiedente presenta una domanda all'autorità competente dello Stato membro interessato.

Articolo 16 quater

1. La domanda è corredata degli elementi specificati in prosieguo:

a) le informazioni e i documenti:

i) di cui all'articolo 8, paragrafo 3, lettere da a) a h), lettera j) e lettera k);

ii) i risultati delle prove farmaceutiche di cui all'articolo 8, paragrafo 3, lettera i), secondo trattino;

iii) il riassunto delle caratteristiche del prodotto privo dei dati di cui all'articolo 11, paragrafo 4;

iv) nel caso di associazioni di prodotti come quelle descritte nell'articolo 1, punto 30, o all'articolo 16 bis, paragrafo 2, le informazioni di cui all'articolo 16 bis, punto 1, lettera e), si riferiscono all'associazione di prodotti in quanto tale; qualora i singoli principi attivi non siano sufficientemente noti, i dati devono riferirsi anche a ciascun ingrediente attivo;

b) ogni autorizzazione o registrazione ottenuta dal richiedente in un altro Stato membro o in un paese terzo per l'immissione in commercio del medicinale e informazioni particolareggiate concernenti eventuali decisioni di rifiuto di un'autorizzazione o registrazione nella Comunità o in un paese terzo, con indicazione delle motivazioni alla base di ciascun rifiuto;

c) la documentazione bibliografica o le certificazioni di esperti comprovanti che il medicinale in questione o un prodotto corrispondente ha avuto un impiego medicinale per un periodo di almeno trent'anni anteriormente alla data di presentazione della domanda, di cui almeno 15 anni nella Comunità. Su richiesta dello Stato membro in cui è stata presentata la domanda di registrazione per impiego tradizionale, il comitato dei medicinali vegetali esprime un parere sull'adeguatezza della dimostrazione dell'uso di lunga data del medicinale in questione o del prodotto corrispondente. Lo Stato membro presenta la documentazione rilevante a sostegno della richiesta;

d) una rassegna bibliografica dei dati inerenti alla sicurezza unitamente alla relazione dell'esperto e, su ulteriore richiesta dell'autorità competente, i dati per la valutazione della sicurezza del medicinale in questione.

L'allegato I si applica per analogia alle informazioni e ai documenti di cui alla lettera a).

2. È considerato corrispondente un prodotto che, come indicato nel paragrafo 1, lettera c), contenga gli stessi principi attivi a prescindere dagli eccipienti utilizzati, abbia le stesse indicazioni o indicazioni analoghe, abbia una concentrazione e posologia equivalente e venga somministrato per la stessa via di somministrazione o per una via simile a quella del medicinale oggetto della richiesta.

3. Il requisito dell'impiego medicinale per un periodo di trent'anni, di cui al paragrafo 1, lettera c), si intende soddisfatto anche nel caso il cui il prodotto sia stato commercializzato in assenza di un'autorizzazione specifica. Si intende parimenti soddisfatto nel caso in cui durante tale periodo il numero o il quantitativo dei principi attivi del medicinale sia stato ridotto.

4. Qualora il prodotto sia stato impiegato nella Comunità da meno di 15 anni, ma risulta altrimenti ammissibile alla registrazione semplificata, lo Stato membro in cui è stata presentata la richiesta di registrazione per impiego tradizionale consulta il comitato dei medicinali vegetali in merito al prodotto in questione. Lo Stato membro presenta la documentazione rilevante a sostegno della richiesta.

Il comitato esamina se gli altri criteri per una registrazione semplificata di cui all'articolo 16 bis sono pienamente soddisfatti. Se il comitato lo ritiene possibile, esso redige una monografia comunitaria sulle erbe secondo quanto stabilito nell'articolo 16 nonies, paragrafo 3, che sarà tenuta in considerazione dallo Stato membro allorché adotterà la decisione definitiva.

Articolo 16 quinquies

1. Fatto salvo l'articolo 16 nonies, paragrafo 1, il titolo Ⅲ, capo 4, si applica per analogia alle registrazioni concesse ai sensi dell'articolo 16 bis, purché:

a) sia stata redatta una monografia comunitaria sulle erbe ai sensi dell'articolo 16 nonies, paragrafo 3; oppure.

b) il medicinale vegetale sia costituito da sostanze vegetali, preparati vegetali o associazioni di prodotti figuranti nell'elenco di cui all'articolo 16 septies.

2. Per gli altri prodotti vegetali di cui all'articolo 16 bis, ciascuno Stato membro, nel valutare una domanda di registrazione fondata sull'impiego tradizionale, tiene in debita considerazione le registrazioni rilasciate da un altro Stato membro ai sensi del presente

capo.

Articolo 16 sexies

1. La registrazione del prodotto fondata sull'impiego tradizionale è rifiutata qualora la domanda non sia conforme agli articoli 16 bis, 16 ter o 16 quater oppure qualora sussista almeno una delle seguenti condizioni:

a) la composizione qualitativa e/o quantitativa non corrisponde a quella dichiarata;

b) le indicazioni non sono conformi alle condizioni di cui all'articolo 16 bis;

c) il prodotto potrebbe essere nocivo nelle normali condizioni d'impiego;

d) i dati sull'impiego tradizionale sono insufficienti, in particolare se gli effetti farmacologici o l'efficacia non sono verosimili in base all'esperienza e all'impiego di lunga data;

e) la qualità farmaceutica non è sufficientemente dimostrata.

2. Le autorità competenti degli Stati membri comunicano al richiedente, alla Commissione e a qualsiasi autorità competente che ne faccia richiesta le decisioni di rifiuto della registrazione fondata sull'impiego tradizionale nonché le motivazioni di tale rifiuto.

Articolo 16 septies

1. Un elenco di sostanze vegetali, preparati vegetali e associazioni di prodotti da usare nei medicinali vegetali tradizionali è stilato secondo la procedura di cui all'articolo 121, paragrafo 2. Nell'elenco figura, per ogni singola sostanza vegetale, l'indicazione, la concentrazione specifica e la posologia, la via di somministrazione e qualunque altra informazione necessaria ai fini dell'uso sicuro della sostanza in questione quale medicinale tradizionale.

2. Se la domanda di registrazione del prodotto fondata sull'impiego tradizionale si riferisce ad una sostanza vegetale, ad un preparato vegetale o ad associazioni di prodotti che figurano nell'elenco di cui al paragrafo 1, non occorre fornire le informazioni di cui all'articolo 16 quater, paragrafo 1, lettere b), c) e d). Non si applica l'articolo 16 sexies, paragrafo 1, lettere c) e d).

3. Se una sostanza vegetale, un preparato vegetale o associazione di prodotti vengono

cancellati dall'elenco di cui al paragrafo 1, le registrazioni di medicinali vegetali contenenti tale sostanza rilasciate ai sensi del paragrafo 2 sono revocate, salvo nel caso in cui vengano presentati entro tre mesi le informazioni e i documenti di cui all'articolo 16 quater, paragrafo 1.

参考文献

[1] 外交部.意大利国家概况.[EB/OL].[2018-12-21].https://www.fmprc.gov.cn/web/gjhdq_676201/gj_676203/oz_678770/1206_679882/1206x0_679884/.

[2] 钟准.意大利外交政策及其在欧盟中的新角色——政党政治的分析视角[J].欧洲研究,2016,34(4):117-130.

[3] GOVERNO ITALIANO. Relations between Italy and Russia. [EB/OL].[2018-12-21]. https://www.esteri.it/mae/en/politica_estera/aree_geografiche/europa/i_nuovi_rapporti.html.

[4] 刘思捷."一带一路"倡议背景下中意关系的现状及前景[J].智库时代,2018(51):110-111.

[5] 白达宁,迟永.当前中意关系及其未来[J].南开学报(哲学社会科学版),2015(4):1-4.

[6] 中华人民共和国驻意大利共和国大使馆经济商务参赞处.2018年意大利GDP 1.75万亿欧元,同比增长1.7%.[EB/OL].[2019-03-02].http://it.mofcom.gov.cn/article/f/zwjingji/201903/20190302839511.shtml.

[7] 中华人民共和国驻意大利共和国大使馆经济商务参赞处.2018年意大利对华出口同比下降2.4%,进口同比增长8.2%.[EB/OL].[2019-02-02].http://it.mofcom.gov.cn/article/f/zwjingji/201902/20190202834869.shtml.

[8] 中国国际贸易促进委员会驻意大利代表处.中意双边经贸关系和经济技术合作.[EB/OL].[2019-05-29].http://www.ccpit.org/Contents/Channel_4068/2018/0928/1067689/content_1067689.htm.

[9] 2019财政年度的国家预算和2019—2021三年期的多年预算(18G00172).Legge 30 dicembre 2018.No.145.[EB/OL].[2018-12-31].http://www.trovanorme.salute.gov.it/norme/dettaglioAtto?id=67497&articolo=6.

[10] 杏雨网.我校和意大利罗马大学中西医结合硕士课程班顺利结业[EB/OL].[2006-12-01].http://xyw.njucm.edu.cn/2013/1205/c2350a38022/page.htm.

[11] MILANO. Corso triennale di agopuntura — primo anno 2019—2020[EB/OL].[2019-03-31].https://portale.fnomceo.it/eventi-fnomceo/milano-corso-triennale-di-agopuntura-primo-anno-2019-2020/.

[12] 搜狐网.国宝级教授开"头针"讲座,传统中医文化于海外传承[EB/OL].[2018-09-13].http://www.sohu.com/a/253749883_100020074.

[13] 国家中医药管理局.王志勇副局长出席中国—意大利中医药中心和中国—阿联酋中医药中心成立仪式[EB/OL].[2017-11-28].http://www.satcm.gov.cn/guohesi/gongzuodongtai/2018-03-24/3575.html.

[14] 意大利.社保部门建议通过合法移民缓解老龄化[EB/OL].[2018-07-05].http://finance.sina.com.cn/stock/usstock/c/2018-07-05/doc-ihexfcvi8731581.shtml.

[15] 第十五届世界中医药大会在意大利罗马成功举办[J].世界中医药,2018,13(12):2929-2932.

[16] SOSTANZE NATURALI. Gli oli Essenziali nel mirino della ricerca [EB/OL].[2018-11-30].https://www.iss.it/?p=2941.

[17] 中意中医药联合实验室[EB/OL].http://silab.tjutcm.edu.cn/.

[18] 任戎.发挥滨海新区区位优势,打造中药现代化强市[J].世界科学技术(中医药现代化),2009,11(3):445-449.

[19] 何嘉琅.中医药在意大利的践行与思考[J].世界中医药,2018,13(10):2653-2658.

第五章 瑞士联邦

一、政治与经济环境

（一）国家概况

瑞士联邦（Swiss Confederation，以下简称瑞士），是中欧的内陆国，人口约850万[1]。其位于中欧内陆，北与德国接壤，东邻奥地利与列支敦士登，南部接壤意大利，西与法国接壤，国土面积41 284万平方千米，以高原和山脉为主。行政区划按照联邦、州、市镇三级划分，全联邦辖26个州，其中6个为半州。首都为伯尔尼，市辖人口约14万人，其最大的城市为苏黎世，人口约38万。瑞士有四个主要的语言和文化区，即德语区、法语区、意大利语区和罗曼什语区，这四种语言均为官方语言。其中德语使用者达66.3%，法语使用者为22.7%[2]。基督教在瑞士较盛行，天主教徒占37.2%，新教占25%。

（二）政治环境

1. **政治制度** 瑞士为议会民主制的联邦制国家。国家元首由联邦委员会的全体成员代表，主席由7位委员轮任，任期1年。于利・毛雷尔于2019年担任联邦主席。联邦委员会是该国的最高权力机构，联邦议会是该国最高立法机构。联邦议会由公民普选产生的国民院和各州选派组成的联邦院组成，内外政策的任何问题由联邦议会通过方可实施。现任国民院议长玛丽娜・卡罗比欧，联邦院议长让-热内・富尔尼耶，任期均为1年。瑞士最高司法机构是联邦法院，其通过议会推选出全部法官。现任院长为乌尔里希・迈尔，副院长为妮奎勒・玛塔，任期2年。瑞士实行多党制度，目前已有30余个党派，以人民党（SVP）、自由民主党（FDP）、社会民主党（SP）与基督教民主人民党（CVP）为主要党派。

2. **外交特点** 瑞士目前与192个国家建立了外交关系。2002年，瑞士成为联合国。瑞士的外交策略是"积极的中立"，为永久中立国。瑞士虽然并不是欧盟成员国，但将欧盟视作最重要的政治经济合作对象。近年来，中瑞外交关系发展较好，经济政治稳步合作稳步发展。

3. **中瑞关系** 欧洲地区中，瑞士既是首批与中国进行自贸区谈判的，也是最先认可中国市场经济的国家之一。1996 年，瑞士联邦主席首次访华。1999 年，中国国家主席首次访问瑞士。2008 年，瑞士首个华商团体成立。2011 年，瑞士第一所孔子学院成立。眼下在亚洲地区，中国为瑞士的最大贸易伙伴国，而瑞士也是中国在欧第 7 大伙伴国。

（三）经济环境

1. **经济概况** 瑞士是一个高度发达的工业国家，实行自由经济政策，一般反对贸易保护主义（在这一点上，农业除外）。其流通货币为瑞士法郎（Swiss Franc），对美元汇率约为 0.99∶1。瑞士经济相对发达，2017 年 GDP 约为 6 685.7 亿瑞士法郎，人均 79 104 瑞士法郎[3]，世界排名 19。瑞士拥有稳定繁荣和科技程度较高的经济，其金融相关行业发达。苏黎世在世界黄金交易市场中，位列第二。瑞士水力资源与森林资源丰富，但其矿产则较为匮乏，主要依靠进口。

瑞士 95%的原材料以及 60%的消费品都是依赖进口的，但却有 70%～90%的工业产品作为出口。其最大的贸易伙伴是德国。2017 年，瑞士的进出口总额达 4 060 亿瑞士法郎，其中进口额达 1 856 亿瑞士法郎，出口额达 2 204 亿瑞士法郎。与 2016 年相比，进口额同比下降 30.5%，出口额则也减少了 26.1%。在瑞士，外国的直接投资为 410 亿美元。与此同时，瑞士的自由贸易协定在全世界范围内生效，而瑞士也是欧洲自由贸易协会（EFTA）的成员。

2. **主要产业** 瑞士主要从事机械制造、化学医药、银行、旅游等，而制造业是其最重要的经济部门，包括专业化学品、健康和药品、科学和精密测量仪器，以及乐器的生产。化学品占其出口商品的 34%。银行、保险以及旅游业等相关行业则是瑞士另一类重要的产业。2017 年，瑞士共有 253 家银行。世界第一大资产管理公司——瑞士联合银行（UBS）在 2017 年的总资产达 9 156 亿瑞士法郎。作为全球第二大保险公司，苏黎世金融服务公司（Zurich Financial Services Group）在 2017 年实现了 38 亿美元的利润。

瑞士也极其保护农业产业，主要通过高关税和广泛的国内补贴方式以鼓励国内的生产。2016 年，瑞士将其财政预算总额的 5.5%用于粮食生产。

3. **对华贸易** 中国是瑞士的第五大[4]贸易伙伴国，同时也是亚洲最大的贸易伙伴国，而瑞士也是中国在欧洲的第九大贸易国。2017 年，瑞士与中国间的贸易总额是 370.75 亿瑞士法郎，同比减少 5.14%。对华贸易占瑞士对外贸易的 6.62%；其中出口额是 239.65 亿瑞士法郎，与 2016 年相比减少 10.48%，是总额的 8.14%；进口额是 131.10 亿瑞士法郎，与 2016 年相比增加 6.46%，是总额的 4.93%。实现贸易顺差 108.55 亿瑞士法郎(表 5－1、图 5－1)。

表 5－1　2007—2017 年瑞中贸易总额（单位：亿瑞士法郎）[5]

项目 \ 年份	2007	2008	2009	2010	2011	2012	2013	2014	2015	2016	2017
总额	112.01	111.07	106.61	135.53	151.51	197.85	308.84	290.31	316.56	390.84	370.75
出口	64.19	61.11	55.01	74.67	88.41	94.07	194.53	168.59	192.64	267.69	239.65
进口	47.82	49.96	51.60	60.86	63.10	103.78	114.31	121.72	123.92	123.15	131.10

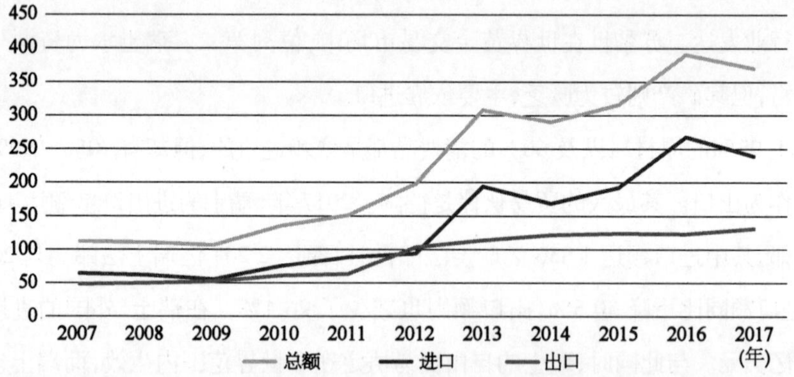

图 5－1　2007—2017 年瑞中贸易总额（单位：亿瑞士法郎）

二、医疗健康保障体系现状

(一) 基本情况

瑞士的公共卫生体系一般可以分成联邦和州政府公共卫生局，以及其余各种相关组织。每个州卫生局在公共卫生方面，都有自己的政策，并负责疾病的预防和控制功能。瑞士的医疗健康系统由公共、私人补贴和完全私人的形式组成的。截至 2016 年，瑞士共有医院及诊所 283 家，近 1.4 万个护理点，共有床位数 38 058 张，门诊医生 18 473 位。

（二）医疗管理机构

瑞士有关这一类的相关政策由联邦内政部公共卫生署和健康促进基金会制定。各州公共卫生部统管该州医疗机构，分别负责该州卫生政策的制定、规划、管理和监督，制定医疗标准并监管各卫生机构依标准从业。州际卫生事务联合会负责调和州与州之间该方面的一些共同问题。

（三）医疗机构

私人诊所在瑞士是负责初级医疗方面服务的。建立医院以及在私人诊所设立床位，则是需要得到国家卫生局的审核。瑞士共有各类医院 283 家，床位数 3.8 万张，门诊医生 1.8 万，牙医 4 000 余人[6]。平均每千人拥有 4 名执业医生[7]。

（四）医疗社会保障情况

1. **强制医疗保险**　根据 1994 年瑞士颁布并沿用至今的《医疗保险法》，所有在瑞士居住、在瑞士具有稳定工作以及受雇总部位于瑞士的都需要加入强制医保。强制医保是被非营利的私人公司所负责，其范围为瑞士联邦健康保险法（laloifédéralesurl'assurance-maladie, LAMal）中所涵盖的一系列治疗。参保人可根据个人情况选择医保公司及方案。住院患者 50%的住院费由医疗保险承担，另外 50%由政府承担，患者仅需支付房费及服务费。对于门诊费用，最低高于 300 瑞士法郎起赔额后，90%的费用由医保支付，直至患者年度累计支付 700 瑞士法郎（儿童 350 瑞士法郎）后，由医保全额承担[8]。

2. **私人补充保险**　对于不在 LAMal 范围中的医疗项目及未被强制医保覆盖的住院房费等，可通过私人补充保险支付。目前瑞士市场上有 1 000 余种私人补充保险产品，覆盖人口超过 1/3。

三、传统医药的法律与政策环境

瑞士尤其重视医药应用，但是目前并没有专门针对中医药的法律法规。但对于进口药品，无论是中药西药，都必须经过 Swissmedica 的检验。且自 2012 年起，瑞士将包括中医针灸在内的自然疗法纳入了强制医保（832.112.31 Ordonnance du DFI sur les prestations dans l'assurance obligatoire des soins en cas de maladie），但仅限于在西医师治疗的过程中（参见本章附）。

（一）医师执业

目前瑞士未有中医师执照与规章。对于非瑞士籍的医学人士，仅凭有关文凭即可申请瑞士中医执业。执业的中医师一般有四类人员：中国培养的中医师、瑞士籍华人中医师、学习针灸的正规西医师等自然疗法治疗师。中医医师每年需要按照协会规定完成 35 小时的继续教育。2015 年起，瑞士开始实施以瑞士官方语言为考试语言的联邦考试计划，但目前尚未全面展开。

（二）药品准入

瑞士法律中，所有药品都需要经过 Swissmedica 的检验。且瑞士的许多州规定中医师是不能自行购买药品的，必须通过药店的渠道[9]。但目前市面上仅有单味草药、经方、成方药，并没有中成药。虽然药品准入略显严苛，但此举也规范了中药的应用。

（三）传统医药教育

瑞士的大学目前尚无中医专业。但有关于自然疗法的学校有 10 余所，其中中医针灸推拿学校有 2～3 所，其他自然疗法学校中也开设了中医课程。另外，瑞士还有学校主要以中医继续教育为主。瑞士承认中国及其他国家相关的中医药教育。

(四) 保险覆盖

西医师实施的中医针灸疗法已于2012年经过全民公投,被纳入了瑞士强制医疗保险。中医也因此由于其价格以及效果优势受到患者欢迎。

对于中医诊所而言,只要该诊所是加入瑞士医疗协会的,那么实施中医各种疗法的中医师也会被看作替代自然疗法治疗师。医药费即可通过私人补充保险报销。

(五) 医药投资

瑞士的外商医药投资是开放的。中医投资者目前主要有瑞士西医医师、曾在中医诊所做过翻译的华人以及中国中医医师。目前在瑞士的中医诊所投资可以说是规模小,收益大。现在许多中医诊所的年收入将近100万瑞士法郎。但是在瑞士也有因经营不善而倒闭的中医诊所,近年来仅瑞士洛桑地区就有5家中医诊所倒闭。由于瑞士中医疗法的费用较高,而诊所规模相对较小,故而投资的回报与否主要依赖于患者[10]。

四、中医药服务贸易双边合作现状

(一) 传统医药交流历程

现今最早的有关中医药进入瑞士的记载是在1989年,中国中医研究院广安门医院的田从豁教授受大使馆邀请赴瑞士从事诊疗工作。1996年,中国国家中医药管理局与瑞士的MediQi公司合作办立了第一家官方支持的在瑞中医诊疗中心。1996—2003年,许多瑞士公司与中国公立医院合作建立中医诊所连锁店。2008年,瑞士成立了瑞士华人中医药学会,并定期请知名学者进行中医继续教育及相关讲座。

（二）境外消费

2016 年，瑞士境外消费额为 12 亿欧元。而对于瑞士来说，其电商的最大挑战是消费者正转向一些境外的消费平台。按照 2014 年《中国—瑞士自由贸易协定》规定，瑞士对中国商品在关税方面有了相关调整，99.7%的中国进口商品将会实施零关税。

（三）跨境交付

随着瑞士互联网普及，2016 年，瑞士的跨境消费额达 12 亿欧元。但在瑞士十大最受欢迎的电商平台中，目前并无中国的网络平台。对于中国的出口产品，瑞士的跨境支付多集中在纺织品、服装、汽车零件等。而在医药方面，瑞士的制药行业良好，目前多为瑞士的一些高端医药出口至我国。另外，我国电商平台凭借快速发展的物流网络延伸到瑞士境内。2018 年，经济论坛的中瑞双方的专家也提到了电商平台在跨境支付的重要性。医药类行业中以瑞士罗氏制药在华发展最为有名，我国同仁堂中医门店在瑞士开业并提供医疗服务。

（四）商业存在

目前瑞士设有两个中医药中心，分别位于日内瓦和苏黎世。瑞士的中医门诊较多，目前正式登记的有 1 500 余所。其中也有中瑞合作建设的中医诊所，例如 MediQi 公司与中国国家中医药管理局合作的中医诊所以及同仁堂中医门店。其他中医诊所的形式主要有两种：一是中医师、替代治疗师或华人投资在瑞士建立中医诊所并提供医疗服务；二是瑞士西医生投资的中医诊所，这一种诊所的医疗服务是可以进入瑞士强制医保的。瑞士的中医诊所也多以连锁店的形式存在，较著名的便是 MediQi 公司和 ChinaMed 公司。而 ChinaMed 公司也在瑞士成立了莲中药厂，主要经营中药相关制剂，并将中药制剂推销至欧洲市场。

（五）自然人流动

瑞士联邦政府在学科紧缺人才方面非常重视，在 20 世纪 90 年代，中医作为引进技术也是非常受重视的。中医诊疗中心的中国医生是可以直接获得执业许可的，但目前却无相关法规为自然人赴瑞提供便利。现在自然人流动的主要形式为我国培养的中医师前往瑞典提供中医医疗及科普服务，瑞士华人中医药学会亦经常邀请境内外中医专家为其进行中医继续教育及开办讲座。此外，由于在瑞士中医诊疗机构以中医诊所的形式存在，因此自然人流动空间仍需扩大。

（六）大事记

中瑞服务贸易大事记见表5－2。

表5－2　中瑞服务贸易大事记

时　间	事　件	意　义
1974年12月	签订《中瑞贸易协定》；成立中瑞贸易混合委员会	中瑞正式开始经贸交流
2013年7月	签订《中国-瑞士自由贸易协定》	第一个与欧洲大陆国家及全球经济前20强国家签署的双边自贸协定
2013年5月24日	中瑞签署《关于结束中国-瑞士自由贸易谈判的谅解备忘录》	双方自2010年启动的自贸区谈判基本尘埃落定

五、市场机遇与潜力[10]

（一）传统医药在瑞士认可度高

由于瑞士有着崇尚自然的精神，他们对由自然药物构成的中药也并不排斥。瑞士通过药物治疗的自然疗法有很多，包括瑞士本土天然药物以及顺势疗法药物的相关制品。但这些制品多由两三种植物合成，效果远不如中药。且西医诊所用中医针灸的疗法是被强制医保所覆盖的，中医诊所的针灸费用也在私人补充险的范围内。虽然针灸治疗收费较高，但也可以被瑞士居民接受。因此，国内中医药企业产业和国内中医药龙头企业产业进入瑞士的投资市场非常广阔。

（二）开办中医诊所较为简便

中医诊所在瑞士是作为商业模式经营的。在这样的模式下经营中医诊所，仅需要 20 000 瑞士法郎的注册资金、1 间诊室、1 位中医师及相应仪器即可，且其治疗收费高、利润大。另外，瑞士国内传统医药资源丰富，在瑞士投资中医诊所具有天然的土壤。

（三）中瑞自贸协定前景广阔

2013 年 7 月，《中国—瑞士自由贸易协定》正式生效，中瑞两国出口企业将享受自由贸易协定带来的红利，这也为中医药服务贸易提供了机遇。

六、风 险 提 示

（一）投资环境有不稳定的风险

（1）瑞士政府通常不会干涉公司行为，但有时会出现地方保护主义。

（2）虽然瑞商的信誉通常较好，但也有公司利用瑞士在金融业的良好信誉有计划地策划设圈。近年来，中国公司遭到的欺骗以及各类医药质量问题所引发的案件有很多，且经历了几年仍未得到解决。

（3）瑞士本国的医药企业发展良好，并作为重点项目出口中国，而中方目前出口瑞士的重点贸易对象也并非医药产品。因此，需要政策及中医药龙头企业的支持。

（二）缺少行业规范

由于瑞士民众对中医的需求，瑞士政府日益放宽对中医执业者的行业规范。但目前瑞士中医从业者不仅局限于专业医学人员，更有许多仅通过协会课时培训的非医学人员，而患者及医疗保险公司无法详细甄别。鱼龙混杂的医疗市场也带来了存在明显差异的临床疗效，给中医在瑞士的形象带来了负面影响，且瑞士的中医经营模式也较为混乱，有私人经营的行医者、私人经营雇人行医者、连锁店形式等。

七、案例分析

（一）北京同仁堂瑞士股份有限公司

【所在地区】 瑞士日内瓦。

【案例定义】 商务部注册在瑞企业。

【案例概况】 2017 年 12 月 5 日，北京同仁堂瑞士有限公司在瑞士日内瓦成立，开业当日的健康讲座吸引了许多中国人士和瑞士本地居民前来。同仁堂已有 349 年的历史，1992 年成立中国北京同仁堂集团。自 1993 年起，其先后在 22 个国家开设了 130 余家门店。瑞士股份公司的成立意味着同仁堂在瑞士的首家店铺正式开业，这也是同仁堂在欧洲的第 8 家店。北京同仁堂瑞士股份有限公司目前主要在瑞士提供针灸、推拿、拔罐、耳针等中医诊疗以及保健养生服务，公司将坚持“同修仁德，济世养生”的企业精神，给瑞士人民提供优质、全面的中医药服务。

【案例总结】 案例为医药企业单位，依托中医相关的疗效优势以及民众的健康养生观开展民生互通，效果显著。它的成立对中国来说，打开了开拓瑞士中药市场的大门。在瑞士医药服务贸易的成功尝试表明了海外中医药在重视养生保健、重视国际宣传等方面的重要性。以上举措不仅有利于获得中医药在瑞士发展话语权，也为其在瑞士打开市场夯实了基础，但其未来会如何发展仍待时间的考验。

（二）MediQiAG 集团（瑞士中医药研究中心）

【所在地区】 瑞士。

【案例定义】 瑞联邦本土企业。

【案例概况】 MediQi 公司成立于 1996 年，名为 TCM Bad Ragaz。该公司自建立以来一直和中国国家中医药管理传统医学国际交流中心合作，并同著名的瑞士诊所建立了合作关系。在此背景下，第一个中医研究中心在 Bad Ragaz 开业。目前，MediQi 公司已在瑞士有了 5 家中心。

【案例总结】 案例为瑞联邦本土企业，开创了瑞士第一家中医连锁诊所。瑞士的中医诊所都是以商业公司的形式经营的。该公司从临床诊疗出发，并在早期即与我国官方合作，提供专业的、高质量的中医服务。提示了中医药企业在瑞士发展时，应重视从业人员的质量以及诊断疗效，方能打开市场。

八、结论与建议

经济方面，瑞士经济处于平缓期，外汇储备世界前 3，财政赤字较低。中瑞贸易总体处于上升趋势，对中医药服务贸易总体是有利的。目前中国仍为瑞士在亚洲的最大对外贸易国，两国自贸协定于 2013 年开始，服务贸易前景向好。传统医药方面，瑞士人民对传统医药接受率高，但国家传统医药法规仍不完善。中瑞两国在中医药标准化、服务贸易方面存在较大市场空白，自由贸易合作对双方经济都有积极影响。具体实施建议如下。

（一）立足中医养生，发展服务贸易

瑞士人民对传统医药及各类替代疗法接受度高，在很大程度上是因为瑞士民众对自身健康养身的关注度极高，这也是瑞士全民公投要求将中医针灸从补充险纳入强制险中的原因之一。因此，中医的健康和养生可以作为瑞医药服务贸易的突破口，并可以学习瑞士中药业有限公司的成功经验，同时以临床诊疗与宣传讲座推广中医文化，发展服务贸易。

（二）注重高层对接沟通，争取政策扶持

在瑞士发展推广中医药，提高中医药在瑞士的研究水平、制药水平的研究中，应

注重与国家相关部门政策沟通，争取入瑞士政策扶持，并可参照同仁堂案例，以瑞士日内瓦门店为立足点，向整个瑞士甚至欧洲推广中医药。国家中医药管理局还对中医药海外发展合作进行了专项研究。各企事业单位应抓住机遇，加强高层申报和政策沟通，为企业深入瑞士中医药服务贸易获取国家支持。

（三）严格企业管理，领跑行业规范

瑞士的中医诊所，多以商业模式经营，不良竞争时常出现。面对中医药贸易的肥沃土壤，瑞士中服务贸易发展单位要坚持“严格管理，严格规范”的自我要求。在选送专业医师时也应严格审查资质，为中医药赴瑞士服务贸易做出典范，争取行业话语权。争取政府合作，携手专业机构，领跑行业规范。

（胡玮晔）

附

瑞士与中医药相关应用法规

(一) Ordonnance du DFI sur les prestations dans l'assurance obligatoire des soins en cas de maladie(Ordonnance sur les prestations de l'assurance des soins, OPAS)(832.112.31)

Titre 1 Prestations

Chapitre 1 Prestations des médecins, des chiropraticiens et des pharmaciens[4]

Section 5[6] Prestations de médecine complémentaire

Art. 4*b*

L'assurance prend en charge les coûts des prestations des disciplines suivantes si les conditions ci-après sont remplies:

a. acupuncture, si le médecin dispose d'un titre postgrade en acupuncture délivré conformément au programme de formation complémentaire du 1er juillet 2015 «Acupuncture et pharmacothérapie chinoise — MTC (ASA)» de l'Institut suisse pour la formation médicale continue et postgraduée (ISFM)[1];

b. médecine anthroposophique, si le médecin dispose d'un titre postgrade en médecine anthroposophique délivré conformément au programme de formation complémentaire du 1er janvier 1999 «Praticien(ne) pour une médecine élargie par l'anthroposophie (ASMOA)», révisé le 16 juin 2016, de l'ISFM[2];

c. pharmacothérapie de la médecine traditionnelle chinoise, si le médecin dispose d'un titre postgrade en médecine traditionnelle chinoise délivré conformément au programme de formation complémentaire du 1er juillet 2015 «Acupuncture et pharmacothérapie chinoise — MTC (ASA)» de l'ISFM[3];

d. homéopathie classique uniciste, si le médecin dispose d'un titre postgrade en homéopathie délivré conformément au programme de formation complémentaire du 1er janvier 1999 «Homéopathie (SSMH)», révisé le 10 septembre 2015, de l'ISFM4;

e. phytothérapie, si le médecin dispose d'un titre postgrade en phytothérapie délivré conformément au programme de formation complémentaire du 1er juillet 2011 «Phytothérapie (SMGP)» de l'ISFM, révisé le 5 novembre 20155.

---

[1] Le document peut être consulté à l'adresse suivante: www.bag.admin.ch/ref

[2] Le document peut être consulté à l'adresse suivante: www.bag.admin.ch/ref

[3] Le document peut être consulté à l'adresse suivante: www.bag.admin.ch/ref

[4] Le document peut être consulté à l'adresse suivante: www.bag.admin.ch/ref

[5] Le document peut être consulté à l'adresse suivante: www.bag.admin.ch/ref

(二) Ordonnance concernant le registre des professions médicales universitaires (Ordonnance concernant le registre LPMéd) (811.117.3)

Annexe 2 (art. 5, al. 2)
Qualifications postgrades de droit privé selon l'ordonnance du 29 septembre 1995 sur les prestations de l'assurance des soins[1]

Les certificats de formation complémentaire de droit privé de l'ISFM en médecine humaine suivants donnent droit à la facturation des prestations à la charge de l'assurance obligatoire des soins:

– Acupuncture et pharmacothérapie chinoise — MTC (ASA)

– Médecine anthroposophique (ASMOA)

– Pharmacothérapie de la médecine traditionnelle chinoise (MTC)

– Homéopathie (SSMH)

– Phytothérapie

– Sonographie de la hanche selon Graf chez le nouveau-né et le nourrisson (SSUM)

– Ultrasonographie prénatale (SSUM)

---

[1] RS **832.112.31**

RO **2017** 2725

[1] RS **811.11**

(三) Loi fédérale sur les médicaments et les dispositifs médicaux(Loi sur les produits thérapeutiques, LPTh) (812.10)

Section 2 Principe de la mise sur le marché et procédure d'autorisation de mise sur le marché

Art. 8 **Principe de la mise sur le marché**

Les médicaments et les excipients mis sur le marché doivent satisfaire aux exigences de la Pharmacopée, pour autant qu'il en existe.

Art. 9 **Autorisation de mise sur le marché**

[1] Les médicaments prêts à l'emploi et les médicaments à usage vétérinaire destinés à la fabrication d'aliments médicamenteux (prémélanges pour aliments médicamenteux) doivent avoir été autorisés par l'institut pour pouvoir être mis sur le marché. Les accords internationaux sur la reconnaissance des autorisations de mise sur le marché sont réservés.

[2] Sont dispensés de l'autorisation:

a. [1] les médicaments qui sont fabriqués en application d'une ordonnance médicale dans une officine publique ou une pharmacie d'hôpital et qui sont destinés à une personne ou à un cercle de personnes déterminés ou à un animal ou à un cheptel déterminé (formule magistrale); sur la base de cette ordonnance, le médicament peut être fabriqué *ad hoc* ou par lot dans l'officine publique ou la pharmacie d'hôpital mais ne peut être remis que sur ordonnance médicale;

b. [2] les médicaments qui sont fabriqués *ad hoc* ou par lot dans une officine publique, une pharmacie d'hôpital, une droguerie ou un autre établissement titulaire d'une autorisation de fabrication, conformément à une monographie spéciale de la Pharmacopée ou encore d'une autre pharmacopée ou d'un formularium reconnus par l'institut, et qui sont destinés à être remis aux clients de l'établissement (formule officinale);

c. [3] les médicaments non soumis à ordonnance qui sont fabriqués *ad hoc* ou par lot dans une officine publique, une pharmacie d'hôpital, une droguerie ou un autre établissement titulaire d'une autorisation de fabrication d'après une formule propre à l'établissement ou une formule publiée dans la littérature spécialisée, dans les limites du droit de la personne responsable de la fabrication de remettre des médicaments (art. 25) aux clients de l'établissement;

c[bis]. [4] les médicaments pour lesquels il est prouvé qu'aucun médicament de substitution et équivalent n'est autorisé ou disponible, qui sont fabriqués par lot dans une pharmacie d'hôpital selon une liste de médicaments interne à l'hôpital et qui sont destinés à être remis aux clients de l'établissement;

d. les médicaments qui sont destinés à des essais cliniques;

e. les médicaments qui ne peuvent être standardisés;

f. [5] les médicaments qui bénéficiaient d'une autorisation cantonale le 1er janvier 2002 et qui se trouvent encore sur le marché à l'entrée en vigueur de la modification du 18 mars 2016; ils doivent être étiquetés en conséquence et peuvent être mis sur le marché dans le canton concerné exclusivement et remis uniquement par des personnes habilitées à le faire en vertu de la présente loi.

2bis Un établissement titulaire d'une autorisation de fabrication peut être chargé de la fabrication de médicaments au sens de l'al. 2, let. a à c[bis].[6]

2ter Le Conseil fédéral fixe les critères qualitatifs et quantitatifs auxquels doivent répondre les médicaments visés à l'al. 2, let. a à c[bis] et 2bis. [7]

[3] Le Conseil fédéral peut prévoir le régime de l'autorisation de mise sur le marché pour le procédé d'obtention ou de fabrication des médicaments qui ne peuvent être standardisés.

[4] L'institut peut autoriser, pour une durée limitée, la distribution ou la remise de médicaments contre des maladies mortelles qui ne sont pas autorisés à être mis sur le marché si une telle autorisation est compatible avec la protection de la santé, qu'une grande utilité thérapeutique est attendue de l'administration de ces médicaments et qu'il n'existe pas de médicament équivalent.

---

[1] Nouvelle teneur selon le ch. I de la LF du 13 juin 2008, en vigueur depuis le 1er oct. 2010 (RO **2008** 4873, **2010** 4027; FF **2007** 2245).

[2] Nouvelle teneur selon le ch. I de la LF du 13 juin 2008, en vigueur depuis le 1er oct. 2010 (RO **2008** 4873, **2010** 4027; FF **2007** 2245).

[3] Nouvelle teneur selon le ch. I de la LF du 13 juin 2008, en vigueur depuis le 1er oct. 2010 (RO **2008** 4873, **2010** 4027; FF **2007** 2245).

[4] Introduite par le ch. I de la LF du 13 juin 2008, en vigueur depuis le 1er oct. 2010 (RO **2008** 4873, **2010** 4027; FF **2007** 2245).

[5] Introduite par le ch. I de la LF du 18 mars 2016, en vigueur depuis le 1er janv. 2018 (RO **2017** 2745; FF **2013** 1).

[6] Introduit par le ch. I de la LF du 13 juin 2008, en vigueur depuis le 1er oct. 2010 (RO **2008** 4873, **2010** 4027; FF **2007** 2245).

[7] Introduit par le ch. I de la LF du 13 juin 2008, en vigueur depuis le 1er oct. 2010 (RO **2008** 4873, **2010** 4027; FF **2007** 2245).

Art. 10 **Conditions liées à l'autorisation de mise sur le marché**

[1] Quiconque sollicite l'autorisation de mise sur le marché d'un médicament ou d'un procédé doit:

a. apporter la preuve que le médicament ou le procédé est de qualité, sûr et efficace;

b. être titulaire d'une autorisation de fabriquer, d'importer ou de faire le commerce de gros délivrée par l'autorité compétente;

c. avoir son domicile ou son siège social en Suisse, ou y avoir fondé une filiale.

[2] L'institut vérifie que les conditions liées à l'autorisation de mise sur le marché sont remplies. A cet effet, il peut effectuer des inspections axées sur le produit.

Art. 11 **Demande d'autorisation de mise sur le marché**

[1] La demande d'autorisation de mise sur le marché doit comporter les données et les documents nécessaires à son appréciation, notamment:

a. la désignation du médicament;

b. le nom du fabricant et de la maison de distribution;

c. le procédé de fabrication, la composition, la qualité et la stabilité du médicament;

d. les résidus et les délais d'attente s'il s'agit de médicaments pour des animaux destinés à la production de denrées alimentaires;

e. les effets thérapeutiques et les effets indésirables;

f. l'étiquetage, l'information, le mode de remise et le mode d'administration;

g. les résultats des essais physiques, chimiques, galéniques et biologiques ou microbiologiques et des essais pharmacologiques et toxicologiques;

h. les résultats des essais cliniques.

[2] Le Conseil fédéral:

a. fixe, compte tenu des directives et des normes reconnues sur le plan international, les exigences auxquelles doivent satisfaire l'organisation, le déroulement et l'enregistrement des essais pharmacologiques et toxicologiques visés à l'al. 1, let. g, et arrête des dispositions sur la procédure de contrôle;

b. détermine les langues dans lesquelles doivent être rédigés l'étiquetage et l'information.

[3] L'institut précise les données et les documents mentionnés à l'al. 1. Il peut en prévoir d'autres.

Art. 12 **Demande d'un deuxième requérant**

[1] Quiconque sollicite l'autorisation de mettre sur le marché un médicament qui est très proche d'un médicament déjà autorisé (préparation originale) et qui est destiné au même emploi, peut se référer aux résultats des essais pharmacologiques, toxicologiques et cliniques du requérant précédent:

a. si ce dernier l'y autorise par écrit;

b. si la protection de la préparation originale est échue.

[2] La protection est limitée à dix ans. Le Conseil fédéral peut également accorder une protection appropriée aux résultats d'essais portant sur des préparations originales visées à l'al. 1 en cas de nouvelles indications, de nouveaux modes d'administration, de nouvelles formes galéniques ou de nouveaux dosages.

Art. 13 **Médicaments et procédés autorisés à la mise sur le marché à l'étranger**

Si un médicament ou un procédé a déjà été autorisé à la mise sur le marché dans un pays ayant institué un contrôle des médicaments équivalent, les résultats des essais effectués en vue de l'octroi de l'autorisation sont pris en considération.

Art. 14 **Procédures simplifiées d'autorisation de mise sur le marché**

[1] L'institut prévoit des procédures simplifiées d'autorisation de mise sur le marché

pour certains médicaments, lorsque cela est compatible avec les exigences en matière de qualité, de sécurité et d'efficacité, et qu'aucun intérêt de la Suisse ni aucun engagement international ne s'y opposent. Cette règle vaut notamment pour:

a. les médicaments dont les principes actifs sont connus;

b. les médicaments de la médecine complémentaire;

c. les médicaments qui sont préparés pour les stocks par une officine publique, par une droguerie ou par un autre établissement titulaire d'une autorisation de fabrication, d'après une formule propre à l'établissement (spécialités de comptoir), conformément à la Pharmacopée ou encore à une autre pharmacopée ou à un formularium reconnus par l'institut, et qui sont remis aux clients de l'établissement;

d. [1] les médicaments qui sont fabriqués dans une pharmacie d'hôpital ou le service de radiopharmacie d'un hôpital et qui sont destinés aux besoins hospitaliers;

e. les médicaments qui sont fabriqués par l'armée et qui sont utilisés dans le cadre du service sanitaire coordonné;

f. les médicaments importants pour des maladies rares;

g. les médicaments à usage vétérinaire qui sont destinés exclusivement à des animaux qui ne sont pas destinés à la production de denrées alimentaires.

[2] L'institut prévoit une procédure simplifiée d'autorisation de mise sur le marché pour toute demande émanant d'un autre responsable de la mise sur le marché d'un médicament déjà autorisé en Suisse et importé d'un pays ayant institué un système équivalent d'autorisation de mise sur le marché:

a. si ce médicament répond aux exigences posées pour le médicament qui fait déjà l'objet d'une autorisation de mise sur le marché en Suisse, notamment à celles concernant l'étiquetage et l'information mentionnées à l'art. 11;

b. si cet autre responsable de la mise sur le marché d'un médicament est en mesure de garantir de façon durable que tous les médicaments dont il assure la distribution et pour lesquels il a obtenu une autorisation de mise sur le marché remplissent les mêmes exigences de sécurité et de qualité que ceux du premier requérant.

[3] ...[2]

[1] Nouvelle teneur selon le ch. I de la LF du 13 juin 2008, en vigueur depuis le 1er oct. 2010 (RO **2008** 4873, **2010** 4027; FF **2007** 2245).

[2] Abrogé par le ch. II de la LF du 19 déc. 2008, avec effet au 1er juil. 2009 (RO **2009** 2615; FF **2008** 257).

Art. 15[1] **Obligation d'annoncer**

Lorsque certains médicaments ou certaines catégories de médicaments remplissent les conditions de l'octroi d'une autorisation simplifiée de mise sur le marché et qu'il n'est pas judicieux d'engager une telle procédure, l'institut peut prévoir une simple obligation d'annoncer, en particulier pour les médicaments qui sont destinés aux besoins hospitaliers.

---

[1] Nouvelle teneur selon le ch. I de la LF du 13 juin 2008, en vigueur depuis le 1er oct. 2010 (RO **2008** 4873, **2010** 4027; FF **2007** 2245).

Art. 16 **Octroi de l'autorisation de mise sur le marché**

[1] L'institut autorise la mise d'un médicament sur le marché si les conditions sont remplies. Il peut lier l'autorisation à des charges et à des conditions.

[2] L'autorisation a une durée de validité de cinq ans. Pendant cette période, l'institut peut, de sa propre initiative ou sur demande, adapter la décision d'octroi de l'auto-risation aux changements de situation ou la révoquer.

[3] L'institut peut, indépendamment de la durée de validité de l'autorisation, réexaminer les médicaments par groupes et au besoin adapter ou révoquer la décision d'octroi.

[4] Il renouvelle, sur demande, l'autorisation si les conditions sont remplies.

Art. 16*a*[1] **Révocation de l'autorisation**

[1] L'institut révoque l'autorisation de mise sur le marché si:

a. le médicament n'a pas été effectivement mis sur le marché dans les trois ans qui suivent l'octroi de l'autorisation;

b. le médicament mis sur le marché ne s'y trouve plus effectivement pendant trois années consécutives.

[2] Le Conseil fédéral peut prévoir des dérogations à l'al. 1.

[3] Il peut prévoir pour les médicaments contre des maladies, des blessures et des handicaps graves que l'autorisation soit révoquée avant même l'expiration du délai prévu à

l'al. 1. Il fixe les délais et définit les critères de cette révocation.

---

[1] Introduit par le ch. I de la LF du 13 juin 2008, en vigueur depuis le 1er oct. 2010 (RO **2008** 4873, **2010** 4027; FF **2007** 2245).

Art. 17 **Libération officielle des lots**

[1] Si la fabrication d'un médicament requiert des mesures particulières, notamment en matière de sécurité, une demande de libération doit être présentée à l'institut pour chaque lot avant sa distribution. Les accords internationaux sur la reconnaissance des libérations des lots sont réservés.

[2] L'institut détermine les catégories de médicaments pour lesquelles la libération des lots est requise, ainsi que les exigences à remplir et la procédure.

[3] Il publie une liste des médicaments pour la distribution desquels une libération des lots est requise.

参考文献

[1] 瑞士联邦统计局[EB/OL]. https: / /www. bfs. admin. ch /bfs /en /home /statistics / population.html.

[2] 中华人民共和国外交部.瑞士国家概况[EB/OL]. https: / /www. fmprc. gov. cn /web / gjhdq_676201 /gj_676203 /oz_678770 /1206_679618 /1206x0_679620 /.

[3] 瑞士联邦统计局[EB/OL]. https: / /www. bfs. admin. ch /bfs /en /home /statistiken / volkswirtschaft.html.

[4] 中华人民共和国驻瑞士联邦大使馆经济商务参赞处.瑞士 2017 年出口创历史新高,中国超英国成为瑞士第五大出口市场[EB/OL]. http: / /ch. mofcom. gov. cn /article / jmxw /201801 /20180102706166.shtml.

[5] 瑞士联邦统计局[EB/OL].[2018 - 10 - 15]. https: / /www.bfs.admin.ch /bfs /de /home / statistiken / industrie-dienstleistungen / aussenhandel / handelsbilanz-einfuhr-ausfuhr.html.

[6] 瑞士联邦统计局[EB/OL]. https: / /www. bfs.admin.ch /bfs /en /home /statistics /health / health-system.html.

[7] 经合组织[EB/OL]. https: / /stats.oecd.org / Index.aspx?QueryId = 71540 #.

[8] 国际卫生保健系统[EB/OL]. https: / / international.commonwealthfund.org /countries / switzerland /.

[9] 靳丽霞.富裕小国拥抱神奇中医——瑞士中医药概况[J].中医药导报,2016,22(4): 1 - 5.

[10] 李其英.中医在瑞士的现状及可持续发展的建议[J].中医药导报,2016,22(21): 1 - 5.

第六章 大不列颠及北爱尔兰联合王国

一、政治与经济环境

(一) 国家概况

大不列颠及北爱尔兰联合王国(United Kingdom of Great Britain and Northern Ireland,以下简称英国)。英国主要由英格兰、威尔士、苏格兰和北爱尔兰以及多个附属岛屿组成,其本土位于欧洲西部的大不列颠岛,东临北海,南面接英吉利海峡,西南濒临凯尔特海和爱尔兰海。英国同时也是少数占有海外领地的国家,目前有13个地区被划分为英国的海外领地,人口总数超过6 500万,为欧洲第3名,世界第21名。英格兰占据英国人口大部分,约为83.9%;苏格兰位居第2,约为8.4%;威尔士再次之,约为4.8%;北爱尔兰人口相对较少,约占2.9%。英国的人口密度约为255.6人/平方千米。英国陆地领土24.41万平方千米,在欧洲国土面积排第11位,其中英格兰划分为43个郡,面积13.04万平方千米;苏格兰共有32个区,其中有3个区被划分为特别管辖区,面积7.88万平方千米;威尔士由22个区组成,面积2.08万平方千米;北爱尔兰共计26个区,面积最小,为1.41万平方千米。英国主要语言是英语,其他语言如威尔士语和盖尔语也在使用。英国是一个宗教信仰自由的国家。英国圣公会和苏格兰长老会是英国官方的两个主要教派,其中圣公会的教徒约占英国成年人的60%。

(二) 政治环境

1. *政治制度* 英国的国家体制属于君主立宪的议会制,英国国王是国家的元首、圣公会的领袖、最高司法长官和武装部队总司令。国王形式上拥有众多任免权等权力,但实际掌权归内阁,最高司法权和立法权归属议会。苏格兰与英格兰的法律体系有所差异,相对独立。英国为多党制国家,活跃在政坛上的主要政党有保守党、工党和自由民主党。2015年5月,保守党的戴维·卡梅伦连任首相,次年6月份,英国公投脱欧,至此英国结束了在欧盟的43年成员国身份。同年7月份,特雷莎·梅接任英国首相和保守党领袖。2019 年 6 月,梅辞任保守党领袖。7 月,鲍里斯·约翰逊出任新首相。尽管英国脱欧似乎得到了大部分民众的支持,但在后续“真正脱欧”的道路上,英国政府内部仍有很大分歧。时至 2019 年,英国仍在“脱欧”之路上徘徊。由此,英国在经济、政治等多个领域也受到了多重影响。

2. **外交特点** 19 世纪至 20 世纪初,英国是当时全球最为强大的国家之一。至今,英国仍在国际社会中扮演重要角色:它既是联合国安理会的常任理事国,还参与了 G7、G20 等国际组织。英国的外交特点是“均势外交”。在对外关系上,英国重视和美国的联系,同时也致力于维持和促进同印度、俄罗斯和中国的关系。2016 年 6 月英国公投脱离欧盟,对英国的外交带来了巨大的震动。但随后英国在脱欧进程中的种种举措也为英国本就复杂的外交局面带上了“一层迷雾”。

3. **中英关系** 中英的外交关系经历了几个阶段的变化,先是从“全面伙伴关系”发展到“全面战略伙伴关系”,进而发展到“面向 21 世纪的全球全面战略伙伴关系”。如今,中英正处于外交关系的“黄金时代”[1]。中英的合作领域十分广泛,涵盖经贸、人文和社会等多层次、多领域和多通道的外交载体。经济上,中国位列美国之后,是英国在欧盟以外的第二大贸易伙伴国。同时英国也是中国在欧洲的第二大投资目的国、第二大贸易伙伴和第二大实际投资来源地。人文交流上,两国签署了 20 多个科技领域的协议,双边文艺团体访问频繁、旅游业繁盛。此外,英国也是华人华侨海外主要聚集地之一,涉及多个行业。

(三) 经济环境

1. **经济概况** 英国是发达国家,全球经济体中排名第 5,市场机制采用资本主义市场经济体制。流通货币为英镑(GBP),2018 年 9 月,英镑对美元汇率约为 1∶1.31。2016 年英国 GDP 为 1.866 万亿英镑,全年 GDP 增长 1.8%,世界排名第 5(图 6-1)。在 2016 年 6 月全民公投脱欧后,英国金融市场受到巨大冲击,英镑贬值幅度大增。英国的最大贸易伙伴是美国,其他的主要贸易对象为欧盟、中国、日本等。2016 年英国进口总额约为 5 823 亿英镑,出口总额约为 5 429 亿英镑,贸易逆差为 394 亿英镑,对其他国家的投资总额达到 290 亿美元,吸收其他国家的直接投资额达到 1 790 亿美元,排名世界第 2。2018 年英国经济迎来了近年来最低的增长,为 1.4%。在 2017 年的基础作进一步放缓,仅稍高于 2012 年,同时贸易逆差也扩大至 323 亿英镑(数据来源:英国国家统计局)。

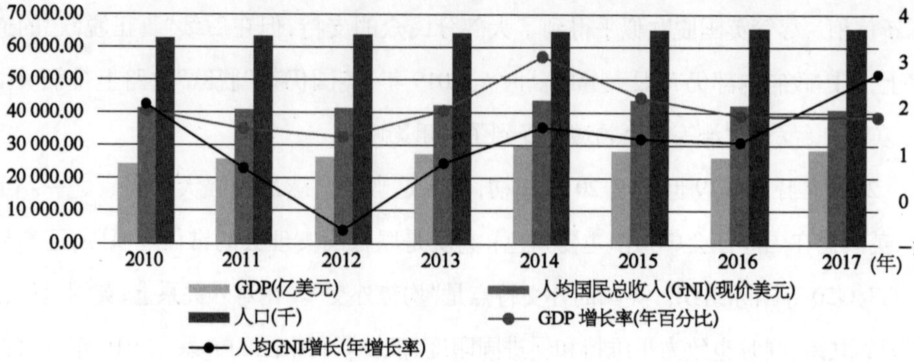

图 6-1 英国经济情况一览

注：本图据《世界银行报告》制作

2. 主要产业 英国的服务业包括金融保险、零售、旅游和商业服务等，产值占国内生产总值的三分之二以上，是英国的支柱经济产业。相较之下制造业占比仅为十分之一。英国能源资源十分富足，涵盖水力、天然气、煤和核能等，能源产业在英国经济中同样举足轻重。英国还有十分繁荣的旅游业，依靠旅游业创造的经济价值转换在世界排名第5，相关工作人员人数达到270万。2016年英国入境旅游的海外游客人数达3 730万人次，消费约达222亿英镑。2018年英国共接纳海外游客3 750万人次，消费约231亿英镑。2019年游客3 880万人次，消费额249亿英镑(数据来源：visitbritain.org)。

3. 对华贸易 2015年，中英双边贸易额达到785.2亿美元，相较2014年下降2.9%。2016年，中英双边贸易额743.4亿美元，同比下降5.3%。2016年英国在中国的实际投资额约为13.51亿美元，至今已累计达到210.5亿美元。英国也是许多中资企业海外发展重点区域，有500多家中资企业入驻英国，这也是两国经贸合作多样化的发展成果。英国在中国的投资行业集中在高新技术领域，并有着较为明显的优势。英国是中国的机电、化工、服装和部分初级产品的主要出口市场。此外，英国也积极参与中国的西部开发，投资区域逐渐拓展到了内陆地区，并向西部延伸。中英经贸联委会第12次会议于2016年2月在英国举行，这是中国与欧洲国家建立的首个地方经贸合作机制[2]。2017年，中国是英国第六大贸易出口国，第四大贸易进口国，分别占3.6%和7.0%。进出口贸易总额达675亿欧元，预计未来两国之间的贸易仍会处于增长状态(数据来源：Statistics on UK trade with China)。

二、医疗健康保障体系现状

（一）基本情况

英国的医疗保障制度发展开始于第一次工业革命后，1911 年，英国颁布《国民保险法》，规定所有符合条件的男性需同全科医生签订相关医疗保障协议[3]。英国国民卫生保健制度（National Health Service，NHS）的正式确立是在 1946 年《国家卫生服务法》颁布后[4]。NHS 保障制度实行从中央到地方垂直管理，分为初级卫生保健、二级医疗服务以及三级医疗服务[5]。NHS 的主体是门诊服务，也是初级保健体系，提供常见疾病的治疗等服务，90%的患者会在此阶段接受全科医生的诊治，不用转诊到二级医疗机构[6]。二级医疗服务可选择专科医疗或者手术治疗，患者多为初级全科医生转诊而来。该服务是由综合性急性病中心和三级医院提供[7]。

（二）医疗管理机构

英国卫生部对 NHS 整体负责，同时承担管理健康医疗方面事务的责任，还在资金筹集、分配，提供相关服务和监管整体质量中起主要作用[8]。NHS · England 是全英 NHS 的带头机构，英国医疗的统一定价和支付服务范围均由该机构负责确定，并委托各地的临床服务组织购买医疗卫生服务。NHS · Monitor 是独立监管机构，资金使用和流动都在该机构的监管下进行，健康医疗服务价格的调整和划分也由该机构执行。各地的临床委托服务组织可以在限度范围内调整当地服务定价，但仍需经过 NHS · Monitor 的批准[9]。卫生部负责国家药品政策制定，同时与专利药企业谈判形成管理药物定价的计划，并参与英格兰医院仿制药的统一招标。卫生部药品和保健产品监管署负责药品、医疗器械等的上市审批和监管，NHS 商业服务机构负责确定 A 类仿制药报销价。

（三）医疗机构

1. **公立医疗机构** 英国现有 209 个临床委员会组，135 个急性非专科中心，17 个急性专科中心，54 个精神健康中心，35 个社区供给者，10 个急救车中心。截至 2017 年 5 月，全英的全职医生共计 106 430 名，护士 285 893 名，助产士 21 597 名，科研和教学工作者 19 772 名[10]。在初级保健系统中，约有 1 万家的全科诊所为居民提供门诊、牙科和眼科等服务。

2. **私立医疗机构** 英国的私立医院在医疗健康保障的事务中也贡献了巨大的力量。与 NHS 不同，私立医院往往只提供一部分的医疗服务。私立医院多由医疗保险作为支撑的基金成立，而这些基金也多由一些较大的公司在运作。私立医院的专科医生同样和全科医生保持联系，他们也承担着 NHS 分包的部分任务。当患者在私立医院中接受分包任务中提供的医疗服务时，他们也会得到 NHS 的保障。有些私立医院采用商业式运营，也有些属于公益类型。部分医院组织开始为患者提供个性化的保险服务，也有些私立医院和保险公司之间直接签订协议。如果患者购买的商业保险中涵盖了私立医院的保险，那么相应的费用也可以同步处理。

（四）医疗社会保障情况

1. **国民社会医疗保险** 英国采用国家卫生服务模式，又称全民医疗保险模式。英国政府直接开展医疗服务和医疗保险，医疗基金则以税收的形式来筹集，最后通过财政拨款的方式下发给公立医疗机构，进而向一般民众提供价格不高的公共医疗服务。英国的医疗基金近些年一直维持在 GDP 9.1%的水平，随着 GDP 的上升，相关费用的支出也在不断上升[11]。

2. **商业保险** 由于 NHS 存在一定的弊端，大约 700 万的英国人同时还参加了商业健康保险，这一数字在人口占比中从 20 世纪 70 年代的 3.6%上升到了 15%。英国有 45 家商业保险公司，其中 5 家为主要的健康保险公司，他们的保费占据了全英商业保险的 91%[12]。商业保险涵盖的范围种类多样，涉及重大疾病保险、海外保险、私人医疗保险等多方面。商业保险主要支付参保者在私立医院的医疗费用，并在一定程度上支付 NHS 的部分费用。同时参加 NHS 和商业保险的患者可以选择去公立或私人医院接受诊疗。虽然商业保险市场不断扩大，但整体的份额仍相对较少。

三、传统医药的法律与政策环境

（一）医师执业

为了保证草药用药安全，英国卫生部在2002年成立了专门的草药师立法管理工作小组，将中医、西方草药和印度医学等融合在一起注册成为草药师，同时把中医针灸分离进行单独注册[13]。

（二）药品准入

英国设立了众多管理传统草药应用的法律法规，其中较为主要的包括：1968年《药品法令》、1993年《整骨疗法者法令》、1994年《脊椎按摩师法令》、2004年《人用药品（临床试验）条例》以及2005年《药品（人用传统草药）条例》。同时，欧盟2001年《人用药品指令》在英国也具有法律效力[14]。欧洲议会和理事会规定中药产品必须通过传统植物药注册[15]。早前传统草药上市有三种途径：① 获得植物药品许可。② 草药疗法豁免许可。③ 划归食品保健品进入市场。在2005年之前，英国划归食品保健品上市销售的传统草药约有500种，但均未纳入国民基本药物名录。英国药监机构于2005年10月开始对植物药产品进行注册管理。2011年5月1日之后，市场全面禁止未经注册的传统草药上市，也不能划归为食品保健品维持原有的市场。传统植物药过渡性安排的决定在2013年11月失效，从2014年5月开始英国市场上的植物药产品都要进行传统植物药注册，否则将禁止上市。英国药品审批及监管由卫生部负责，具体承担传统草药的注册及监管责任的单位是卫生部下属的药监机构。

（三）传统医药教育

1979年英国建立了首所“传统针灸学院”；1978年“中山针灸与中医协会”成立，

后改名为“中山针灸与中医学院”，该学院累计培养针灸师约350名，并于2000年停办。1987年，国际海外医药学院成立，教授中医与针灸。目前英国仍有部分教授中医或针灸的学院和大学(图6-2)。这些学院多为颁发证书的私立学院，如1988年成立的针灸北方学院。1994年中医综合培训学院成立。1995年英国中医认证机构成立。2000年曼彻斯特都会大学首次设立中医课程。2003年布里斯托大学、2005年米德赛斯大学、2006年威斯敏斯特大学、2007年南班克大学等相继教授中医课程。2006年开始，这些学院逐渐同英国和中国的一些大学展开合作，目的是为了获得相应的学历认可。比如北方针灸学院(NCA)与威尔士大学展开合作，中国整合医学学院(CICM)与金士顿大学合作，中国医学机构及注册处(CMIR)挂靠广州中医药大学，密德萨斯大学则通过与北京中医药大学的合作，颁发中医学双学位证书。英国本土大学中开设中医课程的时间多集中在2005年前后。与国内教育不同，英国大学的中医课程归属卫生学院的教育课程，学生在学习中医课程毕业后无法得到“医生”的头衔。除了这些课程和学院外，英国还有一些机构和组织自己承办的课程，现今较为普遍的是英国医生针灸协会(BMAS)与英国理疗针灸协会(AACP)举办的课程教学。在学习完规定的课程后，学员不但可以加入协会还会被授予合格证书[16]。

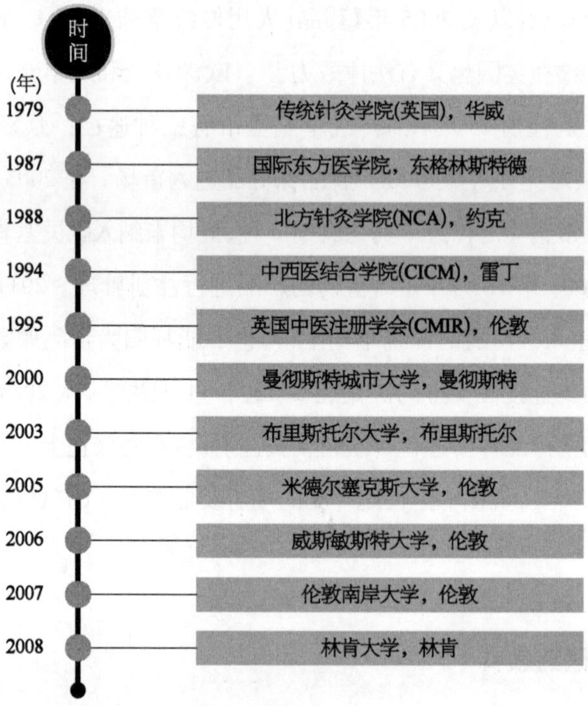

图6-2　英国传统医药教育机构及成立时间

(四) 保险覆盖

随着针灸在英国受到越来越多患者的认可,针灸疗法的社会影响力也逐步增大,早在 10 多年前针灸疗法就已经部分划入 NHS 保障体系中,接受针灸治疗的患者可以享受一定的费用报销。在过去的 20 多年中,英国政府对待针灸疗法的态度一直都比较宽松,相关限制法令也在研究商讨之中,但针灸全面进入 NHS 保障体系中仍有很长一段路要走。在私人保险业务中,许多保险公司在针灸疗法上看到了商机,并适时推出了相关的保险计划。

(五) 医药投资

英国有着快速发展且水平较高的生命科学市场,据统计,英国有 4 000 多家生命科学企业,每年为英国贡献 500 多亿英镑的产值。由于英国政府对制药和医药技术研发的关注度不断上升,英国医药市场吸收的投资也在不断扩大。英国在世界制药行业排行靠前,全球许多医药公司都选择在英国开办工厂,投资研发。为了更好保障制药业的快速稳定发展,英国也出台了相关资助计划并成立了专门的机构协助研发。总体来看,英国的药物生产和研发都处于世界先进行列,对药物研发的原材料有较大需求。

四、中医药服务贸易双边合作现状

(一) 传统医药交流历程

英国的中医发展多为移民推动。在过去的几十年间,英国华裔移民中医师经历了中医在英国时起时衰的发展历程。20 世纪 90 年代前,英国的中医发展缓慢,患者以华裔为主。在本土民众中,中医的知名度较低,不为大众所认知。20 世纪 80 年代末,一位中医师与本地医生展开合作并在《柳叶刀》等杂志发文,受此影响,中医发展迅速。20 世纪 90 年代中后期,中医师积累了丰富的资本,中医诊所也在市场的驱动下开始扩张。2008 年金融危机对英国的经济造成重创，民众消费力下降，许多中医店铺倒闭。目前英国的中医行业也逐渐进入市场休整期[17]。

（二）境外消费

2015 年中国接待入境旅游 1.3 亿人次，相较 2014 年增长 4.1%。入境过夜的外国游客 5 689 万次，增长 2.3%。其中英国 2012 年入境人次 2 928 万次，2013 年 3 106 万次，2014 年 3 261 万次，2015 年 3 444 万次，长期稳定在第 8 位。中国对中英学生交流抱有积极的态度，为了增加英国留学生来华学习还增扩了中国政府奖学金资助名额，并于 2014 年资助 200 多名英国留学生来中国留学。英国政府也通过了"英国未来计划"，在 2013—2020 年间将支持 8 万名学生来中国学习交流。2014 年来中国学习的英国留学生人数总数超过 6 000 人，该数字也在持续增长中。

（三）跨境交付

中英两国不断加强医疗政策、研究创新项目领域的合作。2016 年 12 月英国卫生部同中国卫生和计划生育委员会和科技部签署了谅解备忘录，同时也签署了 11 项中英企业间的医疗健康协议，总价值超过 2.5 亿英镑[18]。同月，英国最大的私立医院集团进驻中国，极大地推动了中英互联网跨境医疗的进步[19]。目前中国多个跨境医疗服务平台如"春雨医生""药材买卖网"等均与英国市场建立了联系，未来中英之间的医疗服务贸易也将持续扩大。

（四）商业存在

目前英国中医行业的商业经营模式主要有两种：高街模式和社区或家庭模式。采用高街模式经营的店铺开设在繁华地段，与周围的商业中心、娱乐中心和消费中心等相互结合。运营的服务多为常见的短期疗法和商业性较强的一些医疗服务。另有一些店铺采用盈利性较高的药物售卖模式，依靠贩售中成药扩大利润。也有一些店铺抛弃了医疗背景，主营推拿按摩。这类店铺的人员流动性大。另一种模式为社区或家庭模式。这类诊所多建立在社区街道或个人住宅，运营的项目主要与医疗相关，涵盖中医辨证治疗、方剂草药和针灸推拿。盈利多以针灸为主，服务对象是附近地区的常住人口,流动性小,对疗效声誉的依赖性大。

(五) 自然人流动

2007年,黑龙江中医药大学在国家汉办的协调下与英国伦敦南岸大学共同签署了成立中医孔子学院的协议,这也是全球第一家中医孔子学院。该学院主要由英国管理人员、英国教师、汉办教师和志愿者组成,其中中方的外派人员大致维持在20多名,主要教授中医、汉语和中国文化课程。除了中医孔子学院,中国许多中医药大学和英国的高等学府都有合作关系,双方留学生访问、联合办学、举办学术论坛和开展学术交流十分频繁。

(六) 大事记

中英服务贸易大事记见表6-1。

表6-1 中英服务贸易大事记

时间	事件
1998年	中英建立全面伙伴关系
2004年	中英关系升级为全面战略伙伴关系
2008年1月	英国首相布朗访华,中英双方领导人确立了2010年双边贸易额600亿美元的目标
2013年	总部基地(中国)控股集团宣布投资10亿英镑在伦敦建总部基地,国家外汇管理局所属公司、北京建工、中信集团等企业纷纷在英开展基础设施项目合作
2013年11月	第16次中国欧盟领导人会晤,共同制定《中欧合作2020战略规划》,确定中欧在和平与安全、繁荣、可持续发展、人文交流等领域加强合作的共同目标,促进中欧全面战略伙伴关系的进一步发展[20]
2015年10月	习近平主席访英期间,双方领导人签订了一系列协定,中英关系迎来"黄金时代"
2016年2月	中英经贸联委会第12次会议在英举行,建立了首个地方经贸合作机制即中英地方合作联合工作组[21]
2016年3月	中国人民对外友好协会和英国社区与地方政府部在伦敦市及谢菲尔德市共同举办了首届中英地方领导人论坛。来自中国长江经济带和英国英格兰北方经济中心的地方政府和企业代表,以及英国政商高层、学术精英等约500人参加了本次交流活动
2017年3月	英国驻华大使吴百纳接受中国媒体联合采访时说,两国关系正值"黄金时代",期望英中两国未来能在"一带一路"建设中展开更为密切的合作
2017年5月	"一带一路"国际合作高峰论坛上,国务院总理李克强会见了英国首相特使、财政大臣哈蒙德。英国首相特雷莎·梅表示,英方致力于发展英中全面战略伙伴关系,愿两国在国际事务中的沟通密切协调,不断加强双边贸易投资合作[22]
2018年8月	第2届中英中医药高峰论坛在英国牛津举办

五、市场机遇与潜力

离开欧盟后，英国将可以不受欧盟束缚，加速与中国建立更紧密的经贸合作制度[23]。脱欧后英国也将会拥有更大的贸易自主权，未来英国有可能同中国建立自由贸易区。英国政府重视对华关系，中英都乐于积极展开合作，推动经贸发展，因此中英贸易也取得了一系列成果。英国是世界贸易大国，对外贸易是英国经济的主要组成部分[24]。未来，中英贸易也会因中英贸易协定不再遵循欧盟协定而有更广的发展空间[25]。

（一）中英贸易进出口规模扩大

英国脱离欧盟虽减少了英国与欧盟成员国之间的进出口贸易，但这为中国提供了有利机会。英国脱欧直接导致其他欧盟成员国抵制英国出口产品，并影响了英国从欧盟国家的进口量，而中国可能会增加英国主要进口商品以满足其进口需求，并增加中国对外贸易出口额。另一方面，考虑贸易顺差往往不利于两国贸易的长久发展，中国可能会增加对英国的贸易进口额，因此中英贸易进出口规模有望进一步提升。

（二）中医的疾病谱优势

针灸在英国的临床应用涵盖多种疾病，其中既有针对性的疼痛类疾病，也有多种内科疾病，同时还有免疫性、神经性疾病等。随着英国民众生活方式的改变，一些疾病如慢性肠炎、更年期综合征和颈肩腰腿痛等疾病发病率不断提高，针灸在这些疾病上均取得了显著的疗效。据统计，英国政府每年在治疗腰部疼痛这一疾病上花费巨大，针灸在治疗这一困扰近 1/3 英国人的疾病时发挥了独特的疗效[26]。因此英国国家临床评价鉴定机构也开始向这类患者推荐针灸疗法。

(三) 中医药政策引导

中医作为中国特色的医疗方式,立足于卫生医疗领域,传承发展了几千年,在中国参与全球卫生治理过程中,扮演了重要的角色。据报道,到2020年,我国将建设50家中医药对外交流合作示范基地、30个中医药海外中心,颁布20项中医药国际标准,注册100种中药产品,形成中医药"一带一路"全方位合作新格局,完善国内政策支撑体系和国际协调机制,中医药与"一带一路"的联系越来越紧密[27]。同时随着中英多领域合作往来的增进,中医药服务贸易也迎来了发展的大好时机。通过多途径、多平台和多领域的一系列举措,在英国深入发展中医药服务贸易的条件基本完备。

六、风 险 提 示

(一) 贸易风险

对于中国投资者、中国企业来说,英国的吸引力远不是英国本地6 500万人口的市场,而是把英国作为步入欧盟市场的桥梁。但随着英国脱欧,这一策略必须作出调整。

再者中英贸易顺差有减小的可能。近年来中国对英国的贸易顺差额不断扩大,贸易顺差一直为中国带来盈利,随着英镑汇率持续大幅度下跌,报价、收款和利润率也相应发生变化,贸易成本和风险扩大。

(二) 中医药产品质量问题严峻

作为世界上最大的植物药市场,欧盟同时也是我国中药出口的主要对象。得益于对植物药市场的多年经营,欧盟在药品进口上已经探索出了一套严格的准入标准。因此,作为前欧盟国家的英国也成了管理中成药最为严格的欧洲国家。由于中药重金属超标造成的危害事件频发，中药的质量与信誉受到侵害，也进一步阻碍了中医药国际市场的开拓。《欧盟传统植物药(草药)注册程序指令》实施以来，我国对英国和欧盟的中医药出口额出现明显下降，这一法令也进一步阻碍了我国中成药向欧洲地区出口。

(三) 英国本土中医的历史遗留问题

1. **从业人员水平高低不一** 英国的中医诊所经历过爆发式的发展时期，这一阶段的中医从业者很多都不是真正的中医师，滥竽充数的非医疗行业从业人员不但严重影响了中医药的临床疗效，还损害了中医前期奠定的良好声誉。

2. **短期性商业行为** 中医发展的商业化趋势产生了众多短期商业行为。一些中医诊所罔顾中药产品质量和辨证论治的基本原则，以流水线的形式为患者诊疗，开展医疗业务以外的商业项目等。这些短期商业行为经舆论报道后产生了恶劣影响。

3. **掠夺式经营** 部分中医诊所将营利定为首要目标，个别的甚至采用掠夺式经营模式。英国曾经最大的中医连锁公司鼎盛时期有500多家分店，一个分店里有4个前台、3个医生。许多前台的销售行为有时甚至会改变医生的处方用药。在这家连锁公司分家后，有些诊所未通知患者，部分患者缴纳了1年的治疗费用后，却面临着诊所倒闭的局面，中医业界的诚信度大大受到影响。

4. **从业乱象** 部分从业人员素质不过硬，医疗事故频出，如出售法律禁止销售的药物、滥用中药，导致中药副作用表现扩大、操作不当引起二次损伤等。此类事件经媒体报道后，形成了极恶劣的社会口碑。

七、案例分析

(一) AcuBody Therapies

【所在地区】 英国，伦敦。

【案例定义】 英国针灸诊所。

【案例概况】 AcuBody Therapies 是位于伦敦中心西奥博尔兹路的一家针灸诊所。该诊所主要提供针灸、塑形、中医和运动疗法。该诊所的从业者以英国本土人员为主，针对不同的疗法从业人员的资历侧重也有所不同。在常见的评分网站上，该诊所获得了近百条评价，星级评定为五星(最高五星)。诊所同时与许多中医和针灸组织建立了合作关系，包括英国中医药协会和英国针灸理事会等。

【案例总结】 这是一家中国背景较少的中医诊所，首先从业者大多为英国本地人士，在文化交流方面有一定优势。再者，该诊所注重网络建设和互联网融合，诊所的官方网结合了诊所信息、诊疗方案和位置价格等一般信息，还加入了传统中医疗法的研究和科普信息。在网络信息发达的今天，诊所的现代化网络建设能够吸引到更多的民众。除了官方网站建设，诊所还注重顾客评价，诊所在谷歌地图搜索结果、评价数量和评价星级都名列前茅，如此一来也能够先入为主地给通过网络搜索前来就诊的患者一个较好的印象。

(二) 康泰中医诊所

【所在地区】 英国。

【案例定义】 连锁型中医诊所。

【案例概况】 康泰中医诊所是英国一家十分出名的中医诊所。该诊所成立于1994年，截至目前，有多达100万人次的患者曾就诊于该诊所。康泰中医诊所提供的中医服务以针灸、推拿按摩和中药草药为主。它也是英国为数不多的连锁型中医诊所，开设有5家门店，分布在中国城内。

【案例总结】 康泰中医诊所发源于20世纪末，是中医初入英国社会根基尚未稳固之时。作为中医行业的开拓者，康泰中医诊所面临同样程度的困难和机遇。经过多年的建设发展，该诊所在英国社会已经取得了一定的知名度。康泰中医诊所的后期发展模式更值得其他中医从业者学习。首先是诊疗对象，康泰中医诊所主要分布在中国城，这为其打下了客源基础。其次，诊所选择开设分店，设立连锁店铺，如此一来既扩大了市场人群，也增加了知名度。后续中医企业的发展除了自身实力过硬，也要关注经营策略。将中医和市场进行多维结合，可有效地创收市场价值。

八、结论与建议

(一) 融合中国文化,拓宽产品市场

过去中医药市场主要集中在欧洲核心地区,销售领域局限于医疗和保健产品。在文化产业不断创收的今天,中医药的文化属性越发凸显。中国经济的崛起也让英国许多民众感受到中国文化的博大精深。因此,中医在开展传统医疗服务的同时,也要拓宽市场对象,充分发挥中药产品的文化特色。如开发中药香囊产品,推广中药香熏和草药精油。再者,也可在原有的中医诊所内贩售传统中医文化产品,开展中医药手工艺品销售。此外,中医药膳食疗也是未来海外中医推广的重要组成部分,通过发展中医药食同源的食疗素材,能够进一步加深中医药原有的特色,使其与当地民众的日常生活更加紧密结合。

(二) 完善中医标准,规范中药产品质量

相关统计显示,中国国内的国家、地方和企业中医相关标准已经达到了639项,然而这些标准在实际应用中常常会出现互不认可的情况。在国内,中医标准定而不用的问题不但已经严重影响了中医自身发展,还阻碍了中医药产品的海外出口。在英国开展中医药服务贸易最关键的就是安全保障,中草药产品在过去对质量的把控失衡导致了如今中药产品销售举步维艰,中医类标准缺乏和落实不到位需要承担绝大部分的责任。加强中医出口产品的标准体系建设是中医海外推广必不可少的条件,它不仅能在短时期内维持中药材的基本品质,也能为后续中医药进一步打开英国市场奠定基础。

(三) 加快欧盟中医产品注册进度

虽然英国已经退出欧盟,但欧盟在未来一段时期内仍将对英国产生多方影响。

在欧盟推进中医产品的注册也是中医在英国发展中医服务贸易的硬性条件。但是欧盟的中草药产品注册流程复杂,成本消耗极高。药品不但要根据要求进行相关安全、有效性等技术性研究,中药企业还需进行GMP改造,并通过欧盟的GMP认证[28]。从中医服务贸易发展的大局角度来看,中医药进驻欧洲市场既是企业行为,也是国家层面的战略推动。因此,未来国内中医药相关组织机构也可能会协同行业领头的中医药厂商,共同参与中药产品的注册。对于企业来说,增强自身实力、加强质量把控和稳定产品质量是当务之急。

(四) 联合当地行业协会,推动中医发展

英国有众多的中医从业者,他们是中医领域多年积累下来的基础发展资源。目前针灸已经在英国取得了认可,针灸协会和相关组织也充分保障了针灸行业的稳定健康发展,部分不涉及内服药物的传统疗法也被作为体验和诊疗手段被纳入医疗服务项目。利用这些行业协会和机构的社会影响力,能够助力中医产品的临床推广和立法注册,缓解舆论压力,为中医药产品的再度焕发活力创造前提条件。此外,中医服务贸易发展也可与英国的医疗保障体系相结合,在初级保健体系和全科医生诊疗阶段应用效果明确、毒副作用小的中药产品。从基层开展中医产品研发和销售,也能反向影响高层的政策制定。除了当地的中医行业协会,中医中心的建设也将为英国的中医服务贸易贡献力量。未来,中英双方的传统医学高等教育交流会越发密切,中医服务贸易的市场拓宽也需要应用此类渠道。

(张建忠)

参考文献

[1] 李罡.中英关系发展的民生解读[J].经济，2016(2)：24－26.

[2] 中国山东网.中英经贸联委会第12次会议在伯明翰举行[EB/OL].http：//news.sdchina.com/show/3710998.html.

[3] 丁建定.英国健康保障制度建立的历史经验[J].群言，2009(6)：14－16.

[4] 孙洁.英国的政党政治与福利制度[M].北京：商务印书馆，2008.

[5] 李瑞桐.英国医疗保障制度框架研究[J].经济研究导刊，2015(21)：67.

[6] 郑晓曼，王小丽.英国国民医疗保健体制(NHS)探析[J].中国卫生事业管理，2011，28(12)：919－921.

[7] 饶克勤，刘新明.国际医疗卫生体制改革与中国[M].北京：中国协和医科大学出版社，2007.

[8] 李滔，王秀峰，赵坤.英国卫生体制对我国医改的启示[J].中国全科医学，2015(34)：4157－4161.

[9] NHS ENGLAND. NHS payment system [EB/OL].http：//www.england.nhs.uk/resources/pay-syst/.

[10] NHS STATISTICS. Facts and figures [EB/OL].http：//www.nhsconfed.org/resources/key-statistics-on-the-nhs.

[11] 高银莉.各国改革医疗保险基金可持续发展模式的比较研究——以德国、美国和英国为例[J].武汉职业技术学院学报，2017，16(3)：27－30.

[12] 董竹敏.英德美日商业健康保险概况[J].中国保险，2015(12)：61－64.

[13] 海外华人中医药群集体.国际中医药发展和立法情况概览[J].中医药导报，2016(9)：1－5.

[14] 周方.英国传统草药管理法律制度与中药英国注册策略研究[J].环球中医药，2014(11)：851－855.

[15] 苏芮，陈岩，孙鹏，等.英国传统植物药销售过渡期结束[J].中国中医药信息杂志，2014，21(12)：5－7.

[16] 马伯英.海外(英国)中医教学的特点和瓶颈浅析[J].天津中医药，2012，29(3)：295－298.

[17] 严暄暄，丁颖，魏一苇，等."他者"在"他者"的社会——英国移民中医[J].中医药导报，2015(19)：1－4.

[18] 健康报.资讯集结号[EB/OL].[2016－12－07].http：//www.jkb.com.cn/management/2016/1212/400012.html.

[19] 佚名.英国最大私立医院集团BMI HEALTHCARE首次进入中国，签约春雨国际开通赴英就医绿色通道[EB/OL].http：//finance. huanqiu. com/roll/2016－12/9783557.html.

[20] 新华网.第十六次中国欧盟领导人会晤发表《中欧合作2020战略规划》[EB/OL]. http：//big5.xinhuanet.com/gate/big5/www.xinhuanet.com/2013－11/23/c_118264906.htm.

[21] 中国山东网.中英经贸联委会第12次会议在伯明翰举行[EB/OL].[2016－02－28].http：//news.sdchina.com/show/3710998.html.

[22] 中国江西网.李克强会见英国首相特使、财政大臣哈蒙德[EB/OL].http：//news.jxnews.com.cn/system/2017/05/15/016127535.shtml.

[23] 冯仲平.英国脱欧及其对中国的影响[J].现代国际关系，2016(7)：1－6.

[24] 李媛，孙碧宁，倪志刚.英国脱欧对中英贸易的影响分析[J].沈阳工业大学学报(社会科学版)，2017，10(2)：118－124.

[25] 苏琼山.英国脱欧影响几何[J].中国外资，2016(7)：16－20.

[26] 刘婷婷，金弘.针灸在英国特定医疗体制下的发展现状及前景[J].针灸临床杂志，2013，29(6)：73－75.

[27] 张建忠，鲍超群，宋欣阳.中医参与西亚北非卫生治理[J].复旦国际关系评论，2017(2)：257－275.

[28] 何畅.从英国禁令分析中药出口欧盟的重金属超标问题及对策[J].中草药，2016，47(10)：1820－1824.

第七章 荷兰王国

一、政治与经济环境

(一) 国家概况

荷兰王国(Koninkrijk der Nederlanden)因其北荷兰省和南荷兰省最为出名,故又称荷兰。在16世纪之前,荷兰长期处于封建割据状态,16世纪初受西班牙统治。1568年,反对西班牙统治的战争在荷兰爆发。1648年西荷两国签订和平条约,西班牙正式承认荷兰独立。在17世纪,荷兰成为一个海上殖民强国,18世纪以后,其殖民体系逐渐崩溃。1815年拿破仑之弟路易·波拿巴统治结束后,荷兰王国成立。荷兰在两次世界大战中宣布中立,之后放弃中立政策,加入北约和欧洲共同体(欧盟),现任国王是威廉-亚历山大[1]。荷兰位于欧洲大陆的西北部,北部与北海相接,东部与德国接壤,南部与比利时相邻;国土面积41 528平方千米[2],仅有50%的国土海拔超过1米;由4大部分组成,分别是荷兰、阿鲁巴、库拉索和荷属圣马丁,是君主立宪制的复合国(联合王国)和以荷兰本土为核心的主权国家。阿姆斯特丹是"宪法首都",政府、王宫和大多数国家的大使馆都在荷兰政府所在地海牙。荷兰人口约1 730万人[3],其中81%为荷兰人,印度尼西亚人、土耳其人、苏里南人是较大的少数族群,华人为第四大少数族群;官方语言为荷兰语,在弗里斯兰省通行弗里斯语,国民普遍外语水平较高,擅长英语。26%的荷兰人信奉天主教,16%信奉基督教,6%信奉其他宗教,5%信奉伊斯兰教,3%信奉新教[4],有一定比例人口认为自己无宗教信仰。

(二) 政治环境

1. *政治制度* 荷兰为君主立宪制国家。国王(女王)为国家元首,王位世袭。国王和议会拥有立法权,国王和内阁拥有行政权。荷兰议会由一院(参议院)和二院(众议院)组成,两院议员任期均为4年,但改选不在同一年进行。一院有权同意或拒绝批准法案,但不能提出或修改法案。二院拥有立法权,有权提出法案、批准或拒绝内阁提案和修改法案；拥有监督权，有权批准预算，以及拥有独立调查权和质疑权。荷兰主要党派有 8 个，各党派实行领导人责任制，分别是：自由民主人民党，自由党，基督教民主联盟，六六民主党，左翼绿党，社会党，工党和基督教联盟[1]。

2. 外交特点　荷兰作为一个以自由贸易为基础的西欧小国，重视国际合作，追求各国之间的稳定和平等关系、尊重人权和法治是其外交政策的主要原则。荷兰的主要外交特点有：第一，"牧师加商人"。其主张国际关系民主化、大小国家国际地位平等，促进多边主义。第二，"立足欧盟，紧随美国"。外交政策既具有欧洲派的特点，也具有大西洋派的特色。荷兰支持欧洲一体化，且是欧盟和北约的创始成员。其与美国的关系始终密切，并倡导与美国保持平等的伙伴关系。第三，"小国中的大国"。在处理国际事务中，特别是欧盟一体化，荷兰往往与其他中小国家团结与合作。第四，"低地模式，多边外交"。其主张通过谈判解决国家间的争端，注重联合国等国际组织的作用，以及与中国、印度和巴西等新兴大国的关系。

3. 中荷关系　1972 年 5 月，中国与荷兰建立了大使级外交关系。自 20 世纪末以来，中荷双边关系稳步发展。荷兰政府重视发展对华关系。2006 年 8 月，荷兰政府发布了一份关于中国政策的备忘录，该备忘录详细阐述了中荷政治、经济、可持续发展和社会四大主线政策。2014 年 3 月，习近平主席前往荷兰海牙出席第三次核安全峰会。2015 年 10 月，荷兰国王威廉-亚历山大到访中国，两国元首高度评价中荷关系的发展，同意坚持正确的合作方向，为两国人民谋求更多福祉。2016 年 11 月，荷兰议会-院议长安吉·布鲁克斯-克诺尔来华访问[5]。

（三）经济环境

1. 经济概况　荷兰属于发达资本主义国家，其流通货币为欧元。荷兰 80%的原材料需进口，60%以上的产品用于出口。其对外贸易的 80%在欧盟内实现，GDP 的 55%为商品和服务出口[6]。2008—2009 年，在全球金融危机影响下，荷兰的经济有所下滑。其 2009 年 GDP 同比下降 5.2%，2014 年渐渐恢复增长趋势；2018 年 GDP 为 7 733 亿欧元，约为 8 678 亿美元，同比上涨 2.7%[7]。荷兰政府鼓励行业创新，2010 年颁布《行业创新鼓励政策》，减轻企业的税务负担，为国家进一步建设可持续发展产业提供良好的企业经营环境。

2. 主要产业　荷兰的五大类出口商品是机电产品、化学产品、矿产品、贱金属及制品以及食品、饮料和烟草。荷兰工业最主要的三大板块分别是：食品加工、化学工业和机械制造。荷兰农业发展世界一流，高度集约化和专业化，是世界第二大农产品出口国，仅次于美国。在此基础之上，其食品和饮料工业具有领先优势，是最大的制造业部门。荷兰也是世界最大的牛奶和乳制品生产国。荷兰的服务业占主导优势，主要集中在金融、批发零售、物流、信息通讯等服务领域，占 GDP 七成以上。

3. *对华贸易* 中荷经贸关系发展迅速。2017 年两国双边货物进出口总额达到 1 074 亿美元，大幅度上涨了 30.9%。其中，荷兰的出口额为 135.4 亿美元，同比增长 19.1%；进口额为 938.6 亿美元，同比增长 32.8%。荷兰与中国的贸易逆差为 803.2 亿美元。荷兰对中国的三大出口产品是机电产品，食品、饮料和烟草，矿产品。2017 年这三类产品的出口额分别是 41.8 亿美元、14.6 亿美元和 13.6 亿美元，分别占出口额的 30.9%、10.8%和 10.1%[8]。2018 年 10 月 16 日，在李克强总理访问荷兰之时，中国商务部和荷兰外交部在海牙联合举行“2018 中荷经贸论坛”。论坛开始前，两国领导人见证两国企业签署八项合作协议，涉及能源、金融、航空、农业科技等领域，总金额约 93 亿美元（表 7－1、图 7－1）。

表 7－1 2007—2018 年中荷贸易总额（单位：亿美元）[9]

项目＼年份	2007	2008	2009	2010	2011	2012	2013	2014	2015	2016	2017	2018
总额	566.5	646.7	579.7	718.9	800.7	804.7	814.6	864.7	834.6	824.9	1 074.0	1 126.4
进口	515.9	588.8	515.0	647.6	707.5	703.3	705.0	755.6	731.4	709.8	938.6	1 000.8
出口	50.6	57.9	64.8	71.3	92.4	101.4	109.7	109.1	103.1	115.1	135.4	125.6

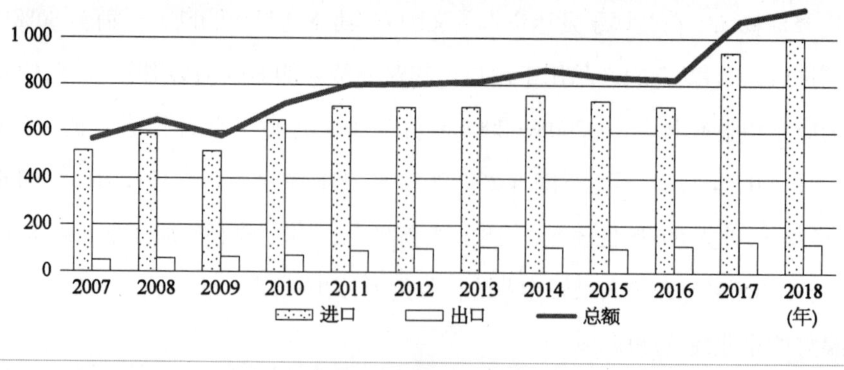

图 7－1 2007—2018 年中荷贸易数据（单位：亿美元）

注：图表据中华人民共和国商务部整理制作

二、医疗健康保障体系现状

(一) 基本情况

荷兰医疗保健被评为欧洲最佳标准。荷兰在 2016 年和 2017 年欧洲健康消费者指数(现代医疗保健行业标准)中占据首位,2018 年排名第 2,是自 2005 年以来唯一一直位于前三位的国家。根据该指数报告,荷兰每一个医疗保健标准方面都相对表现优异,可能只有在等待时间上还略需改善;开设的 160 个初级保健中心可提供 1 周 7 日 24 小时开放后,由于荷兰国土面积较小,这类中心可谓触手可及,非常便利。在医疗相关消费方面,荷兰统计局在 2017 年报告中称,2017 年荷兰医疗保健总支出约为 744.75 亿欧元,此外荷兰的年度医疗保险费用约为 1 200 欧元。

(二) 医疗管理机构

卫生、福利和体育部(VWS)负责公共卫生、医疗保健、生活质量、社会工作和运动。VWS 设三大总司: ① 公共卫生,负责安全、预防和体育。② 医疗保健,负责保健、医药和健康保险。③ 青年与福利。

该部还管理许多自治机构,最重要的是: 社会文化规划局,荷兰国家公共卫生与环境研究所。

荷兰医疗保健局(NZA)成立于 2006 年,是医疗保健市场的独立监管机构,确保各方遵守法律法规,如《健康保险法》《特殊医疗费用法案》《医疗保健市场法案》。

(三) 医疗机构

荷兰的医院大多为私人运营的非营利医院[10],大致分为三类: 学术医院、教学医院、综合医院。学术医院是荷兰的医科大学。荷兰有 8 所学术医院,这些医院有各类研究人员和专家,可提供更专业的护理。教学医院与大学医疗中心合作，帮助培训护士和医疗实习生，能够提供更专业的治疗方法，正式医生可以在手术期间陪同实习生。综合医院针对专业性较低的健康问题，可提供优秀的健康服务。如有必要，其会将患者转诊到更专业的医院[11]。根据荷兰统计局的数据，荷兰的中型及大型医疗机构中，有 8 所学术医院、58 所综合医院、18 所非精神卫生类专科医院。荷兰有 138 所精神卫生医院和 150 家小型精神卫生医院。据 2010 年统计，荷兰有病床共 5.6 万张；照顾残疾人士日托机构大型 395 家，小型 1 450 家；大型非儿童的住院护理医疗机构 47 家，小型 100 家；大型家庭住宿护理机构 913 家，小型 16 500 家[12]。

（四）医疗社会保障情况

1. 强制性公共医疗保险　荷兰的医疗保险有四种法定形式(表 7 - 2)。

表 7 - 2　荷兰医疗保险四种法定形式

保险法律	涵盖内容	对　象
《健康保险法》	基本医疗保险，常见的医疗保健	荷兰所有居民，包括外籍人士
《长期护理法》	长期护理	如痴呆症和其他严重的精神、身体和感官障碍。由政府评估情况
《社会支持法》	政府每日提供支持服务，例如家庭帮助、清洁和烹饪，以服务需要额外护理的人	
《青年法》	18 岁以下青少年的短期和长期医疗护理	

虽然荷兰居民和职工自动获得政府的长期护理保险[即《长期护理法》(Wlz)覆盖的医保内容]，但每个人都必须自己购买基本的医疗保险(基本医疗保险，即 Zvw 所要求的内容)。18 岁以下的荷兰公民的健康保险可包括在父母的健康保险范围内，无需再次购买。申请支持服务的公民(Wmo 涵盖的保险内容)将首先由政府评估，考察在当地市政府承担支持服务之前，家人或朋友可以提供哪些服务[13]。

荷兰健康保险涵盖 GP 咨询；来自专科医生和医院护理的治疗；药物治疗 18 岁以下患者可获得的护理和理疗治疗；某些治疗师的护理，例如言语治疗师；基本的心理健康服务；戒烟计划；饮食建议；产科和产科护理[14]。

荷兰强制性医疗保险承保所有医疗开支的 41%。其余医疗保健支付来源包括税收，自付费用，额外可选择的健康保险计划和其他来源。

2. 荷兰的私人医疗保险 购买荷兰私人医疗保险可以获得额外治疗(例如,物理治疗,精神病治疗或牙科治疗)的报销,通常涵盖私人医疗设施,可以比荷兰医疗的州系统更快地获得治疗。还能获得额外福利,例如无需共享病房及更全面的住院和门诊护理服务、临终关怀、康复和生育服务。与荷兰的基本保险政策不同,保险公司没有义务接受私人医疗保险,申请者的年龄和健康状况对于是否获得批准,甚至每月保险费的高低都具有一定的影响。

三、传统医药的法律与政策环境

荷兰中医的政策环境相对良好,虽目前尚无专门针对中医药的法案,但荷兰对中草药的申请认可和中医药医疗保险皆领先于大多数欧洲国家。中医药专业协会的建立以及私人中医学校的创办与发展为进一步完善荷兰中医执业、资格认定提供条件。

(一) 医师执业

荷兰的中医执业医师需在荷兰相关协会进行注册认证,如荷兰中医药协会(Zhong)、荷兰中医药专业协会(NBCG YI),协会对医师进行评估,例如要求医师必须在中医药领域接受荷兰高等专业教育(HBO),或是必须学习协会开设的由荷兰初级教育中心(Centrum Post Initieel Onderwijs Nederland, CPION)或荷兰教育登记基金会(Stitching Nederlands Register Opleidingen, SNRO)监管教育组织的批准的各类中医课程。协会认证资格同时是各大保险公司评估患者是否可以进行医保报销的标准之一。

(二) 药品准入

根据2018年8月1日最新的荷兰《药物法》,申请的草药产品在不损害有关工业和商业财产保护的法律的情况下,申请人无需提交临床和临床前数据。例如,42条第

8款中"有足够的数据表明该产品具有传统用途且无害",并且"由于长期使用和从中获得的经验,具有药理作用或其他作用似乎是合理的"[15]。从立法上看,荷兰对于草药产品有一定的基于中医基础理论的认知。

(三)传统医药教育

目前,荷兰无法提供中医针灸的研究生课程。私立针灸学校的规模普遍较小,其中神州中医大学(图7-2)、青白中医学院和荷兰中医学院是正规私立学校。三所学校的入学条件基本相同:① 学生必须完成普通高中教育。② 学生必须是医生或物理治疗师。这三所学校的文凭得到了荷兰所有中医协会的认可[16]。其中,神州中医大学唯一具备SNRO认证资质的中医学校。凡是经SNRO全面认证的中医学校毕业学员,都可以自动享有21%增值税的豁免权,并且具有开办西医班的资格。神州中医大学和南京中医药大学积极接洽,2018年前双方已经签署了在荷兰和欧洲合作开展中医硕士和博士研究生培养项目的协议,完成学业的学员将获得南京中医药大学的毕业文凭和中华人民共和国学位办颁发的学位证书[17]。除去中医学院,中医药协会也开设中医课程,例如NBCG YI。NBCG YI可认证SNRO或CPION的批准中医课程。即使已经是执业医师和治疗师也必须参加此类培训课程才能获得NBCG YI的认证。

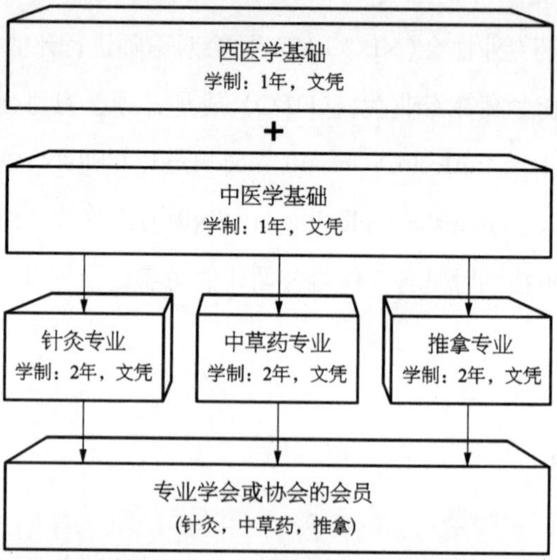

图7-2 神州中医大学课程结构

（四）保险覆盖

除了强制保险之外，荷兰人还可选择医疗补充保险，其中常包括替代医学。荷兰的健康保险公司提供的保险涵盖了许多替代疗法，公民可根据需要选择不同保险公司提供的服务。当患者拥有额外保险的医疗保险并且医生满足患者健康保险公司规定的要求时，就可报销中药费用。这些要求与中医从业人员的资质有关。因此，为了确保质量和专业性，荷兰建立了几个专业的中医药协会。健康保险公司不必单独评估每个从业者，而是依靠专业协会的专业知识和监督。且不是每个保险公司都报销所有中药。保险报销流程也可以通过专业的针灸协会进行[18]。

（五）医药投资

荷兰是生物制药公司在欧洲的最佳选择。荷兰制药公司每年投入约 3.8 亿欧元用于研究和开发活动。MSD（也叫 Merck & Co.）、J & J 旗下的 Janssen、Amgen 和 Astellas 等大型跨国制药公司选择荷兰作为不同业务的所在地，比如研发、生产和物流等。许多公司已在荷兰设立欧洲总部或投资当地中小企业。许多荷兰生物制药公司获得大型制药公司的投资，其他部分公司则成功上市。2017 年 11 月，欧盟决定于 2019 年将欧洲药品管理局（EMA）从伦敦迁至阿姆斯特丹。这将进一步加强荷兰医疗生态系统，并且增强荷兰对生命科学和卫生领域的公司和机构的吸引力。毫无疑问，荷兰的亲商业氛围、多语种劳动力、高水平的研究合作、具有竞争力的税收制度和激励措施、完善的基础设施使该国成为相关公司的理想之地和通往欧洲的门户[19]。

四、中医药服务贸易双边合作现状

（一）传统医药交流历程

荷兰是欧洲最早接受中医药治疗的国家之一。在 17 世纪，东印度公司成立之后，随着荷兰与亚洲之间日益增长的贸易和文化交流，中医药逐渐进入了荷兰人的视野。1675年东印度公司的牧师 Hermannus Buschof(1620—1674)将艾灸进行痛风治疗的亲身经验写成《痛风论集》一书[20]。这是西方第一本介绍艾灸的图书，使艾灸在荷兰、英国和部分欧洲国家获得短暂的普及。1682年，在荷兰工作的德国医生 A. Cleyer 收集了传教士的材料，并在他的工作中介绍其对中医理论和一些草药知识的理解。1683年，曾去日本旅行的荷兰医生 W. Ten Rhine 回国后出版了有关中医的著作，将中医的"针刺"一词定名为"acupuncture"，书中主要介绍了经络、针刺技术等，很少谈到中医理论。1721年，另一名荷兰医生 E. Kaempfer 出版了著作，详细描述了进行针刺治疗的方法，但没有涉及有关的理论、概念和传统的诊断方法。这两位医生均对针灸的疗效产生了深刻的印象，并将其与西医的效果进行了比较，认为对许多疾病而言针灸的效果更好。可以看出，荷兰早期对中医的接受有着两个主要特点：对针灸十分钦佩，对中医理论漠不关心。在20世纪70年代和80年代，受世界"中医热"的影响，荷兰也开始了"针灸热"。随着中国改革开放，中外交往日益频繁，欧洲从事中医工作的人数也有所增加。据统计，1970年荷兰只有5名针灸师，到1987年已达200多人。在针灸教育领域，荷兰有七所三年制针灸学校[21]，并在欧洲建立了第一个官方认可的针灸中心——荷兰—中国华佗针灸中心[22]。如今，中医、针灸、脊椎按摩疗法、整骨疗法，顺势疗法和其他辅助疗法在荷兰广泛使用。

（二）境外消费

2010年，有研究表明，从荷兰到中国进行基因治疗的医疗旅游已经展开[23]。荷兰的中医学校神州中医大学的学员包括中国的学生，新加坡、马来西亚、印度尼西亚、苏里南和欧洲的中国后裔，以及很多来自西方国家的学生，几乎覆盖全世界。该校还同南京中医药大学合作开展中医硕士和博士研究生培养的项目[17]。

（三）跨境交付

2015年10月29日，荷兰国王威廉·亚历山大在中国进行国事访问期间到阿里巴巴总部进行参观。当日上午，天猫国际荷兰国家馆开馆仪式举行，荷兰零售业巨头 Ahold 宣布与天猫国际建立独家战略合作伙伴关系，阿里巴巴旗下的阿里旅行与荷兰旅游局、荷兰皇家航空公司建立了战略合作伙伴关系。据荷兰驻华使馆介绍，在访问阿里巴巴期间，国王和夫人宣布了荷兰在中国的电子商务计划，并正式启动了在线销售渠道“荷兰馆”。中国网民可以直接从互联网上购买荷兰的农产品[24]。

（四）商业存在

目前，荷兰没有建设完成的海外中医中心，山西中医药大学正在建设中国—荷兰中医药中心，也没有与中国共建中医药机构。但荷兰有很多中医诊所，截至2015年6月荷兰有1 600家中医诊所[25]。弗利特伍德阁楼(Lofthouse of Fleetwood)是荷兰最大的草药以及传统产品的销售品牌，旗下渔夫之宝(Fisherman's Friend)品牌的薄荷含片在荷兰广受欢迎。荷兰的草药以及传统药物产品生产者众多，难以形成整体聚拢的产业[26]，而且中医药在其中所占份额并不受关注，上市的中成药仅有2种。阿姆斯特丹神州医药中心为欧洲最大的集医疗、教育和贸易于一体的中医药教育集团。神州中医大学的毕业生大多自行开设中医诊所。

（五）自然人流动

荷兰共有4 000多位中医针灸师[27]。目前荷兰的中医执业人员来源主要有两种形式，即由荷兰的中医学院或者协会培养。NBCG YI这一协会主要关注在大学接受中国培训的针灸师。隶属于NBCG YI的针灸师大多在中国接受过中医的大学教育，或者在阿纳姆接受HBO针灸课程，其中有部分属于自然人流动。NBCG YI与中国浙江中医药大学和长春医科大学建立了合作关系[28]。荷兰“中Zhong”这一中医药协会，要求所有成员至少在中医药领域完成HBO，即高等专业教育，并鼓励其成员通过年度强制性进修课程继续深造。此外，“中Zhong”经常进行实习检查。除了中医课程，隶属于“中Zhong”的治疗师一直接受西方主流医学的培训。如有必要，他们也咨询西方主流医学的医生。因此，他们应用中药，包括药物，是完全安全可靠的[29]。

（六）大事记

中荷服务贸易大事记见表7-3。

表 7-3 中荷服务贸易大事记

时间	事件	意义
1996 年 3 月	中国与荷兰签署《中荷关于发展合作谅解备忘录》	两国交流合作进一步加深
2006 年	荷兰外贸大臣范赫尼普来访中国	两国就双边经贸混合委员会机制的恢复达成一致
2007 年 9 月	两国经贸混委会第 13 届例会在海牙举行	中国与荷兰经贸混委员会机制得以恢复
2014 年 3 月底	习近平主席访问荷兰，与亚历山大国王一同参加中荷经贸合作论坛	签署涉及金融、科技、农业等领域的 8 项合作协议，为两国加强经贸合作注入新的强大动力
2014 年 10 月	中荷经贸混委会在北京召开第 16 次会议	进一步交流中荷及中欧双边经贸关系
2015 年 10 月	荷兰国王威廉-亚历山大来访中国	中国和荷兰国家元首两年内成功互访。中荷经贸关系保持良好势头，贸易、投资和技术进出口合作稳步推进
2016 年 9 月 12 日	中荷签署《社会保障协定》	为解决双方投资企业和员工双重缴纳社保费问题奠定了坚实基础
2018 年 6 月 22 日	第一届"'一带一路'中荷经贸论坛"举行	中荷合作与交流应侧重于三个方面：加强工业技术领域合作；加强电子商务领域合作；加强绿色、可回收能源领域合作
2018 年 10 月 16 日	"2018 中荷经贸论坛"在海牙举行	就"高科技创新"和"可持续互联互通"两个主题，两国企业进行了交流与讨论

注：资料来源于中华人民共和国驻荷兰王国大使馆经济商务参赞处

五、市场机遇与潜力

（一）世界一流的医疗卫生条件

荷兰的医疗条件处于世界领先地位，根据"欧洲健康消费者指数"这一排名，自 2005 年以来，荷兰的医疗水平一直稳居欧洲前三。《2017 欧洲健康消费者指数报告》指出，荷兰高得分的原因可能与其医疗保险密切相关。荷兰医疗保险的特点在于竞争极大，往往通过降价，才能与高质量的医疗机构签约，吸引更多民众购买保险。从医疗机构的角度，只有提供卓越的医疗服务，才有保险公司能够提供报销。在荷兰，分离运作医疗机构与保险公司促进了机构服务的质量提升;政府负责监管,近年来不断调整荷兰医疗服务的可及性,设立 160 个初级保健中心,24 小时开放式诊所,医疗条件不断进步。此外,在医疗政策的制定上,患者往往与医学专业人士共同参与,而非由政治家、官僚、融资机构和医疗保健业余爱好者,这是远超于欧洲其他国家的[30]。在这样的环境之下,患者会有更多的医疗选择,同时,中医药“以人为本”的治疗理念也与这样的要求相契合。

(二) 中医药药品准入有路可循

据荷兰《药物法》,对于长期临床实践证明有效的药物,无须临床数据即可申请注册,这十分有利于中药在荷兰的发展。这在国际上是极为少见且在欧洲有首开先河意义的。2011 年《欧盟传统植物药品注册指令》(2004/EC/24 指令)正式实施,两种中成药注册成功:地奥制药集团公司的地奥心血康胶囊和神州天士力制药集团的丹参胶囊,而根据神州医药中心官网,已经有几十种在欧洲畅销的中医药产品获得欧盟商标注册。这些药物申请都是通过荷兰药品评价委员会。由此可见,荷兰对于中成药的准入已有成功的案例,在欧盟内唯一的案例也证明荷兰中成药市场对于中国中医药国际化发展的意义。

(三) 医疗投资发展前景良好

荷兰拥有集中的产业集群、完善的生态医疗系统、世界一流的大学资源以及科学、工业和政府之间长期的战略伙伴关系,这就是荷兰成为全球生物制药公司所在地的原因。2019 年,欧洲药品管理局(EMA)从伦敦搬到阿姆斯特丹[19]。制药公司的集中发展也促进了中成药进入荷兰,并进一步开拓了欧洲市场。另外,荷兰政府对于中国企业在其国内投资十分关注,同时也提供了许多便利。例如海牙商务局为计划到西荷兰发展的中医药公司提供各项程序上的协助。近半个世纪之前,荷兰外商投资局更多的是将目光放在大西洋彼岸的美国,而如今,外商投资局最为关注的是“中国在荷兰”。目前中国企业在荷兰设立了 78 个欧洲销售中心、65 个欧洲配送中心、60 个欧洲总部、51 个控股公司[31]。吉林紫鑫药业收购荷兰 Fytagoras B.V.公司的案例,说明中医药企业与荷兰生物技术企业合作发展有利于中医药企业在荷兰立足以及中医药在荷兰的上市。

六、风 险 提 示

（一）中医药没有明确立法

荷兰的中医药发展从医学教育、执业资格、中成药审核、医疗保险都有中医药协会、医疗保险公司提供合规支撑，但并没有形成明确的独立立法。荷兰民众对于中医接受程度高，荷兰中医已经逐渐形成了中医学校、中医药协会、保险公司和中医诊所的闭环，从业结构相对完整，民众也更注重医疗结果，即疗效以及治疗的可及性。但是因为没有明确立法，中医的角色定位、市场准入、法律保护方面都存在模糊性，这并不利于中医在荷兰的长期发展。

（二）中药使用仍旧受限

荷兰《药物法》中的条例提示荷兰对于中药作为中医经验医学产物有着一定的认知，但在西医实验验证药品安全性、有效性的大背景下合理而严格地推行中草药准入，仍旧需要继续深入的探讨与始终严谨的管理。世界动植物保护基金会荷兰总会曾举报神州医药中心非法经营动植物濒危物种，如麝香、虎骨等，引发“神州事件”。这一案例说明，荷兰曾一度对中药饮片和中成药中含有濒危动植物表示怀疑，于是对神州医药中心的中药进行查封。虽然“神州事件”最后得以“解决”，但无法解决的是这一事件中反映出的中医药与极为严格的荷兰濒危动植物保护政策仍有水火不相容的部分，例如云木香属于《濒危野生动植物种国际贸易公约》中不得贸易的植物。天麻、木香实为中药中的常用药物，而且国内中药材多为人工培育，对于中药材的使用荷兰是否有放开的可能，也是投资者需要关注的问题。

（三）执业人员与门诊数量不平衡

荷兰有 4 000 名中医执业医师，却开设了 1 600 家诊所。也就是说，平均每家诊所仅有3名不到的中医师提供服务，不难想象，中医诊所的规模难以扩大。而要形成神州医药中心的大规模，则需要几十余年的经营。规模小，在服务质量、药物储备、医疗设备等方面自然难以达到荷兰大型医疗机构的一般水准，与荷兰的整体医疗质量格格不入。如何保证中医服务可及性的前提下，维持执业人员与门诊数量的平衡，并往大型医疗机构方向发展，也是整体统筹荷兰中医药发展需要考虑的问题。

七、案例分析

（一）海牙商务局

【所在地区】 荷兰海牙市。

【案例定义】 政府机构为中医药发展助力。

【案例概况】 海牙商务局为有意到西荷兰安置、迁址至此以及在此发展业务的外国公司提供免费服务，帮助其了解当地环境以及商业机遇，将其纳入合适的荷兰相关的人脉网络[32]。

【案例总结】 海牙商务局是荷兰政府机构，西荷兰地区民众对中医药欢迎程度高，结合当地生物发展水准，该地区有望成为一个世界性的中医药枢纽。这有利于更多中药企业到西荷兰投资并扩展欧洲业务。且受海牙唐人街的影响，越来越多的中医药企业来此发展。海牙商务局帮助中医药公司成功地将其产品扩展到现代欧洲市场，并利用西荷兰当地丰富的生物科学技术资源，促进海牙中医药的投资和发展，为海牙医药产业的发展注入新的活力。政府组织的支持可为中医药的发展、投资以及国际标准制定发挥不可小觑的作用。

（二）吉林紫鑫药业有限公司

【所在地区】 中国吉林省通化市。

【案例定义】 中国中医药企业收购荷兰生物技术公司后二者结合发展。

【案例概况】 吉林紫鑫药业有限公司成立于1998年5月25日，业务范围包括加工销售中成药、化学药制剂(口服液、片剂、胶囊)、药材原料等[33]。2016年8月3日,该公司收购了荷兰种子技术公司Fytagoras B.V.100%股权。Fytagoras B.V.拥有悠久的研究历史和强大的知识基础。吉林紫鑫药业有限公司表示,收购完成后,Fytagoras B.V.的研究优势将与公司的国内资源优势相结合,标准化和优化药品、人参的生产过程,构建全球高科技研发体系[34]。其将与荷兰莱顿大学合作,开展四妙丸相关研究[35]。

【案例总结】 吉林紫鑫药业有限公司一直致力于中成药的研发,是科研、开发、生产、销售、药用动植物种养殖为一体的高科技股份制企业。荷兰有开放的经济政策,领先的国际化工业,通过收购有绝对发展前景的当地研究创新公司,为中成药国际药品准入直接衔接当地企业的技术,是在荷兰进行医药投资的典型案例。可恰当避免中成药准入在审核上走的弯路,以及进入市场时的水土不服。

(三)神州事件与神州天士力医药集团

【所在地区】 阿姆斯特丹。

【案例定义】 神州医药中心从被质疑到成为发展中医药的根据地。

【案例概况】 1996年2月27日,由于世界动植物保护基金会荷兰总会的扩大举报,荷兰司法部和国际刑警组织成立重案组,指派120多名警察突击搜查神州医药中心(神州天士力前身),同时通知荷兰各大媒体现场报道。这次搜查行动成为轰动一时的华人在欧洲中医药界影响最大的“神州事件”。举报称神州医药中心非法经营动植物濒危物种如麝香、虎骨等。当日警方查封医药中心,查获800多种中药饮片和中成药,总重量为25吨。事件发生的第二日,神州医药中心照常开业,警方检验查抄的药品,翻译中文说明,最终未能找到“证据”,最后如数退还查抄物品[36]。这次事件荷兰政府花了350万荷兰盾,神州医药中心损失了100多万荷兰盾(50多万欧元)。因当时荷兰各大电台、电视台、报纸连续报道一周多,同时还有欧洲华文媒体和其他国家的媒体一共报道了100多次,反而给神州医药中心作了大量宣传,门诊患者比神州事件发生以前更多。事件发生9个月后,神州医药中心创建者董志林组织中荷专家在阿姆斯特丹自由大学讨论中药可持续发展和濒危动植物的保护问题。2003年4月,董志林发起的“中医药立法论坛”在伦敦举行。2003年6月3日,神州天士力医药集团在荷兰阿姆斯特丹举行揭牌仪式。神州医药中心与30多家中国公司和外贸公司建立了合作关系,经销大量中药饮片、中成药、保健品、针灸针等中医器械以及中医药图书。2010年10月1日至2日,由董志林发起,荷兰中医药学会和其他中医药协会在荷兰海牙成功举办了第七届世界中医药大会。

【案例总结】 从1996年神州事件可以初探荷兰政府、民众对待中医药的态度以及20多年来荷兰中医药发展的脉络。初期荷兰政府对于中草药药物中违法含有濒危动植物成分存疑,严加彻查是政府排斥的表现。神州医药中心为经过注册登记的合法机构,所售药物完全遵守荷兰药物法律规定。与欧洲其他国家相较,以2014年西班牙查封"华人黑诊所"事件为例,"神州事件"的发生早了18年。中医药初期虽在荷兰"艰难发展",但迅速进入了适应期,这与荷兰更为宽松的政策有关。同时也可以从"神州事件"看出荷兰人民对于中医药的接受程度较高。创始人董志林在神州事件之后,更加坚定传播中医药的决心,积极呼吁中药可持续发展、保护濒危动植物、中医药立法和开展中医药教育,并创办神州中医药大学。神州天士力医药集团的建设承担了欧洲中医药信息中心的作用,欧洲中医药相关信息在这里继续传播和反馈。这为今后在欧洲建立中药销售网络奠定基础,这个案例具有很高的借鉴意义。

八、结论与建议

经济方面,中荷经贸往来发展良好,对于中国企业进入荷兰投资,荷兰也给出极大的支持,服务贸易前景极佳。传统医药方面,荷兰人民对于中医药接受程度较高,也已经形成相对完整的中医药医疗机制。但是荷兰传统医药法规尚不完善,药品准入路线有待拓宽,医疗机构建设仍需发展,中医药服务贸易仍存在空白。具体实施建议如下。

(一) 持续关注中医药立法

要发展荷兰中医药服务贸易,必须要遵守当地政策法律、重视中医立法,这一点从神州医药中心的成功案例可以看出。在以西医框架为主导的医疗环境之下,必须遵守且尊重荷兰对于濒危动植物不得入药的规则。推进中医药立法,有利于中医药跻身荷兰主流医疗方法,促使人们进入荷兰提供医疗服务。可以基于荷兰《药物法》和《欧盟传统植物药品注册指令》(2004/EC/24指令)等欧盟对于药品准入的相关政策，结合专业人士建议，确立中医药品在荷兰生产、审核、上市的具体条例。若能在中医接受程度较高且医疗条件优异的荷兰顺利推行中医药法，也有利于欧盟其他国家中医药品的准入。中医药协会可参与制定中医执业人员、中医药教育的具体法律，并以此为前提，积极制定中医诊所开设的具体法规，改变目前中医执业人员与诊所数量不均衡的现状。

（二）注重大型中医药机构的建设

目前尚未在荷兰建成海外中医中心，荷兰本土的中医诊所往往无所倚仗、孤立发展，这不利于中医药在荷兰进行产学研联合模式的发展。除却国家与国家间的沟通与交流，积极推进海外中医中心的建设之外，可效仿神州医药中心的成功案例，以中国企业进入荷兰投资的形式或者其他类似神州天士力医药集团的中医药企业积极投资建设当地华人诊所，将其发展成为大型中医药医疗机构。目前荷兰大型西医医疗机构内并未开设针灸科，所以不如从民间中医诊所入手，最终完成民间中医诊所到国家医疗机构的转身。

（三）继续发挥医疗保险公司的作用

荷兰本身医疗行业发展离不开医疗保险公司相互竞争的背景。目前，各大私人医疗保险公司针对中医药也有相关的报销条例。如何进一步将中医药纳入医疗保险，正式加入医疗保险的整体结构之中，是荷兰中医药服务贸易发展的关键步骤。目前荷兰中医药以中医协会认证为中心，中医院校与协会联动，保险公司通过协会认证报销资格，民众通过协会选择医师。增强保险公司在中医药报销的作用，有利于中医药更快嵌入荷兰医疗保健系统。以 VGZ 保险公司为例，所有属于 VGZ 保险集团的保险公司（如 Univé, IZZ 和 Promovendum）都必须将针灸师或者是医生纳入相关保险公司的护理人员、护理指导。而从 2019 年起，CZ 集团的健康保险公司将不再报销推拿和中草药费用。所以医疗保险公司对于中医药的态度并不统一。在 zorgwijzer 给出的保险公司名单中，12 家保险公司不提供中药的报销费用，27 家给出了不同程度的报销方案[36]。投资者可对两类中的代表公司进行具体的统计分析，结合药物经济学评估和中医药的经济优势，从而给出合理地将中医药加入医疗保险公司方案的建议。从居民可选择方案开始，以中医药进一步获得保险公司青睐为第一步，有利于推动更多的中医药服务在荷兰落地生根。

（四）两国合作助力中医药企业投资

荷兰有着自大航海时代以来形成的敏锐的贸易嗅觉。如今，随着"一带一路"建设，荷兰外商投资局日益重视中国与荷兰的经济交往。海牙商务局就是政府参与助力中国企业投资的实例，而且荷兰生物制药产业的优势也使其对中国医药企业有着更多的重视。对于中医药企业在荷兰投资或收购、并购荷兰企业，中国政府也可以提供优惠政策，进一步重视荷兰对欧洲中医药服务贸易的重要性，利用好荷兰发达的制药技术和相对宽松的中医政策环境。在建设海外中医中心的同时，两国合力为中医药企业在荷兰投资提供便利，让中医药企业以荷兰为突破口，逐渐打开欧洲市场。

（邵沁）

附

附一：荷兰《药物法》(摘要)

Hoofdstuk 4. De handelsvergunning voor geneesmiddelen

1. De handelsvergunning

Artikel 40

(1) Het is verboden een geneesmiddel in het handelsverkeer te brengen zonder handelsvergunning van de Europese Gemeenschap, verleend krachtens verordening 726/2004 dan wel krachtens die verordening juncto verordening 1394/2007, of van het College, verleend krachtens dit hoofdstuk.

(2) Het is verboden een geneesmiddel waarvoor geen handelsvergunning geldt, in voorraad te hebben, te verkopen, af te leveren, ter hand te stellen, in te voeren of anderszins binnen of buiten het Nederlands grondgebied te brengen.

(3) Een verbod als bedoeld in het eerste of tweede lid is niet van toepassing:

a. op geneesmiddelen die door of in opdracht van een apotheker of een huisarts als bedoeld in artikel 61, eerste lid, onder b, in diens apotheek op kleine schaal zijn bereid en ter hand worden gesteld;

b. op geneesmiddelen voor onderzoek;

c. op geneesmiddelen die, na vooraf verkregen toestemming door de Inspectie gezondheidszorg en jeugd, en overeenkomstig bij ministeriële regeling vast te stellen regels worden afgeleverd naar aanleiding van een bestelling op initiatief van een arts, die bestemd zijn voor gebruik door individuele patiënten van die arts onder zijn toezicht en die hetzij zijn bereid volgens zijn specificaties, hetzij in een andere lidstaat of een derde land in de handel zijn en op zijn verzoek zijn ingevoerd of anderszins binnen het grondgebied van Nederland zijn gebracht;

d. op geneesmiddelen voor geavanceerde therapie die met toestemming van de

Inspectie gezondheidszorg en jeugd worden bereid volgens een recept voor een op bestelling gemaakt geneesmiddel dat voor een bepaalde patiënt op niet routinematige basis volgens specifieke kwaliteitsnormen en binnen dezelfde lidstaat in een ziekenhuis wordt gebruikt onder de exclusieve professionele verantwoordelijkheid van een arts;

e. indien voor het geneesmiddel door het College een parallelhandelsvergunning als bedoeld in artikel 48 is verleend;

f. indien het een geneesmiddel betreft waarvoor hetzij een aanvraag om een handelsvergunning bij het Bureau is ingediend, hetzij waarmee nog klinische proeven gaande zijn en dat overeenkomstig bij ministeriële regeling te stellen voorwaarden beschikbaar is gesteld voor gebruik in schrijnende gevallen als bedoeld in artikel 83 van verordening 726/2004;

g. indien door Onze Minister ontheffing is verleend aan een in de ontheffing aangeduide natuurlijke persoon of rechtspersoon voor het in het handelsverkeer brengen van een geneesmiddel teneinde de verspreiding van een door Onze Minister in de ontheffing aangewezen ziekteverwekker, gifstof, chemische agens of nucleaire straling die schadelijk kan zijn voor de volksgezondheid, tegen te gaan gedurende een in de ontheffing omschreven periode;

h. indien het een geneesmiddel betreft dat wordt ingevoerd of uitgevoerd door een fabrikant of uit een andere lidstaat is betrokken door een groothandelaar.

(4) Het is voorts verboden om generatoren van radionucliden, kits, uitgangsstoffen voor radiofarmaceutica en industrieel bereide radiofarmaceutica in het handelsverkeer te brengen zonder handelsvergunning.

(5) Indien een geneesmiddel onder dezelfde benaming in meer dan één farmaceutische vorm of in verschillende kwantitatieve samenstellingen in de handel zal worden gebracht, is voor elke vorm en samenstelling een afzonderlijke vergunning vereist. Zodanige afzonderlijk verleende vergunningen maken voor de toepassing van deze wet, met uitzondering van artikel 54, deel uit van de voor het geneesmiddel verleende handelsvergunning.

(6) Indien een geneesmiddel in de handel zal worden gebracht in een farmaceutische vorm die moet worden samengevoegd met een vloeistof en op de verpakking of in de bijsluiter voor aanwending of gebruik verschillende concentraties worden opgegeven die kwalitatief verschillende werkingen hebben, is voor elke concentratie een afzonderlijke

vergunning vereist.

(7) Het is verboden met betrekking tot geneesmiddelen waarvoor door de Gemeenschap een handelsvergunning is verleend, te handelen in strijd met artikel 16, eerste of tweede lid, 23 of 24, eerste, tweede, derde of vijfde lid, eerste en tweede alinea, van verordening 726/2004.

(8) De Inspectie gezondheidszorg en jeugd ziet erop toe dat bij de bereiding van een geneesmiddel voor geavanceerde therapie als bedoeld in het derde lid, onder d, de eisen ter zake van de traceerbaarheid, de geneesmiddelenbewaking en de kwaliteit van het middel gelijkwaardig zijn aan die welke gelden voor de bereiding van geneesmiddelen voor geavanceerde therapieën waarvoor een vergunning voor het in de handel brengen is vereist op grond van verordening 726/2004.

Artikel 41

(1) Onverminderd het tweede lid, kan, met uitzondering van de Staat der Nederlanden, niemand aansprakelijk worden gesteld voor de schade aan de gezondheid van een persoon indien Onze Minister het gebruik van een geneesmiddel voor een indicatie die niet is opgenomen in het dossier op grond waarvan de handelsvergunning is verleend, dan wel van een geneesmiddel waarvoor geen handelsvergunning geldt, heeft aanbevolen of daarom dringend heeft verzocht, teneinde een vermeende of geconstateerde verspreiding van een ziekteverwekker, gifstof, chemisch agens of nucleaire straling die schadelijk kan zijn voor de volksgezondheid, tegen te gaan.

(2) De Staat de Nederlanden is niet aansprakelijk voor de schade van het gebruik van een geneesmiddel op de voet van het bepaalde in het eerste lid, voor zover er voor het desbetreffende geneesmiddel aansprakelijkheid geldt in de zin van de artikelen 185 tot en met 193 van Boek 6 van het Burgerlijk Wetboek.

Artikel 42

(1) De handelsvergunning wordt door het College slechts verleend op aanvraag van een natuurlijke persoon of rechtspersoon die in Nederland of in een andere lidstaat is gevestigd.

(2) Bij ministeriële regeling wordt bepaald welke gegevens en bescheiden bij de aanvraag worden overgelegd en welke van die gegevens en bescheiden worden opgesteld

en ondertekend door bij de regeling te bepalen deskundigen. In de regeling kan ter zake van de over te leggen gegevens en bescheiden onderscheid worden gemaakt tussen categorieën van geneesmiddelen. Farmaceutische, preklinische en klinische informatie maakt deel uit van de over te leggen gegevens en bescheiden.

(3) De aanvrager is niet gehouden preklinische en klinische gegevens over te leggen indien de aanvraag betrekking heeft op homeopathische geneesmiddelen die voldoen aan de volgende voorwaarden:

a. het middel is voor oraal of uitwendig gebruik bestemd,

b. noch in of op de verpakking ervan noch in de bijsluiter wordt melding gemaakt van enige therapeutische indicatie, en

c. de verdunningsgraad is zodanig dat het middel gegarandeerd onschadelijk is en in elk geval niet meer bevat dan één deel per 10 000 van de oertinctuur dan wel één honderdste van de kleinste in de allopathische geneeskunde gebruikte dosis werkzame stoffen die in een UR-geneesmiddel aanwezig is.

(4) Onverminderd het tweede lid, kunnen bij ministeriële regeling ten aanzien van andere homeopathische geneesmiddelen dan die bedoeld in het derde lid, bijzondere voorschriften worden gegeven met betrekking tot het overleggen van preklinische en klinische gegevens en bescheiden.

(5) Onverminderd het recht met betrekking tot de bescherming van de industriële en commerciële eigendom, is de aanvrager niet gehouden de resultaten van preklinische en klinische proeven over te leggen indien:

a. hij aantoont dat het geneesmiddel waarop de aanvraag betrekking heeft generiek is ten opzichte van een referentiegeneesmiddel waarvoor ten minste acht jaren voor de datum van de aanvraag een handelsvergunning is verleend in de Gemeenschap,

b. hij met behulp van passende wetenschappelijke literatuur aantoont dat de werkzame stoffen van het geneesmiddel waarop de aanvraag betrekking heeft, reeds ten minste tien jaren in de Gemeenschap in de medische praktijk worden gebruikt en een wetenschappelijk erkende werkzaamheid alsmede een aanvaardbaar veiligheidsniveau bieden overeenkomstig de voorwaarden van bijlage 1 bij richtlijn 2001/83, of

c. het een aanvraag betreft voor een geneesmiddel met dezelfde kwalitatieve en kwantitatieve samenstelling aan werkzame stoffen en met dezelfde farmaceutische vorm als het referentiegeneesmiddel en de aanvrager met toestemming van de houder van de handelsvergunning voor het referentiegeneesmiddel gebruik maakt van de in het dossier op grond waarvan de handelsvergunning is verleend, opgenomen farmaceutische, preklinische en klinische documentatie.

(6) Indien de aanvraag een geneesmiddel betreft:

a. dat niet voldoet aan de definitie van generiek geneesmiddel,

b. waarvan de biologische equivalentie niet door middel van wetenschappelijke studies inzake biologische beschikbaarheid kan worden aangetoond,

c. waarvan de concentratie, de farmaceutische vorm of de wijze van toediening ten opzichte van die van het referentiegeneesmiddel wordt gewijzigd, of

d. waarvan werkzame stoffen of therapeutische indicaties worden gewijzigd ten opzichte van het referentiegeneesmiddel,

kan de aanvrager van de handelsvergunning wat betreft preklinische en klinische gegevens en bescheiden volstaan met het overleggen van de resultaten van preklinische of klinische proeven waarmee het verschil met die welke voor het desbetreffende referentiegeneesmiddel zijn overgelegd, wordt overbrugd.

(7) Indien in de aanvraag om een handelsvergunning het referentiegeneesmiddel een biologisch geneesmiddel is en het geneesmiddel waarvoor de handelsvergunning wordt aangevraagd biologisch equivalent is aan het referentiegeneesmiddel, maar niet op dezelfde manier is bereid als het referentiegeneesmiddel dan wel daarin niet dezelfde grondstoffen worden gebruikt, is de aanvrager gehouden de resultaten van preklinische en klinische proeven met betrekking tot de desbetreffende aspecten waarin het geneesmiddel verschilt met het referentiegeneesmiddel, over te leggen. Deze aanvullende gegevens dienen wat betreft aantal en aard te voldoen aan de desbetreffende criteria, bedoeld in bijlage 1 bij richtlijn 2001/83 en aan de desbetreffende krachtens die richtlijn door de Commissie vastgestelde richtsnoeren.

(8) Onverminderd het recht met betrekking tot de bescherming van de industriële en commerciële eigendom, is de aanvrager niet gehouden klinische en preklinische gegevens over te leggen indien de aanvraag betrekking heeft op een kruidengeneesmiddel dat voldoet aan de volgende voorwaarden:

a. het middel heeft indicaties die uitsluitend passen bij een kruidengeneesmiddel dat uit hoofde van zijn samenstelling en doelstelling bedoeld en ontworpen is als geneesmiddel dat is bedoeld en ontworpen voor gebruik zonder tussenkomst van een arts,

b. het middel is uitsluitend bestemd om in een gespecificeerde concentratie en dosering te worden toegediend,

c. het is een middel voor oraal of uitwendig gebruik dan wel voor inhalatie,

d. het middel dan wel een daaraan gelijkwaardig of daarmee vergelijkbaar middel is gedurende ten minste dertig jaren voor de datum van de aanvraag om een handelsvergunning in de medische praktijk gebruikt, waarvan ten minste vijftien jaren in de Gemeenschap,

e. er zijn voldoende gegevens beschikbaar die aantonen dat het middel een traditioneel gebruik kent en onschadelijk is, en

f. door het langdurige gebruik en de ervaringen die daarmee zijn opgedaan is het aannemelijk dat het middel een farmacologisch effect heeft of anderszins werkzaam is.

(9) Indien een geneesmiddel werkzame stoffen bevat die zijn opgenomen in geneesmiddelen waarvoor reeds een handelsvergunning is verleend, maar die niet eerder met therapeutisch oogmerk in één geneesmiddel zijn samengevoegd, worden bij de aanvraag om een handelsvergunning de resultaten van de nieuwe preklinische of klinische proeven met betrekking tot de samenvoeging overgelegd. Het overleggen van de documentatie betreffende de werkzame stoffen afzonderlijk kan achterwege blijven.

附二：中医 2019（荷兰医疗保险公司中医药情况）

Chinese geneeswijzen zijn één van de oudste geneeswijzen ter wereld. De geneeskundige behandelmethodes vinden hun basis in nauwkeurige waarnemingen uit de processen van de natuur. Iedere beoefenaar van de Chinese geneeswijzen heeft zo zijn eigen specialiteiten en gebruikte technieken. Ieder van de technieken heeft als doel het verstoorde evenwicht van de patiënt/cliënt weer terug in balans te brengen zodat de klachten door het zelf genezende vermogen van de patiënt kunnen afnemen.

Ga direct naar de vergoedingen voor Chinese geneeswijzen per zorgverzekeraar

Chinese geneeswijzen kunnen bij een groot aantal lichamelijke en geestelijke klachten effectief worden toegepast. Heb je een bepaalde klacht, maar twijfel je of deze behandeld kan worden? Dan kun je dit het beste bespreken met een behandelaar zelf.

Voorwaarden en vergoeding

Vergoeding voor Chinese geneeswijzen vindt plaats als de patiënt een zorgverzekering heeft met een aanvullende dekking en de behandelaar voldoet aan de eisen die door de zorgverzekeraar van de patiënt worden gesteld. Deze eisen hebben betrekking op de kwaliteit van de beoefenaars van Chinese geneeswijzen. Om toe te zien op de kwaliteit en professionaliteit zijn er daarom meerdere beroepsverenigingen voor Chinese geneeswijzen in het leven geroepen. Zorgverzekeraars hoeven daardoor niet iedere beoefenaar apart te beoordelen, omdat ze kunnen vertrouwen op de expertise en het toezicht van de beroepsvereniging. Houdt er verder rekening mee dat niet iedere verzekeraar alle Chinese geneeswijzen vergoedt.

Beroepsverenigingen

Voor Chinese geneeswijzen zijn er twee beroepsverenigingen, namelijk de Nederlandse Vereniging voor Traditionele Chinese Geneeskunde Zhong (NVTCG) en de Nederlandse Beroepsvereniging voor Chinese Geneeswijzen Yi (NBCG). Bij Zhong zijn de praktiserende therapeuten aangesloten bij de overkoepelende organisatie de KAB.

De onderstaande zorgverzekeraars vergoeden de behandelingen onder de noemer alternatieve geneeswijzen/alternatieve zorg vanuit de aanvullende zorgverzekering op basis van erkenning van de NVTCG en/of NBCG. Vergoeding kan ook geschieden via de stichting Complementair Aanvullende Therapeuten (CAT). Zij worden erkend door: de VGZ-verzekeringsgroep, de CZ-verzekeringsgroep, Menzis, Anderzorg en De Friesland.

Let op:

Tot slot kan de vergoeding van Chinese geneeswijzen (meestal) ook geschieden via een beroepsvereniging voor acupunctuur. Informeer uw verzekeraar bij twijfel.

Belangrijk!

- Alle verzekeraars die behoren tot de VGZ-verzekeringsgroep (zoals Univé, IZZ en Promovendum) geldt de voorwaarde dat de acupuncturist is opgenomen in de zorgvinder/zorggids/zorgzoeker van de desbetreffende verzekeraar, dan wel arts is.
- Vanaf 2019 vergoedt de CZ-groep van zorgverzekeraars de geneeswijzen tuina en Chinese kruiden niet meer. Shiatsu valt onder 'natuurgeneeswijzen', die vooralsnog worden vergoed.

Aevitae

Deze zorgverzekeraar biedt vanuit de aanvullende verzekering geen vergoeding voor chinese geneeswijzen.

Anderzorg

Deze zorgverzekeraar biedt vanuit de aanvullende verzekering geen vergoeding voor chinese geneeswijzen.

Avéro Achmea

Naam verzekering	Vergoeding	Premie per maand
Start	€350 (tot €40 per dag)	€18,75
Royaal	€550 (tot €40 per dag)	€28,95
Excellent	€750 (tot €40 per dag)	€53,95

Besured

Deze zorgverzekeraar biedt vanuit de aanvullende verzekering geen vergoeding voor chinese geneeswijzen.

Bewuzt

Naam verzekering	Vergoeding	Premie per maand
Alternatief Goed	€250 (tot €45 per dag)	€9,75
Alternatief Beter	€500 (tot €45 per dag)	€24,50

CZ

Naam verzekering	Vergoeding	Premie per maand
Basis	€250 (tot €30 per dag)	€7,90
50+	€350 (tot €40 per dag)	€17,45
Jongeren	€200 (tot €30 per dag)	€19,35
Plus	€450 (tot €40 per dag)	€20,10
Top	€650 (tot €40 per dag)	€36,95
Gezinnen	€350 (tot €40 per dag)	€48,20

De Amersfoortse

Naam verzekering	Vergoeding	Premie per maand
Aanvulling Start	€100 (tot €45 per dag)	€7,75
Aanvulling Extra	€250 (tot €45 per dag)	€18,25
Aanvulling Uitgebreid	€500 (tot €45 per dag)	€30,50
Aanvulling Optimaal	€1 000 (tot €45 per dag)	€46,25

De Friesland Zorgverzekeraar

Naam verzekering	Vergoeding	Premie per maand
AV Standaard	€200 (tot €40 per dag)	€14,75
AV Extra	€400 (tot €40 per dag)	€22,95
AV Optimaal	€600 (tot €40 per dag)	€46,50

Ditzo

Deze zorgverzekeraar biedt vanuit de aanvullende verzekering geen vergoeding voor chinese geneeswijzen.

DSW

Deze zorgverzekeraar biedt vanuit de aanvullende verzekering geen vergoeding voor chinese geneeswijzen.

FBTO

Naam verzekering	Vergoeding	Premie per maand
Alternatieve Geneeswijzen €200	€200 (tot €35 per dag)	€7,75
Deze module biedt vergoeding voor verschillende alternatieve en complementaire geneeswijzen en geneesmiddelen		
Alternatieve Geneeswijzen €350	€350 (tot €35 per dag)	€13,25
Deze module biedt vergoeding voor verschillende alternatieve en complementaire geneeswijzen en geneesmiddelen		

Hema

Deze zorgverzekeraar biedt vanuit de aanvullende verzekering geen vergoeding voor chinese geneeswijzen.

Interpolis

Deze zorgverzekeraar biedt vanuit de aanvullende verzekering geen vergoeding voor chinese geneeswijzen.

inTwente

Deze zorgverzekeraar biedt vanuit de aanvullende verzekering geen vergoeding voor chinese geneeswijzen.

IZA

Naam verzekering	Vergoeding	Premie per maand
IZA Extra Zorg 1	€250 (tot €45 per dag)	€13,25
IZA Extra Zorg 2	€450 (tot €45 per dag)	€24,25
IZA Extra Zorg 3	€650 (tot €45 per dag)	€36,50
IZA Extra Zorg 4	€850 (tot €45 per dag)	€79,50

IZZ Zorgverzekeraar

Naam verzekering	Vergoeding	Premie per maand
Zorg voor de Zorg + Extra 1	€200 (tot €45 per dag)	€36,00
Zorg voor de Zorg + Extra 2	€200 (tot €45 per dag)	€52,50
Zorg voor de Zorg + Extra 3	€500 (tot €45 per dag)	€96,00

Just

Deze zorgverzekeraar biedt vanuit de aanvullende verzekering geen vergoeding voor chinese geneeswijzen.

Menzis

Naam verzekering	Vergoeding	Premie per maand
JongerenVerzorgd	€200 (tot €40 per dag)	€17,50
ExtraVerzorgd 2	€400 (tot €40 per dag)	€20,50
ExtraVerzorgd 3	€600 (tot €40 per dag)	€41,95

National Academic

Naamverzekering	Vergoeding	Premie per maand
Aanvullend 1	80% tot €200 (tot €50 per behandeling)	€14,95
Aanvullend 2	€500 (tot €50 per behandeling)	€30,95
Aanvullend 3	€750 (tot €50 per behandeling) | Kosten tussen €500 en €750 voor 70 procent vergoed	€54,95

Nationale-Nederlanden

Naam verzekering	Vergoeding	Premie per maand
Extra	€250 (tot €50 per dag)	€23,45
Zilver	€250 (tot €25 per dag)	€25,30
Compleet	€500 (tot €50 per dag)	€37,65
Comfort	€1 000 (tot €50 per dag)	€65,95
Top	€1 500 (tot €50 per dag)	€136,50

OHRA

Naam verzekering	Vergoeding	Premie per maand
Aanvullend	€250 (tot €45 per dag)	€11,40
Extra Aanvullend	€500 (tot €45 per dag)	€21,35
Uitgebreid	€750 (tot €45 per dag)	€39,40

ONVZ

Naam verzekering	Vergoeding	Premie per maand
Extrafit	€400 (tot €30 per consult of behandeling)	€9,76
Benfit	€500 (tot €30 per consult of behandeling)	€23,58
Optifit	€750 (€65 per consult of behandeling)	€40,92
Topfit	€1 000 (€65 per consult of behandeling)	€59,98

OZF

Naam verzekering	Vergoeding	Premie per maand
AV Compact	€350 (tot €40 per dag)	€12,00
AV Royaal	€550 (tot €40 per dag)	€21,00

PMA zorgverzekering

Naam verzekering	Vergoeding	Premie per maand
JongerenVerzorgd	€200 (tot €40 per dag)	€15,75
ExtraVerzorgd 2	€400 (tot €40 per dag)	€18,45
ExtraVerzorgd 3	€600 (tot €40 per dag)	€37,75

PNOzorg

Naam verzekering	Vergoeding	Premie per maand
Beter	€400 (tot €30 per consult of behandeling)	€9,76
Plus	€500 (tot €30 per consult of behandeling)	€23,58
Optimaal	€750 (€65 per consult of behandeling)	€40,92
Top	€1 000 (€65 per consult of behandeling)	€59,98

Pro Life

Deze zorgverzekeraar biedt vanuit de aanvullende verzekering geen vergoeding voor chinese geneeswijzen.

Promovendum

Naamverzekering	Vergoeding	Premie per maand
Primair	80% tot €100 (tot €30 per behandeling)	€8,90
Royaal	80% tot €200 (tot €30 per behandeling)	€12,90
Ideaal	€500 (tot €30 per consult of behandeling)	€22,90
Excellent	€750 (tot €30 per behandeling) | Kosten tussen €500 en €750 voor 70 procent vergoed	€57,90

Salland

Naam verzekering	Vergoeding	Premie per maand
Plus	€350 (tot €40 per dag)	€19,95
Top	€500 (tot €40 per dag)	€35,00

Stad Holland

Deze zorgverzekeraar biedt vanuit de aanvullende verzekering geen vergoeding voor chinese geneeswijzen.

Umc

Naam verzekering	Vergoeding	Premie per maand
UMC Extra Zorg 1	€300	€9,25
UMC Extra Zorg 2	€300	€22,00
UMC Extra Zorg 3	€500	€35,75
UMC Extra Zorg 4	€750	€120,00

United Consumers (VGZ)

Naam verzekering	Vergoeding	Premie per maand
Aanvullend Goed	€300 (tot €45 per dag)	€9,14
Aanvullend Beter	€500 (tot €45 per dag)	€19,09
Vitaal Basis	€150 (tot €45 per dag)	€25,10
Jong Uitgebreid	€200 (tot €45 per dag)	€28,50
Aanvullend Best	€800 (tot €45 per dag)	€32,54
Single/ Duo uitgebreid	€300 (tot €45 per dag)	€42,99
Vitaal Uitgebreid	€300 (tot €45 per dag)	€52,89
Gezin Uitgebreid	€300 (tot €45 per dag)	€59,59

Univé

Naam verzekering	Vergoeding	Premie per maand
Aanvullend Goed	€300 (tot €45 per dag)	€9,75
Alternatief 250	€250 (tot €45 per dag)	€13,95
Aanvullend Beter	€500 (tot €45 per dag)	€21,50
Alternatief 500	€500 (tot €45 per dag)	€27,95
Aanvullend Best	€800 (tot €45 per dag)	€34,75

VGZ

Naam verzekering	Vergoeding	Premie per maand
Aanvullend Goed	€300 (tot €45 per dag)	€9,14
Aanvullend Beter	€500 (tot €45 per dag)	€19,09

(续表)

Naam verzekering	Vergoeding	Premie per maand
Vitaal Basis	€150 (tot €45 per dag)	€25,10
Jong Uitgebreid	€200 (tot €45 per dag)	€28,50
Aanvullend Best	€800 (tot €45 per dag)	€32,54
Single/ Duo uitgebreid	€300 (tot €45 per dag)	€42,99
Vitaal Uitgebreid	€300 (tot €45 per dag)	€52,89
Gezin Uitgebreid	€300 (tot €45 per dag)	€59,59

VvAA

Naam verzekering	Vergoeding	Premie per maand
Start	€400 (tot €30 per consult of behandeling)	€9,24
Plus	€500 (tot €30 per consult of behandeling)	€22,31
Optimaal	€750 (€65 per consult of behandeling)	€38,72
Top	€1 000 (€65 per consult of behandeling)	€56,76
Excellent	€1 500 (€75 per consult of behandeling)	€112,77

ZEKUR

Naam verzekering	Vergoeding	Premie per maand
Extra ZEKUR	€250 (tot €25 per behandeling)	€31,95

ZieZo

Naam verzekering	Vergoeding	Premie per maand
Aanvullend 2	€250 (tot €40 per dag)	€14,75

Zilveren Kruis

Naam verzekering	Vergoeding	Premie per maand
Aanvullend 2 Sterren	€350 (tot €40 per dag)	€18,50
Aanvullend 3 Sterren	€550 (tot €40 per dag)	€28,50
Aanvullend 4 Sterren	€750 (tot €40 per dag)	€53,95

Zorg en Zekerheid

Naam verzekering	Vergoeding	Premie per maand
AV Basis	€250 (tot €25 per dag)	€11,92
AV Sure	€250 (tot €25 per dag)	€17,81
AV Standaard	€250 (tot €25 per dag)	€19,24
AV Top	€460 (tot €40 per dag)	€40,80
AV Plus	€460 (tot €40 per dag)	€44,89
AV GeZZin	€460 (tot €40 per dag)	€50,11

ZorgDirect

Naam verzekering	Vergoeding	Premie per maand
Online Gemak — Plus	€350 (tot €40 per dag)	€19,35
Online Gemak — Top	€500 (tot €40 per dag)	€33,95

Het bovenstaande overzicht is bedoeld als indicatie voor de vergoeding via de zorgverzekeraar. Aan de verstrekte informatie kunnen geen rechten worden ontleend. Wij aanvaarden geen enkele aansprakelijkheid voor eventuele fouten en onjuistheden. Raadpleeg voor de exacte vergoedingen altijd de polisvoorwaarden van de verzekeraar.

参考文献

[1] 中华人民共和国驻荷兰王国大使馆.荷兰王国简况[EB/OL].[2014-11-14].http://nl.china-embassy.org/chn/zjhl/t238023.htm.

[2] 中华人民共和国外交部官网.荷兰国家概况[EB/OL].[2018-09-07].https://www.fmprc.gov.cn/web/gjhdq_676201/gj_676203/oz_678770/1206_679234/1206x0_679236/.

[3] STATISTICS NETHERLANDS (CBS). Population counter[EB/OL].[2019-04-05].https://www.cbs.nl/en-gb/visualisaties/population-counter.

[4] STATISTICS NETHERLANDS (CBS). Over half of the Dutch population are not religious[EB/OL].[2018-10-23].https://www.cbs.nl/en-gb/news/2018/43/over-half-of-the-dutch-population-are-not-religious#id=undefined.

[5] 中华人民共和国驻荷兰经济商务参处.荷兰的政治环境如何?[EB/OL].[2017-06-12].http://nl.mofcom.gov.cn/article/ddgk/gjjj/201706/20170602591000.shtml.

[6] 中华人民共和国驻荷兰王国大使馆.荷兰王国简况[EB/OL].[2014-11-14].http://nl.china-embassy.org/chn/zjhl/t238023.htm.

[7] STATISTICS NETHERLANDS (CBS). Approaches of domestic product (GDP); National Accounts[EB/OL].[2019-03-26].https://opendata.cbs.nl/statline/#/CBS/en/dataset/84106eng/table?ts=1549867966530.

[8] 中华人民共和国商务部.2017年荷兰货物贸易[EB/OL].[2018-03-29].https://countryreport.mofcom.gov.cn/record/view110209.asp?news_id=58512.

[9] 中华人民共和国商务部.国别报告[EB/OL].[2018-03-29].https://countryreport.mofcom.gov.cn/record/index110209.asp.

[10] RALF GÖTZE. The changing role of the state in the Dutch healthcare system[Z/OL]. https://www.econstor.eu/bitstream/10419/43883/1/641465491.pdf. 2010.

[11] IAMEXPAT. Hospitals in the Netherlands[EB/OL].[2019-04-08].https://www.iamexpat.nl/expat-info/dutch-healthcare-system/hospitals-netherlands.

[12] STATISTICS NETHERLANDS (CBS). Health care institutions; key figures, finance and personnel[EB/OL].[2019-03-08]. https://opendata.cbs.nl/statline/#/CBS/en/dataset/83652ENG/table?ts=1549870978465.

[13] EXPATICA. Healthcare in the Netherlands[EB/OL].[2019-03-28].https://www.expatica.com/nl/healthcare/healthcare-basics/healthcare-in-the-netherlands-100057/.

[14] EXPATICA. A guide to health insurance in the Netherlands[EB/OL].[2019-03-28]. https://www.expatica.com/nl/healthcare/healthcare-basics/a-guide-to-health-insurance-in-the-netherlands-109293/# Mandatory-HealthInsurance.

[15] Geneesmiddelenwet[EB/OL].[2018-08-01]. https://wetten.overheid.nl/BWBR0021505/2018-08-01#Hoofdstuk5.

[16] 朱安宁,孟宪军,黄俊,等.针灸在荷兰的现状与发展[J].中国针灸,2016,36(10):1095-1099.

[17] 荷兰1网.对话神州——访荷兰神州中医大学教务处贝雅特女士[EB/OL].[2018-04-21].https://hollandone.com/jxhx/%E5%AF%B9%E8%AF%9D%E7%A5%9E%E5%B7%9E-%E8%AE%BF%E8%8D%B7%E5%85%B0%E7%A5%9E%E5%B7%9E%E4%B8%AD%E5%8C%BB%E5%A4%A7%E5%AD%A6%E6%95%99%E5%8A%A1%E5%A4%84%E8%B4%9D%E9%9B%85%E7%89%B9%E5%A5%B3/.

[18] ZORGWIJZER. Chinese geneeswijzen (2019)[EB/OL].[2019-04-08].https://www.zorgwijzer.nl/vergoeding/chinese-geneeswijzen#vergoedingen.

[19] 荷兰外商投资局.荷兰:全球生物制药公司在欧洲的首选产业环境最具吸引力[EB/OL].[2018-10-25].https://china.investinholland.com/%E8%8D%B7%E5%85%B0%EF%BC%9A%E5%85%A8%

E7%90%83%E7%94%9F%E7%89%A9%E5%88%B6%E8%8D%AF%E5%85%AC%E5%8F%B8%E5%9C%A8%E6%AC%A7%E6%B4%B2%E7%9A%84%E9%80%8689-%E4%BA%A7%E4%B8%9A%E7%8E%AF%E5%A2%83%E6%9C%80/.

[20] 白兴华.针刺疗法西传第一人[EB/OL].[2013-03-09].http://blog.sina.com.cn/s/blog_afdf12f601015dpl.html.

[21] 叶听.荷兰针灸发展概况[J].中国针灸，1999，19(4)：243-244.

[22] 郑进.中医教育在欧洲的现状及思考[J].中医教育，2004，23(6)：65-68.

[23] SCHENKELAARS BIOTECHNOLOGY CONSULTANCY IN COMMISSION OF THE COMMISSION ON GENETIC MODIFICATION (COGEM). International medical tourism from the netherlands for gene therapy [R/OL].[2010-10-20].https://www.genetherapynet.com/download/Medical-tourism-from-Netherlands.pdf.

[24] 搜狐网.药材买卖网：中药材开拓海外市场机遇与风险共存[EB/OL].[2017-07-04].http://www.sohu.com/a/154320566_119659.

[25] 欧洲时报网.欧洲中医的尴尬：诊所开了不少算不算"医"却难界[EB/OL].[2015-07-08].http://www.oushinet.com/news/qs/qsnews/20150708/198836.html.

[26] EUROMONITOR INTERNATIONAL. Herbal: traditional products in the Netherlands [R/OL].[2019-04-08].https://www.euromonitor.com/herbal-traditional-products-in-the-netherlands/report.

[27] 人民日报.中医药的外国朋友圈越来越大[EB/OL].[2017-01-20].http://health.people.com.cn/n/2017/0120/c14739-29037775.html.

[28] NBCG YI. Doel & Visie [EB/OL].[2019-2-12]. https://nbcg.nl/page/Doel-en-visie.

[29] ZHONG. Therapeuten [EB/OL].[2019-04-08].https://zhong.nl/therapeuten/.

[30] HEALTH CONSUMER POWERHOUSE. Euro health consumer index 2017 [R/OL].[2018-01-29].https://healthpowerhouse.com/media/EHCI-2017/EHCI-2017-report.pdf.

[31] 中国新闻网.荷兰外商投资局："一带一路"增强荷兰吸引力[EB/OL].[2015-11-27].http://www.chinanews.com/cj/2015/11-27/7645015.shtml.

[32] 西荷兰外国投资局.中医药企业驶入欧洲的门户[EB/OL].[2018-10-25].http://www.thehague.com.cn/key_sectors_the_hague/traditional_chinese_medicine.

[33] 清科研究中心.紫鑫药业收购 Fytagoras[EB/OL].[2016-08-03].https://ma.pedata.cn/23111521.html.

[34] 中国走出去.紫鑫药业拟收购荷兰种子技术公司 Fytagoras B.V. 100%股权[EB/OL].[2016-08-04].http://www.chinagoabroad.com/zh/recent_transaction/jilin-zixin-pharma-to-buy-100-stake-in-netherland-s-fytagoras.

[35] 吉林紫鑫药业股份有限公司.紫鑫药业出席可持续发展目标中国企业峰会多轮驱动大健康产业发展[EB/OL].[2018-12-08].http://www.jilinzixin.com.cn/news_detail_18/newsId=2430.html.

[36] 唐汉中医药网.中医药艰难扎根于荷兰[EB/OL]. www.th55.cn/global/thgigg/1404/263826.html.

第八章

法兰西共和国

一、政治与经济环境

（一）国家概况

法兰西共和国(French Republic,以下简称法国),本土(包括科西嘉岛)的行政单位由大区、省和市镇三级组成。本土拥有大区 13 个、省 96 个,海外单省大区 5 个、海外行政区 5 个,海外属地 1 个。全国市镇总计 36 700 个,共划为 22 个行政大区,每个大区包括 2～8 个省。由于历史原因,法国还有一些海外属地,即美洲的法属圭亚那、瓜德罗普、马提尼克和印度洋上的留尼汪岛 4 个海外省以及散布在三大洋上的其他领地。这些海外领土,除法属圭亚那以外,均为岛屿。海外属地总面积只有 12 万平方千米,人口 200 多万,但分布极广,拥有了它们,法国就占有了超过 1 000 万平方千米的海上经济区和战略区,特别是为法国进行核试验和宇航实验提供了便利场所。

（二）政治环境

1. *政治制度* 法国为半总统共和制国家,国家最高领导人为总统,同时担任武装部队统帅一职。总统的选举为每 5 年一次,由全国选民直接选举产生。总统拥有行政任免权:总理由总统直接任命,同样也拥有罢免权;各部部长由总理提名,总统批准后上任;国防委员会、内阁会议及最高国防会议均由总统主持;对议会有解散权,一年最多可解散两次;总统可依据当前局势采取必要措施。若总统职务空缺或现任总统因故无法履职时,总统的职权可以交由参议院议长临时代行。法国现任总统为埃马纽埃尔·马克龙。法国的国民议会和参议院共同组成法国的议会制度。制定法律、监督政府、通过预算、批准宣战等均为议会所拥有的权力。人员方面,通过两轮的多数投票制,由选民直接选出共 577 席的国民议会成员,任期 5 年。参议院的成员采取间接选举产生,每 3 年会进行改选,改选人数至少为全体成员的半数,任期为 6 年。国民议会与地方各级议会成员投票选举产生参议院的成员共计348位。

2. **外交特点** 法国与191个国家建立了外交关系,大使馆遍布162个国家,拥有常驻代表团16个、领事机构91个。法国为北约成员国及欧盟创始国,同时担任联合国安理会常任理事国。文化交流方面,法国设有境外文化与研究机构161所、文化中心98处、法语联盟(负责语言推广)363家。

其外交基本政策可概括为:① 倡导多边主义,反对单边主义。② 发挥本国核心作用,推进欧盟一体化建设,以政治和防务为重心。③ 与大国和新兴国家均保持良好关系,坚持交流。④ 保持与非洲国家的传统关系,推动发达国家对非洲援助。⑤ 积极投身国际事务,努力解决问题。⑥ 鼓励法国企业对海外市场的开拓。⑦ 加强法国文化的宣传,提高文化国际影响力。

3. **中法关系** 1964年1月27日,中法两国正式建立大使级外交关系。虽然建交以后,两国关系曾经历过波折,但经1994年的两国政府联合公报和2009年的新闻公报重新恢复到良好态势,多领域的合作取得进展。2012年5月,奥朗德总统上任,中法持续保持友好、稳定的关系。中法关系大事记见表8-1。

表8-1 中法关系大事记

年份	事件
1964年1月27日	中法建交
1966年6月1日	中法开辟首条航线
1973年9月11日至17日	法国总统蓬皮杜访华
1975年5月12日至18日	邓小平副总理访问法国
1982年10月	中法签署第一个民用核能合作协议
2003年10月6日	中法互办文化年
2004年1月26日至29日	中法建立全面战略伙伴关系
2005年12月4日	空客A320总装厂落户天津
2013年4月25日至26日	法国总统奥朗德访华
2014年3月下旬	中法建交五十周年,习近平主席访问法国

(三) 经济环境

1. **经济概况** 法国是全球经济发达国家之一和欧盟资深成员国之一,实行现代市场经济体制，以私有制为产权基本形式，资源配置的主要机制为市场，有较高的经济开放度，将自由贸易政策作为对外贸易准则。作为全世界最为发达的工业国家之一，法国居于世界领先地位的产业主要集中在核电、航空、航天和铁路方面。法国通行货币为欧元(Euro)。近5年来国内生产总值与排名如下(表8-2)。

表8-2 2014—2018年法国GDP及排名

年份	GDP(亿美元)	世界排名
2014	28 522	5
2015	24 382	6
2016	24 713	6
2017	25 863	7
2018	27 775	6

2. **主要产业** 工业方面，法国GDP的11.2%为工业产值。汽车与船舶制造、机械与电子、纺织、化学、日常用品、食品加工和建筑业等是法国首要工业部门；三大支柱性工业为钢铁、汽车和建筑业。近年来，各类新兴工业部门发展迅猛，如：核能、石油化工、海洋开发、航空和宇航等。该国钢铁、纺织业居全球第六；拥有全球第三的航空和宇航工业，仅次于美国和俄罗斯；石油与石油加工技术、核电设备能力为全球第二，仅次于美国。据法国钢业联盟、法国汽车制造商委员会、法国国家经济研究与统计局统计，2015年主要工业产品产量如下：粗钢1 500.5万吨，小汽车556万辆，总发电量546万亿瓦，其中核电416.8万亿瓦。

农牧业方面，欧盟国家中法国为最大的农业生产国，其农产品与食品的出口量在世界范围内也占据主要地位。据法国国家经济研究与统计局资料，2016年农业产值(含政府补贴)704亿欧元，同比下降6.8%。法国国土拥有2 889万公顷的农业用地，约占本土面积的54%，全国从事农业的人口约90万。

法国农业有着传统的地理结构：谷物、蔬菜、甜菜、油料主要产于中北部地区，饲料作物主产区坐落于西部和山区，葡萄等水果类的多年生作物则主要种植于地中海沿岸和西南部地区。农业机械化已在法国基本实现，这使得法国拥有很高的农业生产效率。同时法国对外贸易的支柱产业也包括了农业食品加工业。

服务业方面，随着产业结构的变化，法国的经济和国民生活中服务业的地位迅速提高。自20世纪70年代始,法国服务业始终维持快速发展态势,尤其连锁式经营的发展达到了相当高度,其应用范围除了常见的零售、旅馆、娱乐业外,房地产与运输行业也可见连锁经营的应用。据法国国家经济研究与统计局数据,2015年总就业人口的76.7%由服务业用工组成。其中较大部分支撑起了驰名世界的家乐福(Carrefour)、欧尚(Auchan)等法国著名的大型零售超市。

3. **对华贸易** 法国是中国在欧盟位于德国、荷兰、英国之后的第四大贸易伙伴。能源、汽车、化工、轻工、食品等是法国在中国投资的主要产业。2016年我国对法国的直接投资净额达149 957万美元。2016年,我国实际利用的法国外资达86 975万美元,贸易、家电、旅游、化工等是投资的重点。

近年来我国同法国双边贸易额如下(表8-3、图8-1)。

表8-3 2007—2018年中法贸易数据(单位:亿美元)[1,2]

项目 \ 年份	2012	2013	2014	2015	2016	2017	2018
总额	510.2	498.2	557.6	513.7	471.9	544.7	793.2
出口	269	267.1	287	267.5	246.9	276.7	560.5
进口	241.2	231.1	270.6	246.2	225	268	232.7

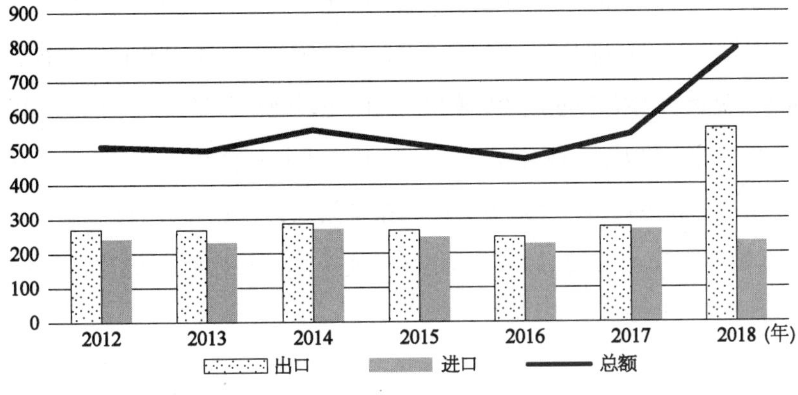

图8-1 2007—2018年中法贸易数据(单位:亿美元)

二、医疗健康保障体系现状

（一）基本情况

2000年，法国被WHO评为全球医疗保障制度最佳的国家。2014年，美国彭博新闻整理分析了各国平均寿命和医疗支出的相关数据，结果表明法国在医疗条件方面处于世界领先地位。法国医生协会曾做过统计，法国医师密度约为每千人中3.4名，每千人可有6.4个医疗用床位，相对的平均住院时间却只有5日，拥有医院总数为3 089家。

（二）医疗管理机构

法国有两个国家级的主要部门参与医疗保健方面的管理，即劳动和社会关系部以及卫生部。它们通过四个行政部门开展工作：卫生总局（DGS），负责公共卫生政策，进行监督和卫生安全工作；医疗保健总局（DGOS），负责管理系统内的资源和设施；社会保障局（DSS），负责资金管理，监管社会保障机构；2010年设立的社会团结总局（DGCS），负责解决特定的卫生保健和社会问题，如残疾、老人及不稳定人口等。卫生部负责提供资金以及进行监管。它对预算开支进行划分并且确定医疗福利的价格费用。除了优先在医疗卫生领域发展的国家计划以外，卫生部还制订了一系列进展标准，例如医科大学生人数（最高名额限制）或医院床位和贵重的仪器设备所占的比率。

（三）医疗机构

法国卫生体系分为两个部分：全科医生私人诊所和医院体系。公立与私立的医疗结构相互协作，各司其职，互为补充。在法国，患者通常会首选全科医生的私人诊所来处理能力范围内的病情，这解决了大部分的常见病和小病。当出现病情较为严重需要进一步处理的情况，患者将会被建议前往专科医师处进一步诊断。这时患者可以选择前往私立诊所，也可以前往公立医院寻求专科医师帮助，与后者签合同坐诊，非常自由。

1. **公立** 法国医疗服务中起主导地位的仍是公立医院。负责各类手术、急诊、急救等较为复杂的专科医疗。法国公立医院主要有如下两类。

(1) 公立教学医院(CHU)：多位于法国各大、中型城市中，是规模最大的公立医院。除了进行诊疗外，还承担医学院的教学、前沿医学研究等。

(2) 城市中心医院：主要分布在中、小型城市。与公立教学医院相比，规模小，但医疗质量等同，与公立医院有着统一的质量标准规范，部分学生的培训工作也由其承担。

法国公立医疗体系的管理结构主要由行政院长、管理委员会、监事会组成。管理委员会由行政院长和医疗管理委员会(医生和医护人员)组成，用于监督和修正行政院长的管理内容。以市长为代表的当地政府官员，包括行政院长与医疗管理委员会等在内的院方医护人员及行政人员代表和外部相关专业人士及相关用户代表三部分则作为监事会的主要构成。监事会将决定医院的发展策略与方向，对医院财务方面和运营风险进行长期管理，医院之间的院际合作交流也由其参与，以帮助医院提升安全和服务质量为根本目的。

2. **私立** 法国私立医院主要处理部分外科手术、妇产科和康复科，医疗任务数量略多于公立医院。私立医院同样担负了大量的医疗保健服务工作，全国医疗保健服务的三分之一是由这些私立医疗机构来提供和完成的。尤其是妇产科及一般手术等，很多是由这些私立医院担负，它们对社区医疗服务起了重要的支持作用。

(四) 社会保障情况

1. **国民社会医疗保险** 法国现行的社会保险制度主要根据受众群体的职业和保险内容进行区分，主要有四大类：一般保险制度、特殊保险制度、农业保险制度和自由职业者保险制度，具体内容可以分为养老保险、医疗保险、生育保险、工伤保险、失业保险及家庭补助等。一般保险制度受众为工商业雇员；特殊保险制度受众是由于一些历史原因而产生并保留至今的目标群体，为拥有一定公权力行业的社会保险制度，相较于一般的保险制度待遇较优；农业保险制度以农场主和农业工人为受众；手工业者、艺术家等自由职业人员则享受自由职业者保险制度。在制度体系方面主要划分为基本医疗保险与补充医疗保险。其中国家强制性的保险为基本医疗保险，参保人因普通疾病所发生费用的50%～80%将会由其报销，重大疾病的报销费用则可以接近100%，全国85%的人口已经被该保险制度覆盖，患者医药费中有78%受保；若自愿参保补充医疗险后，自费部分会由共济互助机构报销。

2. 商业保险　除了参与国家社会保险之外，互助会、互济所和保险公司有权提出一项互助医疗补充险。医疗补充险合同以个人名义或在企业合同范围中，和出资雇主一起签署，在此对相关雇员有强制性。也有特别大众保险合同，如用于学生的。通过强制医疗保险获更广泛的补贴承担不投保者的医药费自理部分：如外科或住院费用、日护理费用、医疗会诊、药物费用、眼科费用等。

互助会与互助协会源于1898年全国医疗保险互助会宪章，依照投保人参与原则管理运行，根据个人健康状态实行公平待遇。互助会投资补充社会保险，以及互助行动(老年、残疾、死亡)，以分摊方式，其中的金额会员个人独立。

互助机构也是私人非营利组织。管理集体性个人保险合同，即在企业或专业机构专有范围内。行政委员会由雇主和雇员代表均等组成，负责在雇员专有利益内确定与执行保证。这些机构也介入其他保险领域：退休、死亡、丧失工作能力、残疾。与前述二类不同，以盈利为目标。报销保证根据合同变化：承担唯一的医药费自理部分、报销留给投保人负担的全部或部分费用(除了协议费用以外)。

三、传统医药的法律与政策环境

(一) 医师执业

在法国，若想要被公立或私立医院(诊所)聘用以从事医疗活动必须要持有法国的医学院校毕业文凭，同时通过法国国家考试。截至目前，国外的医学文凭尚不被法国所认可，即使欧美大国如英、美，亚洲大国如中、日皆不例外。否则一律定性为非法行医，受法律惩处，将处以罚款或监禁。

中医师在法国只有针灸师被认可。但法国的医师执照仍为必要条件，同时还应前往专门机构办理登记注册手续方可执业。若未满足上述条件，即便已被法国当地医院、研究所或个人所聘用仍无法办理行医证明。

（二）药品准入

法国对于草药的管理严格按照法国植物药法规执行，将其包含在医药管理体系内。法国对于医药管理始终保持着严格的态度，尤以立法为最。24 条国际药典标准作为法国对药品的重要把控标准，要求所有新药都必须强制遵守，并且经过政府管理部门的审批，审批内容有质量标准、安全标准—毒性试验、疗效标准—临床试用阶段（共分为 3 期临床试验）。而对于草药的审核标准，法国药典委员会与法国许可证颁发委员会将草药的适用范围分类为医药（草药制品）、食品（保健食品、调味品等）、化妆品三类，通过不同的规定进行管理。作为欧盟的一员，其前身欧洲经济共同体（EEC）的准则中“草药药品是含有活性成分的药物产品，植物原料和（或）植物药制剂除外”的这一定义，法国也同样认可[3]。

原欧共体的相关规则更为严格，药物进口方面包括技术标准、新药许可证价格、广告、包装、反倾销条例在内的种种繁杂的贸易壁垒构成了阻碍。1994 年秋 EEC 规定自 1995 年 1 月 1 日起，包括草药在内的所有药物，上市前必须获得生产、销售执照，严苛的审批过程使得中草药几乎等同于被禁止。

对于原欧共体的有关规定，目前法国尚未执行上述指令而采用稍微温和一些的规定。法国许可证颁发委员会认为，区别于现代医学制剂，草药必须遵从传统医学的观点。关于草药制品，法国分为两类：① 注册药物（registered medicines），其管理较为严格。② 不得宣传疗效的保健品、食品补充剂（food supplement），一般在草药店、食品店、百货店等大众市场销售。虽然不必遵守国际药典的规则，但是也同样不能进入药品市场。

目前来说，能进入法国的中草药寥寥无几，若要在草药店或商店销售必须要转口入关。虽然法国境内有数百家针灸、中医诊所，且都多半自设中药房，但是法律对于此类中药材、常用方浓缩剂和成药都没有保护。因此，长期来看收集中药治疗效果的临床数据并进行总结，作为申请非处方药（OTC）注册的材料十分重要。非处方药注册条件强调毒理学和临床文件：① 毒理学文件，包括药物的传统认识（文献资料显示低毒或剧毒）、使用中的药物监测资料（是否有新的毒性成分或毒性反应）。② 临床文件，包括 35 种治疗指征，如使用剂型、配伍与疗效等。对于不同的草药制剂有不同的规定。

1984 年以来，法国药典委员会和法国审批委员会的专家们已做了大量的研究和选择工作以制订相应的准则要求。

《法国关于申请草药销售许可的通知》(1986 年 8 月,社会事务与就业部医药局)依据公共健康法典的有关条款及有关规定,植物药剂生产厂家必须提供一份植物草药销售许可的申请材料。本通知的内容包括:

(1) 草药清单(此处“草药”系指植物疗法中干燥植物的药用部分)。这些草药无论是汤药还是其他剂型,均可按适当程序申请销售许可,但需能与本通知所列出的适应证相对应。

(2) 对申请各种植物药品销售许可的报告中分析研究(包括可能的毒性研究)水平的要求。

(3) 药物的固定组合。

(4) 重申有关草药的标签与包装的规定。

(三) 传统医学教育

法国在医师教育方面十分严格,主要集中于现代医学的教育教学,对于传统医学的教育政策非常局限,目前已知的有针灸相关的教育内容[4]。

针灸于 1956 年为法国医师公会接纳,其医学院于 33 年后颁发针灸专科文凭,以此为标志,针灸开始只有专业医师才能使用。为全方位提升法国中医针灸的教学和治疗水平,2007 年 2 月 14 日,法国教育部和科研部部长吉勒德罗宾在法国第五大学宣布,授予部分高校颁发中医针灸国家级学位证书的资格。

(四) 保险覆盖

法国医疗保险的覆盖人群十分广泛,几乎农村与城镇、国内与国外的所有人员都能获益,其保障的对象囊括了不同性别、职业、工作状况、生活水平的人群,且项目丰富,但传统医学项目基本不在其覆盖范围之内。

中医药在法国目前只有针灸被纳入了医疗保险范围。针灸从 1972 年起被法国政府纳入医疗保险范围,可谓历史悠久[5]。

(五) 医疗投资门槛

目前我国在法国的投资项目主要涉及贸易、家电、旅游、化工等,医疗方面的投资尚少。在法国的外资投资审查制度方面，1966 年法国修改了外汇控制法，确定了其与他国自由金融关系；2004 年《法国货币和金融法典》制定并通过，政府因而获得了控制损害公共安全与秩序、国防利益的投资的权限。2005 年法国政府在粗法典基础上颁布实施法令，确定了 11 个战略、敏感部门，法国经济部有权进行控制，而这 11 个敏感部门中包括了公共健康。

法国没有专门涉及中医药或传统医学的投资，但可以看出其在投资方面对公共健康领域有着较为严格的审查制度。加上其对于草药制品“绿色壁垒”的限制，对法国进行中医药方面的投资尚存在困难，门槛较高[6,7]。

四、中医药服务贸易双边合作现状

(一) 传统医药交流

到了 17 世纪，各国的外交官、旅游者尤其是传教士在中国开始增多，借他们之口，中医被介绍到法国。18 世纪，法国驻北京的耶稣会士们开始对医学方面的交流更加在意，他们着眼于本国医学与东方医学的差异性，对自己所不知的药物制剂和诊脉方式十分关注，也引起了法国医生们的兴趣。20 世纪初至 50 年代中医、针灸在广泛流传、推广。苏利耶・德・莫朗特(Soulie De Morant，公元 1878—1955 年)对针灸在法国的发展起到了关键影响，他于 1907—1927 年在中国任外交官，接触到了中国针灸，并且努力学习并掌握了这一技术。回国后除了继续自己的外交事业外，偶尔利用自己的技术为人施治，不久后干脆辞去了外交部的职务，专门从事针灸治疗与教学事业。1934 年，他出版了《针灸术》一书，被誉为法国针灸之父。之后针灸在法国不断发展，并成为一种医疗行为，开始进行教学。2016 年甘肃省与法国里昂签署中医药合作协议，标志着我国与法国的传统医学合作开启新篇章。

(二) 境外消费

法国来我国就医的人数无完整统计。据 2015 年三亚中医院的报告，他们当年以

"三亚中医药健康旅游"为主题开展对外的健康旅游活动，当年来华的4万余名患者中有部分法国人存在，但大多是俄罗斯人。此外，法国民众亦有以个人名义前来我国体验中医药治疗的个案，但是数目尚少，因而相关的统计数据亦缺。

（三）跨境交付

目前，法国在跨境交付领域与我国的直接合作较少，但存在着较好的前景。法国本土在远程医疗方面有着较好的发展，目前已经在全国推广了包括脑出血、心肌梗死等多种会导致患者因行动不便而不适宜进行上门门诊的8个远程医疗服务，通过可移动摄像机、软件平台等设备为患者会诊和开药，且每个法国大区都制定了颇具特色的远程医疗计划。因此，通过直接利用在法国已经大行其道的远程医疗，让中医药服务以此种形式进入法国，将会是一片值得开拓的广阔市场。此外向中国外派留学生也为跨境支付方式之一。法国中医学院是目前在法国学生数量最多的中医培训机构，学校总部位于阿维尼翁。该学院每年派2～3批学生到上海中医药大学进行理论学习和临床实习，但是数量也并不多。

（四）商业存在

我国在法国当地开设的合作医院很少。法国存在官方认证的中医学会，包括法国中医联盟、法国中医医师联合会、传统中医针灸和气功治疗独立工会、全欧洲中医专家联合会等。这些医学学会开设了大量的中医相关学校，负责中医药在当地的管理。但是这些机构为法国人设立并管理，尚无法认为是我国与法国服务贸易的商业存在。

2015年10月11日甘肃省卫生和计划生育委员会通报，甘肃中医走进欧洲，10月10日在法国传统中医自由学院里昂中心挂牌成立"岐黄中医学院"，成为甘肃第五家海外的中医学院。这使得我国在法国有了在中医药教育方面真正意义上的商业存在。而2015年11月9日，中国—法国（巴黎）中医药中心的揭牌，更是中法中医药服务贸易里程碑式的一步。至此，中医药商业存在方面中法已有了稳固的服务贸易关系。

（五）自然人流动

中法在自然人流动方面主要发生在学术交流方面。2016年8月中国遂宁市中心医院与法国昂热医教中心签订国际友好医院合作协议，该协议将双方的合作确定为四方面：一是访问学者互派；二是科研和教学活动合作开展；三是资料互换与论文、著作方面的合作（以不违反法律法规为前提）；四是学术交流与技术方面的合作。

（六）大事记

中法服务贸易大事记见表 8-4。

表 8-4 中法服务贸易大事记

时间	事件	意义
1987 年	中医药（针灸）被法国医学会确认为正统医学的一部分	确认针灸在法国地位
2007 年 2 月 14 日	法国正式颁发中医针灸国家级学位证书	针灸学位在法国获得官方认可
2015 年 10 月 11 日	法国传统中医自由学院里昂中心挂牌成立“岐黄中医学院”	我国传统医学教育落户法国
2015 年 11 月 9 日	中国—法国（巴黎）中医药中心揭牌	中法传统医学合作与服务贸易的里程碑

五、市场机遇与潜力

（一）中医药受到法国民众喜爱

法国是中医药传入最早的欧洲国家之一，拥有悠久的历史，因而法国民众对于中医药的认可程度相较于其他欧美国家高。中医药在法国逐渐展现其影响力，当地民众对于中医药的认同度也逐渐提高。以法国民众的视角来看中医，其浓厚的中国文化色彩给他们留下了深刻印象。中药、针灸和推拿在法国已经被许多医生使用。据《今日中国》记者的田野调查发现，当法国群众出现疲劳乏力、睡眠质量不佳、精神憔悴等亚健康状态和身体功能紊乱的情况下会倾向于选择中医；在私人医生的选择上，中医医师越来越受青睐。虽然在法国针灸更多地为人所熟知，但是法国民众对中医的理解却不局限于此，包括推拿、饮食调节和太极、气功等保健文化也在他们的认知范围内，这些恰恰符合法国社会中流行的养生时尚。因此，若能在法国进行相关的服务贸易将有着不错的市场。

（二）针灸在法国独具优势

法国很早就将针灸认同为正统医学。法国认同针灸学位，且针灸已经被覆盖在法国医疗保险范围之内。针灸因为其传入法国较早，发展时间相对较长，加之其确实存在的疗效获得了声誉，在众多中医疗法中最为法国人所接受。虽然和其他国家一样，法国也存在着关于中医科学性的争论与质疑，但对于针灸治疗效果的信任似乎影响甚少。因此，进行与针灸有关的服务贸易在法国受到的限制相对其他欧美国家更少，发展更为方便，是值得关注的商机[8,9]。

（三）中医中心提供可靠支持

中医药海外中心是我国"中医药走出去"战略的重要"据点"，中国—法国（巴黎）中医中心与中国—法国（塞纳）中医药中心的存在无疑是为法国当地中医药产业发展提供了依靠。中医中心的存在为贸易渠道的打通、支持政策的获得提供了便利。关注法国中医药海外中心的动向，尤其是贸易与政策突破方面取得的成果能为在法国进行中医药相关服务贸易开辟新的道路。

六、风险提示

（一）医师资格不被承认

法国只认可自己国家的医师资格和医学文凭（包括中医学），我国医师需在当地经二次考试才可独立执业，并可以被当地机构或个人聘用。当地政府主导着海外医师执业的许可，已取得中国《医师资格证书》的中医师如果想在法国执业，不通过法国政府的审核,行医基本上不可能。在这个背景下,法国拥有执业资格中医师数量储备目前是明显不足的,没有相当数量的执业中医师则开展中医药服务贸易的困难就明显增加。若欲在法国当地进行相关的中医药服务贸易,提升拥有执业资格中医师的数量将会是一项挑战。

(二) 中药出口贸易壁垒

中草药大多未获准进入法国,法国境内中药的使用缺乏法律保护。法国的中医药服务贸易需要遵循欧盟的规则《欧盟传统植物药(草药)注册程序指令》,在该法令之下,使得中药材以食品形式进入欧盟国家的方式不被允许,且对检验、注册、给药方式都做了明确的规定。这意味着中药的准入有着较为冗长的程序要走,对于依托于中草药进行治疗的中医来说这将会是在服务中遇到的最大困难。虽然许多法国当地的中医诊所会储备着一定量的中草药和中草药制剂,但由于法国当地尚未出台法令保障此类药物使用的合法性,一旦发生问题,中医师将无法保护自身的正当权益。

(三) "文化例外"政策限制

文化例外原则是一种为了保护本国的文化不被其他文化侵袭而制定的政策。法国曾多次表明自己对于文化产品的贸易持反对态度[10],1993 年法国在和美国进行关贸总协定乌拉圭回合谈判时就视听产品是否能够进入自由贸易的范围这个问题展开了争论; 1999 年 10 月 16 日法国文化部时任部长特劳特曼在《世界报》上明确表达了文化例外"不容置疑"的态度。1999 年 11 月 16 日,法国时任总统希拉克在爱丽舍宫接见来自世界各国的 200 名文化著名人士时说:"文化作品,无论什么表达方式,即使具有经济或工业方面的重要性,现在不是,将来也不是等同于其他置于市场规律下的商品,这是一个信念。" 2013 年 6 月 14 日《世界报》发表了题为《法国——直面自由市场坚持"文化例外"的先锋》的文章,法国文化部时任部长奥雷利 · 菲利佩蒂又一次公开强调了法国对于"文化例外"的坚持。中医药作为一个极具中国文化的服务项目正在逐渐被法国人民所接受[11],但是在参与服务贸易的过程中尤其需要注意不要因为过度的文化输出而触及法国"文化例外"的立场。

（四）受欧盟贸易政策影响

法国作为欧盟这一经济共同体的成员国，许多服务贸易方面的规则由欧盟统一制定。而医疗方面的准入、认定的条款也并非法国一国能够轻易调整的。因而在与法国进行中医药服务贸易相关的谈判和政策协商时要解决的不仅是法国一国的政策壁垒，更需要面对整个欧盟的政策环境。这样一来，为发展法国中医药服务贸易所要进行的交涉会更加困难。

七、案例分析

（一）迈瑞医疗器械法国子公司

【所在地区】 法国，欧罗巴克里特街道。

【案例定义】 商务部注册法国中资医疗器械企业。

【案例概况】 2008年迈瑞医疗器械法国子公司（以下简称迈瑞）收购数据镜，整合直销模式，至今已有10年多。10年中，迈瑞的业务突飞猛进，经历了从直销中低端监护产品为主渐变到直销中高端监护产品为主加分销低端监护产品的混合模式，从最初的监护产品销售到生命支持麻醉呼吸外科产品的全线推广，从监护产品线孤军奋战到监护超声两条产品线齐头并进，各种资源配置优化组合；业务对象也从量变到质变，从私立医院为主逐步转向公立中高端市场，并且产品越来越多地进入危重和主流科室。这些年来迈瑞厚积薄发、异军突起，在西欧难度最大的法国市场上终于扎根开花。2015年，迈瑞监护产品线创纪录地突破千万欧元大关，按照欧元计算销售额增长超20%，中高端全线产品遍地开花，尤其值得一提的是在产品进入多家法国三甲顶级医院的同时，监护产品被高端医院集团APHP、超声产品被三甲医院联盟UNIHA纳入供应商名单，前景一片光明。

【案例总结】 经济危机赋予了迈瑞一个千载难逢的机遇，在法国将目光投向中国医疗设备市场时，迈瑞注意到了法国人对医疗质量的高度关注导致医院不会采用牺牲临床诊治水平来换取廉价劣质产品的策略，换言之迈瑞要想跻身于一流产品圈，仅仅价格优势是不够的，还需要一流的产品质量和服务。从公司和产品介绍，到投标方案的反复研究，再到迈瑞方案的临床测试，每个细节都一丝不苟，获得了客户的信任。可以看出，在法国这样的发达国家迈瑞能在医疗方面的贸易取得成功，除了把握住了机会之外，关键在于名誉的构筑、产品质量的过硬和对法国政策的把控。

（二）上海家化佰草集法国公司

【所在地区】 法国，巴黎。

【案例定义】 商务部注册法国中资化工企业。

【案例概况】 上海家化佰草集法国公司(以下简称“佰草集”)开始进入欧洲就选址在法国巴黎香榭丽舍大街的丝芙兰。在巴黎的香榭丽舍大街做化妆品生意是选择了一个竞争最为激烈的市场环境，以普通的视角来看这种行为非常不明智，也因此佰草集刚刚进入巴黎就遭到了时尚界的冷嘲热讽。入驻丝芙兰，并在诸多法国知名品牌之中求生存，本身就难如登天。上海家化集团面对强手云集的环境，最终以中草药类产品作为自己的定位，获得了一席之地。来到法国之初，佰草集也想按照原有产品定位强调中草药属性。中年女性对这一定位确实有着较好的反响，但中草药使人联想到的苦涩味道、难闻气味则使得敏锐而高要求的年轻女性没有太多好感。随即，佰草集将品牌定位调整为“根源之美”强调注重天然健康的草本与平衡肌肤的护肤定位。借助这个势头佰草集牢牢占据霸主地位。登陆欧洲后，2010 年佰草集在欧洲销售额近 2 000 万元人民币。

【案例总结】 佰草集选择进军法国化妆品市场是一招险棋。其成功的主要关键在于把握住了法国当地人对于“中草药”的认知。其起初以中草药为概念做宣传使得法国年轻人联想到了“刺鼻气味”以致这一市场丧失，于是立刻改变定位的做法是他们成功的关键。传统医学目前在法国只有针灸是被广泛接受的，若欲利用“中草药”这一概念进行投资贸易，需要关注当地群众对于中草药的固有认知。

（三）TCL 通讯法国分公司

【所在地区】 法国，巴黎。

【案例定义】 商务部注册法国中资通信、软件、家电和电子企业。

【案例概况】 2003年11月,TCL集团宣布与法国汤姆逊公司合作,双方在彩电的开发、生产与销售业务和DVD及其产品的相关业务上共同协作,并成立一家取名为TCL-汤姆逊的合资公司(简称TTE),一时成为全世界彩电行业的最大制造商。但随后TCL并购汤姆逊公司,将原TCL的企业文化作为主推的主导文化,此举引发原汤姆逊公司员工的不适。同时,薪资问题也逐渐体现,两公司的融合进程因而受阻,员工带着不满逐渐离开。另一边,汤姆逊公司的RCA业务也出现了亏损,TCL提出了产品结构的调整建议但是被果断拒绝。TCL也习惯于原本在中国的运作方式,无法适应西方市场,这使得双方的意见始终无法统一。分歧使得各个业务单元之间割裂,无法形成合力,原本就被拖慢的整合进程进一步被阻挠,让TCL的整合之路遭遇重创[12]。

【案例总结】 此案例中的TCL公司本欲并购汤姆逊公司,成立一家合资公司。但是两者在合作上,管理上都出现了严重的问题,使得员工离开,并导致严重亏损。这主要归因于TCL对于法国当地的企业运营环境不熟悉,使得其发展绕了一个很大的弯路,造成了经济损失。因此,法国的外资企业对法国当地企业管理和合作的把控与调整都需要做更加深入的研究。

八、结论与建议

总体而言,法国自身中医药文化发展较好,主要表现在针灸方面。但同时其对于医疗行业的严格管理、对草药制品的准入限制等导致了我国目前与法国在中医药方面的服务贸易往来十分稀缺。这些困难的存在也造就了市场空白,提供了机会。目前对于法国中医药服务贸易环境的总体判断为:民众接受度高、针灸稳固立足、草药难于准入、中国执照不被承认。因此从这四点出发,具体提出以下建议。

(一)着眼法国留学生中医药人才培养

人才是事业发展的基础,增加法国境内中医师资源的最好方法便是加强针对法国的中医药专业留学生教育。更多的海外人士来华学习中医,意味着他们回国后当地将会有更多的中医药类执业医师。这一积累可为中医药的海外服务贸易提供充足的人才基础,同时留学生回国后对于他们在华所接触到的真正地道的中医药能起到传播作用,也可为创造一个良好的中医药发展国际大环境做出贡献。法国不认同他国医师执照对于中医药服务贸易是一大困难所在,因而除了我国本土的中医药国际化人才培养外,加强法国中医药留学生的招生与培养将会是另一条突破困境之路。

(二) 着眼医疗服务之外的服务项目

中医药的海外服务可以有多个领域,不只局限于医疗范畴。可以通过挖掘我国传统医药在"治未病"的思想,充分发挥中医药在养生方面的优势,以此补足西方医学所不能涉及的领域及缺陷。法国现有政策使得中医药医疗服务的进行存在困难,短期内难以迅速解决。但诸如刮痧、拔火罐、推拿、按摩、气功导引等专业技能既是我国传统医学中的重要组成部分,也非常适用于当代世界人民对于健康保健的需求,可通过服务贸易的形式进行传播。同时应尽力挖掘中医药内在的文化资源,在不违背法国"文化例外"政策的基础上,尽可能将除了针灸之外的中医药文化输出到法国。这样可以在医疗服务准入完成前先行进行文化的传播、市场的培育,扩大中医药的影响力和提升法国民众对中医药的认同。

(三) 着眼中医药医疗服务准入

目前在法国被广为接受的是针灸、推拿、气功、太极拳等中医服务。而对于中药的使用与中医师在当地执业行医,在当前的法律政策环境下很难实现。在通过中医药保健、文化等方面进行服务贸易的"开拓"时,也要同期着手中医药医疗服务方面的工作。鉴于目前无论是医师执照的认可还是中草药、中成药的准入都存在政策壁垒使得难以在短期内让中医药作为"治病救人"的角色在法国立足,因此必须争取获得更多政策上的支持和优惠。可借助现存的中国—法国(巴黎)中医药中心等合作机构的努力,逐渐提升法国国民对中医药的认同感,并且同时兼顾其他欧盟国家内中医药发展情况,与法国政府、欧盟协商,为中医药的医疗服务争取到合适的政策环境。

（四）着眼加强中国—法国(巴黎)中医药中心合作

中国—法国(巴黎)中医药中心的建立是我国中医药在法国服务贸易的重要“战略根据地”。我国目前与法国在传统医学的服务贸易中受到的诸多限制和难以解决的问题都可以通过海外中心的建设、加强与法国的合作来逐步解决。通过中法中医药中心的建设，努力实现法国中资医院的零突破、加快中医中药的准入、争取更多的两国中医药学术交流都能够为服务贸易拓宽道路。而作为企业，更需要关注中医药中心的动态，可以一定程度上利用这一资源与法国进行合作。

（顾怿丰）

附

附一：法国药典(节选药物索引)

LISTE DES MONOGRAPHIES FRANÇAISES EN VIGUEUR
(法国药物索引一览表)

La date figurant entre parenthèses correspond à la dernière mise à jour publiée.

A

Abies nigra PPH/ Sapin noir PPH (2007)

Abies pectinata PPH/ Sapin pectiné PPH (2004)

Abrotanum PPH/ Aurône mâle PPH (2008)

Absinthium PPH/ Absinthe PPH (2002)

Acetanilidum PPH/ Acétanilide PPH (2007)

Aceticum acidum PPH/ Acide acétique glacial PPH (2012)

Acetonum PPH/ Acétone PPH (2012)

Aconitum napellus PPH/ Aconit napel PPH (2009)

Actaea racemosa PPH (1989)

Actaea spicata PPH/ Actée en épi PPH (2012)

Adonis vernalis PPH/ Adonis printanier PPH (2009)

Adrenalinum PPH/ Adrénaline PPH (2002)

Aesculus hippocastanum (fleurs) PPH/ Marronnier d'Inde (inflorescence de) PPH (2004)

Aesculus hippocastanum PPH/ Marron d'Inde PPH (2002)

Aethiops mercurialis mineralis PPH/ Mercure (sulfure noir de) PPH (2012)

Aethusa cynapium PPH/ Petite ciguë PPH (2008)

Agaricus muscarius PPH/ Amanite tue-mouche PPH (2004)

Agnus castus PPH/ Gattilier PPH (2004)

Agraphis nutans PPH/ Jacinthe des bois PPH (2004)

Alchemilla vulgaris PPH/ Alchémille vulgaire PPH (2002)

Alcool coloré au bleu patenté V (60 pour cent V/ V) (2010)

Alcool iodé à 1 pour cent (2007)

Alcoométrie (1990)

Aletris farinosa PPH/ Alétris farineux PPH (2008)

Alfalfa PPH/ Luzerne PPH (2002)

Allium cepa PPH/ Oignon PPH (2005)

Aloe PPH/ Aloès du Cap PPH (2005)

Alumina PPH/ Aluminium (oxyde d') anhydre PPH (janvier 2017)

Ambra grisea PPH (1989)

Ammonium carbonicum PPH/ Ammonium (carbonate d') PPH (janvier 2017)

Ammonium muriaticum PPH/ Ammonium (chlorure d') PPH (2002)

Amprolium (chlorhydrate d') pour usage vétérinaire (1986)

Amylium nitrosum PPH (1991)

Anagallis arvensis PPH/ Mouron rouge PPH (2007)

Aneth (1993)

Angelica archangelica PPH (1989)

Angustura vera PPH/ Angusture vraie PPH (2007)

Antimonium crudum PPH/ Antimoine (trisulfure d') PPH (2005)

Antimonium tartaricum PPH/ Emétique (antimoniotartrate de potassium trihydraté) PPH (2007)

Aralia racemosa PPH/ Aralia PPH (2009)

Argentum metallicum PPH/ Argent PPH (2003)

Argentum nitricum PPH/ Argent (nitrate d') PPH (2002)

Aristolochia clematitis PPH/ Aristoloche clématite PPH (2007)

Arnica montana PPH/ Arnica (plante entière) PPH (2008)

Arômes (1995)

Arsenicum iodatum PPH/ Arsenic (triodure d') (2009)

Artemisia dracunculus PPH (1998)

Artemisia vulgaris PPH/ Armoise vulgaire PPH (2009)

Arum triphyllum PPH/ Arum triphyllum PPH (2005)

Arundo donax PPH/ Canne de Provence PPH (2007)

Asperula odorata PPH/ Aspérule odorante PPH (2009)

Atropinum PPH/ Atropine PPH (2012)

Aunée (1989)

Aurum metallicum PPH/ Or PPH (2005)

Avena sativa PPH/ Avoine cultivée PPH (2008)

B

Badiaga PPH (1989)

Baptisia tinctoria PPH/ Baptisia tinctoria PPH (2004)

Bardane (grande) (1989)

Baryta carbonica PPH/ Baryum (carbonate de) PPH (janvier 2017)

Baryta iodata PPH/ Baryum (diiodure de) PPH (2007)

Bâtons au nitrate d'argent à 633 mg/ g (2012)

Bellis perennis PPH (1989)

Benzododécinium (bromure de) (1996)

Benzoicum acidum PPH/ Benzoïque (acide) PPH (2002)

Berberis aquifolium PPH/ Mahonia PPH (2009)

Berberis vulgaris PPH/ Epine-vinette PPH (2009)

Betula PPH/ Bouleau PPH (2008)

Beurre de cacao (1983)

Bismuth (sous-succinate de) (1991)

Bismuthum PPH/ Bismuth (sous-nitrate de) lourd PPH (2002)

Bleu patenté V (janvier 2017)

Boldine (janvier 2017)

Boldo PPH/ Boldo PPH (2009)

Borax PPH/ Borax PPH (2002)

Bourse à pasteur (1998)

Bovista gigantea PPH/ Vesse de loup géante PPH (juillet 2014)

Bruyère cendrée (1989)

Bryonia PPH (1989)

Buxus sempervirens PPH/ Buis PPH (2005)

C

Cactus grandiflorus PPH/ Cactus à grandes fleurs PPH (2009)

Café vert (1994)

Caladium seguinum PPH (1989)

Calcarea carbonica ostrearum PPH (janvier 2017)

Calcarea fluorica PPH/ Calcium (fluorure de) PPH (janvier 2017)

Calcarea phosphorica PPH/ Phosphate tricalcique PPH (2002)

Calcarea sulfurica PPH/ Calcium (sulfate de) dihydraté PPH (2002)

Calcium (hydroxyde de) (solution d') (2007)

Calcium (oxyde de) (2007)

Calendula officinalis PPH/ Souci PPH (2005)

Callune vulgaire (1989)

Camphora PPH/ D-Camphre PPH (2012)

Capsicum annuum PPH/ Piment des jardins PPH (2008)

Carbo vegetabilis PPH/ Charbon végétal PPH (2002)

Carbolicum acidum PPH/ Phénol PPH (2012)

Carduus marianus PPH/ Chardon marie PPH (2008)

Cascara sagrada PPH/ Cascara PPH (2002)

Caulophyllum thalictroides PPH/ Caulophylle PPH (2002)

Causticum PPH (janvier 2017)

Ceanothus americanus recens PPH/ Céanothe d'Amérique frais PPH (2010)

Ceanothus americanus siccum PPH/ Céanothe d'Amérique sec PPH (2008)

Cedron PPH/ Cédron PPH (2007)

Cérat cosmétique (2010)

Cérat de Galien (2010)

Cérat de Galien modifié (2010)

Cérat glycériné (2012)

Charbon végétal (1990)

Chaerophyllum sativum PPH/ Cerfeuil des jardins PPH (2004)

Chamomilla vulgaris PPH/ Matricaire PPH (2007)

Chelidonium majus PPH/ Chélidoine (grande) PPH (2002)

Chimaphila umbellata PPH/ Pyrole en ombelle PPH (août 2013)

China rubra PPH/ Quinquina rouge PPH (2007)

Chininum sulfuricum PPH/ Quinine (sulfate de) PPH (2002)

Chionanthus virginiana PPH/ Chionanthus de Virginie PPH (janvier 2017)

Chloralum PPH/ Hydrate de chloral PPH (2012)

Chrysanthellum americanum PPH (1994)

Cina PPH/ Semen contra PPH (2009)

Cineraria maritima PPH/ Cinéraire maritime PPH (janvier 2017)

Cinnabaris PPH/ Mercurique (sulfure) rouge PPH (janvier 2017)

Clematis erecta PPH/ Clématite droite PPH (2012)

Clematis vitalba PPH/ Clématite vigne blanche PPH (2012)

Coccus cacti PPH/ Cochenille PPH (2007)

Cochlearia armoracia PPH/ Raifort PPH (2012)

Coffea cruda PPH/ Café vert PPH (2002)

Colchicum autumnale PPH/ Colchique d'automne PPH (2005)

Collinsonia canadensis PPH/ Collinsonia PPH (2007)

Collodion (1994)

Colocynthis PPH/ Coloquinte PPH (2004)

Colorants des matériaux en matières plastiques ou en élastomères à usage pharmaceutique et médico-chirurgical (1990)

Colorants autorisés pour les médicaments (juillet 2015)

Combretum raimbaultii PPH/ Kinkéliba PPH (2007)

Compresses imprégnées (1990)

Compresses radiodétectables de gaze hydrophile de coton (2002)

Comprimés placebo à usage thérapeutique (2007)

Condurango PPH/ Condurango PPH (2007)

Conium maculatum PPH/Grande cigüe PPH (2007)

Contrôle bactériologique et fongique des greffons cornéens conservés en organoculture (janvier 2013)

Convallaria majalis PPH/Muguet PPH (2007)

Copolymère (éthylène/acide méthacrylique)-zinc (1986)

Coriandrum sativum PPH/Coriandre PPH (2003)

Corylus avellana PPH/Noisetier PPH (2004)

Coton hydrophile supérieur (1990)

Crataegus oxyacantha PPH/Aubépine PPH (2005)

Crème oléocalcaire (2007)

Croton tiglium PPH/Croton PPH (2009)

Cupressus sempervirens PPH/Cyprès PPH (2007)

Cyclamen europaeum PPH/Cyclament d'Europe PPH (2007)

Cynara scolymus PPH/Artichaut PPH (2008)

Cypripedium pubescens PPH/Sabot de Vénus PPH (2005)

D

Damiana PPH (1989)

Dartrier (foliole de) (août 2013)

Dénominations communes et scientifiques de médicaments (2002)

DHEA (voir Prastérone) (2003)

Digitalis purpurea PPH/Digitale pourprée PPH (2002)

Dimétridazole pour usage vétérinaire (1985)

Dioscorea villosa PPH/Igname sauvage PPH (2007)

Dolichos pruriens PPH/Poil à gratter PPH (2005)

Dosage en milieu non aqueux (1983)

Drosera PPH (juillet 2014)

Dulcamara PPH/Douce-amère PPH (2009)

E

Eau distillée de fleur d'oranger (2009)

Eau distillée de rose (2009)

Eaux distillées végétales et eaux aromatisées végétales (2012)

Echinacea angustifolia PPH (1989)

Émulsions (1987)

Éosine disodique (1997)

Equisetum arvense PPH/ Prêle des champs PPH (2004)

Equisetum hiemale PPH/ Prêle d'hiver PPH (2004)

Erigeron canadensis PPH/ Erigeron du Canada PPH (2005)

Érysimum (1998)

Eschscholtzia (parties aériennes fleuries d') (1996)

Eschscholtzia californica PPH (1989)

Eucalyptus globulus PPH/ Eucalyptus PPH (2005)

Eupatorium perfoliatum PPH/ Eupatoire perfoliée PPH (2005)

Euphrasia officinalis PPH/ Euphraise PPH (2005)

Extrait d'aubépine (fluide) (1989)

Extrait de bile de bœuf (1986)

Extrait de bouleau (sec) (1992)

Extrait d'hamamélis (fluide) (1989)

Extrait de passiflore (fluide) (1992)

Extrait de vigne rouge (sec) (1996)

F

Fagopyrum esculentum PPH/ Sarrasin PPH (2005)

Ferrum phosphoricum Ferri phosphas PPH/ Fer (Ⅲ) (phosphate de) PPH (2012)

Ferrum phosphoricum Ferroso-Ferri phosphas PPH/ Phosphate ferroso-ferrique PPH (2012)

Feuilles de conditionnement en polyamide (1989)

Fluoricum acidum PPH/ Fluorhydrique (acide) (janvier 2017)

Foenum graecum PPH (1998)

Formica rufa PPH/ Fourmi rousse PPH (2005)

Formicum acidum PPH/ Formique (acide) (janvier 2017)

Fraxinus americana PPH/ Frêne d'Amérique PPH (2004)

Fucus vesiculosus PPH (1989)

Fumaria officinalis PPH/ Fumeterre PPH (juillet 2015)

G

Galanga (rhizome de) (2009)

Galeopsis ochroleuca PPH/ Galéopsis douteux PPH (2007)

Galium aparine PPH/ Gaillet gratteron PPH (2007)

Gelatina PPH/ Gélatine PPH (2002)

Gelsemium PPH/ Gelsémium PPH (2002)

Gélules placebo à usage thérapeutique (2007)

Gélules de bicarbonate de sodium (0.125 g - 0.25 g - 0.5 g - 1 g) (2007)

Gélules de carmin de cochenille (2010)

Gélules de chlorure de sodium (0.5 g - 1 g) (2007)

Gélules de chlorhydrate d'amiodarone (5 mg à 200 mg) (janvier 2017)

Gélules de nadolol (1 mg à 50 mg) (janvier 2017)

Gélules de spironolactone (0.5 mg à 25 mg) (janvier 2017)

Genista scoparia PPH/ Genêt à balai PPH (2004)

Gentiana lutea PPH (1989)

Géranium herbe à Robert (1998)

Ginkgo biloba PPH (1989)

Glechoma hederacea PPH/ Lierre terrestre PPH (2007)

Glonoinum PPH/ Glycéryle (trinitrate de), solution PPH (juillet 2015)

Glossaire des termes anatomiques utiles pour l'identification A (Drogues végétales) (2008)

Glossaire des termes anatomiques utiles pour l'identification B (Drogues végétales) (2008)

Glycérolé à l'oxyde de zinc (2007)

Glycérolé d'amidon (2007)

Gomme de sterculia (1989)

Goudron de houille (1993)

Graphites PPH/Graphite PPH (janvier 2017)

Grindélia (1998)

Grindelia PPH/Grindélia PPH (2005)

Guaco PPH (2003)

Guaiacum PPH (1989)

Guarana (graine de) (2010)

H

Hamamelis PPH/Hamamélis PPH (janvier 2017)

Harpagophytum PPH/Harpagophyton PPH (2007)

Helianthus annuus PPH/Tournesol PPH (2004)

Helleborus niger PPH/Rose de noël PPH (2007)

Heracleum sphondylium PPH/Grande berce PPH (2007)

Huile essentielle de bergamote (1991)

Huile essentielle de cyprès (2002)

Huile essentielle de feuille de giroflier (2007)

Huile essentielle d'hysope (2012)

Huile essentielle de lavandin《Grosso》(2012)

Huile essentielle de myrte (août 2013)

Huile essentielle d'aiguilles de sapin de Sibérie dit pin de Sibérie (2009)

Huiles essentielles médicinales (2012)

Huiles médicinales (1986)

Humulus lupulus recens PPH/Houblon (cône frais de) PPH (janvier 2016)

Humulus lupulus siccum PPH/Houblon (cône sec de) PPH (2002)

Hydrocotyle asiatica PPH (1989)

I

Iberis amara PPH/Ibéris amer PPH (2002)

Immunosérum rabique (1987)

Indice de mousse (1989)

Iodum PPH/Iode PPH (2002)

Ipeca PPH/Ipéca PPH (2008)

Iris versicolor PPH/Iris versicolor PPH (2012)

J

Jaborandi PPH/Jaborandi PPH (2002)

Juglans regia PPH/Noyer PPH (juillet 2014)

Juniperus communis PPH/Genièvre PPH (2005)

Jusquiame noire (feuille de) (2007)

K

Kalium arsenicosum PPH (1996)

Kalium bromatum PPH/Potassium (bromure de) PPH (2002)

Kalium carbonicum PPH/Potassium (carbonate de) (2008)

Kalium iodatum PPH/Potassium (iodure de) PPH (2002)

Kalium muriaticum PPH/Potassium (chlorure de) PPH (2002)

Kalium nitricum PPH/Potassium (nitrate de) PPH (2003)

Kalium phosphoricum PPH/Phosphate dipotassique PPH (2003)

Kalium sulfuricum PPH/Potassium (sulfate de) PPH (2008)

Kalmia latifolia PPH (1992)

Kinkéliba (1993)

L

Lachesis mutus PPH/Lachesis muet PPH (2012)

Laminaires chirurgicales stériles (2002)

Lamium album PPH/Lamier blanc PPH (2010)

Lapis albus PPH (janvier 2017)

Lappa major PPH/Grande bardane PPH (2009)

Laurocerasus PPH/Laurier-cerise PPH (2004)

Lavandula vera PPH/Lavande PPH (2007)

Ledum palustre PPH/Lédon des marais PPH (2007)

Lespedeza capitata recens PPH/Lespedeza capitata frais PPH (2012)

Lespedeza capitata siccum PPH/ Lespedeza capitata sec PPH (2012)

Lilium trigrinum PPH (1989)

Liniment calcaire (2007)

Lippia alba (feuille de) (2009)

Liste A des plantes médicinales utilisées traditionnellement (janvier 2017)

Liste B des plantes médicinales utilisées traditionnellement en l'état ou sous forme de préparation dont les effets indésirables potentiels sont supérieurs au bénéfice thérapeutique attendu (janvier 2017)

Lithium carbonicum PPH/ Lithium (carbonate de) PPH (2002)

DL-Lysine (acétylsalicylate de) (janvier 2017)

Lobelia inflata PPH/ Lobélie enflée PPH (2009)

Lonicera caprifolium PPH (1992)

Lycopodium clavatum PPH (1989)

Lycopus PPH (1992)

M

Magnesia carbonica PPH/ Magnésium (carbonate de) léger PPH (2002)

Magnesia muriatica PPH/ Magnésium (chlorure de) hexahydraté PPH (2002)

Magnesia sulfurica PPH/ Magnésium (sulfate de) heptahydraté PPH (2002)

Magnésium (thiosulfate de) (janvier 2017)

Mangani sulfas tetrahydricus PPH / Manganèse (sulfate de) tétrahydraté PPH (2007)

Manganum aceticum PPH/ Manganèse (acétate de) PPH (janvier 2017)

Maté (2010)

Matériau radio-opaque au sulfate de baryum pour compresses radiodétectables de gaze hydrophile de coton (1989)

Mélange de bonain (2012)

Mélanges pour tisanes pour préparations officinales (août 2013)

Melilotus officinalis PPH/ Mélilot PPH (2007)

Melissa officinalis PPH/ Mélisse PPH (2003)

Menyanthes trifoliata PPH/ Ményanthe PPH (2007)

Mercurius bi-iodatus PPH/ Mercurique (iodure) PPH (2007)

Mercurius corrosivus PPH/ Mercurique (chlorure de) PPH (2002)

Mercurius dulcis PPH/ Mercureux (chlorure) ou Calomel PPH (janvier 2017)

Mercurius proto-iodatus PPH/ Diiodure de dimercure PPH (2009)

Mercurius solubilis hahnemanni PPH / Mercure soluble d'hahnemann PPH (juillet 2015)

Mercurius vivus PPH/ Mercure métallique PPH (2009)

Méthacholine (chlorure de) (1985)

Mezereum PPH/ Bois gentil PPH (2007)

Millefolium PPH/ Achillée millefeuille PPH (2007)

Moschus PPH (1989)

Muriaticum acidum PPH/ Chlorhydrique (acide) concentré PPH (2002)

N

Natrum carbonicum PPH/ Sodium (carbonate de) monohydraté PPH (2002)

Natrum muriaticum PPH/ Sodium (chlorure de) PPH (2010)

Natrum muriaticum naturale PPH / Sodium (chlorure de) naturel PPH (janvier 2017)

Natrum phosphoricum PPH/ Phosphate disodique dodécahydraté PPH (2002)

Natrum sulfuricum PPH/ Sodium (sulfate de) anhydre PPH (2002)

Nerium oleander PPH/ Laurier rose PPH (2012)

Nitricum acidum PPH/ Nitrique (acide) PPH (2003)

Noisetier (feuille de) (1997)

Noyer (feuille de) (1997)

Nux moschata PPH/ Noix de muscade PPH (2008)

O

Olea europaea PPH/ Olivier d'Europe PPH (2008)

Oranger amer (feuille d') (1997)

Origanum majorana PPH/ Marjolaine PPH (janvier 2016)

Oxalicum acidum PPH/ Oxalique (acide) PPH (janvier 2017)

P

Paeonia officinalis PPH (1989)

Papier non thermocollant pour sachets pour tisane (1989)

Papier thermocollant pour sachets pour tisane (1989)

Pareira brava PPH (1989)

Parietaria officinalis PPH (1989)

Passiflora incarnata PPH/ Passiflore PPH (2007)

Pâte à l'oxyde de zinc (2007)

Pâte zincique à l'eau (2007)

Phellandrium aquaticum PPH (1992)

Phosphoricum acidum PPH/ Phosphorique (acide) concentré PPH (2002)

Physostigma venenosum PPH (1989)

Phytolacca decandra PPH/ Phytolaque PPH (2009)

Piloselle (août 2013)

Pilules (1987)

Pix liquida PPH (1989)

Plantago major PPH/ Grand plantain PPH (2007)

Plantes médicinales (2000)

Plomb (acétate de) trihydraté (2012)

Plomb (monoxyde de) (2012)

Podophyllum peltatum PPH (1989)

Polyamide 11 (K) pour feuilles (1986)

Polyamide 11 (P) pour feuilles (1986)

Polyamide 11 (P) pour moulage (1986)

Polyamide 6 (1986)

Polyamide 6 en fils fins de diamètre inférieur ou égal à 1 mm (1987)

Polyamide 6 - 6 (1986)

Polyamide 6 - 6 en fils fins de diamètre inférieur ou égal à 1 mm (1987)

Polyamide 6 - 10 (1986)

Poly(tétrafluoréthylène) opaque aux rayons X pour cathéters (1989)

Poly(tétrafluoréthylène) pour cathéters (1989)

Pommade à l'acide salicylique (2007)

Pommade à l'argent colloïdal (2007)

Pommade à l'oxyde de zinc (2007)

Pommade camphrée (10 pour cent - 20 pour cent) (2007)

Pommade cupro-zincique (2008)

Potassium (gluconate de) (janvier 2017)

Potion gommeuse (2012)

Poudre lubrifiante pour gants chirurgicaux (1992)

Prastérone (DHEA) (janvier 2017)

Préparations homéopathiques: précision complémentaire française (2012)

Préparation simplifiée de solutions éthanoliques de titre approprié (2007)

Primevère (fleur de) (1995)

Propolis PPH (1993)

Prunus spinosa PPH/ Prunelier PPH (2007)

Ptelea trifoliata PPH (1996)

Pulsatilla PPH (1989)

R

Ranunculus bulbosus PPH (1989)

Raphanus sativus niger PPH/ Radis noir PPH (2010)

Ratanhia PPH/ Ratanhia PPH (2003)

Réactifs (janvier 2017)

Recommandations pour le test clonogénique des progéniteurs CFU-GM (juillet 2014)

Rhamnus frangula PPH/ Bourdaine PPH (2003)

Rheum PPH/ Rhubarbe PPH (2002)

Rhododendron ferrugineum PPH/ Rhododendron PPH (2009)

Rhus toxicodendron PPH/ Sumac vénéneux PPH (2010)

Ribes nigrum PPH/ Cassis PPH (2003)

Ricinus communis PPH (1989)

Robinia pseudo-acacia PPH/ Robinier faux-acacia PPH (2005)

Ronce (1991)

Rose pâle (1989)

Rose rouge (1989)

Rosmarinus officinalis PPH/ Romarin PPH (2003)

Rumex crispus PPH/ Rumex crépu PPH (2007)

Ruscus aculeatus PPH/ Petit houx PPH (2007)

Ruta graveolens PPH (juillet 2014)

S

Sabadilla PPH/ Cévadille PPH (2003)

Sabal serrulata PPH/ Sabal PPH (2007)

Salix alba PPH (1989)

Salvia officinalis PPH/ Sauge officinale PPH (janvier 2017)

Sambucus nigra PPH/ Sureau noir PPH (2007)

Sanguinaria canadensis PPH/ Sanguinaire du Canada PPH (2012)

Sanicula europaea PPH/ Sanicle d'Europe PPH (2005)

Saponaria officinalis PPH/ Saponaire officinale PPH (2010)

Sarsaparilla PPH (1989)

Scrofularia nodosa PPH/ Scrofulaire noueuse PPH (2007)

Senega PPH (1995)

Senna PPH/ Séné PPH (2007)

Sepia officinalis PPH (1989)

Silicea PPH/ Silice colloïdale anhydre PPH (2002)

Sirop placebo à usage thérapeutique (2007)

Sirop simple (1992)

Solidago virga aurea PPH/ Solidage verge d'or PPH (2009)

Solution buvable de glycérol à 0,644 g/ mL (juillet 2014)

Solution concentrée d'hypochlorite de sodium (2003)

Solution d'acétate basique de plomb (2012)

Solution d'hypochlorite de sodium (2003)

Solution de saccharose (2012)

Solutions étalons pour essais limites (2012)

Solution stérile de céfuroxime à 10 mg/ ml pour injection intracamérulaire (2010)

Solutions tampons (2012)

Solutions titrées (2012)

Sphéroïdes médicamenteux (1990)

Spigelia anthelmia PPH (1989)

Spiraea ulmaria PPH/ Reine des prés PPH (2012)

Spongia tosta PPH (1989)

Substances, préparations et spectres de référence (2012)

Sulfur iodatum PPH/ Iode et soufre (mélange d') PPH (2003)

Sulfuricum acidum PPH/ Sulfurique (acide) (2008)

Suspension à l'acétate basique de plomb pour usage vétérinaire (2012)

Suspensions (1983)

Symphytum officinale PPH/ Consoude PPH (2002)

T

Tabacum PPH (1992)

Taille des capsules à enveloppe dure (gélules) (janvier 2017)

Tamarin (pulpe de) (2002)

Taraxacum dens leonis PPH/ Pissenlit PPH (2002)

Teinture d'aubépine (1989)

Teinture d'hamamélis (1989)

Teinture de marron d'Inde stabilisé (1992)

Terpine (1997)

Teucrium scorodonia PPH (1993)

Thé vert (2010)

Thlaspi bursa-pastoris PPH (1996)

Thuya occidentalis PPH (1989)

Tilia argentea PPH (1989)

Tilia europaea PPH/ Tilleul PPH (2008)

Tilleul (écorce de) (1994)

Tisanes (août 2013)

Triticum repens PPH/Chiendent PPH (2008)

Tropaeolum majus PPH/Grance capucine PPH (2009)

Tussilage (fleur de) (1995)

U

Urtica urens PPH (1989)

Ustilago maidis PPH/Charbon du maïs PPH (2012)

Uva ursi PPH/Busserole PPH (2007)

V

Vaccinium myrtillus PPH/Myrtille PPH (2007)

Valeriana officinalis PPH (1998)

Valeriana officinalis recens PPH/Valériane fraîche PPH (2002)

Vaseline (2004)

Veratrum album PPH (1989)

Verbascus thapsus PPH/Bouillon blanc PPH (juillet 2014)

Viburnum (1988)

Viburnum prunifolium PPH (1993)

Vigne rouge (1996)

Vinca minor PPH/Petite pervenche PPH (2003)

Vinca rosea PPH/Pervenche tropicale PPH (2003)

Viola tricolor PPH/Pensée sauvage PPH (2004)

Viscum album PPH/Gui du pommier PPH (2010)

Y

Yucca filamentosa PPH (1989)

Z

Zea mais PPH (1989)

Zincum metallicum PPH (janvier 2017)

Zingiber officinale PPH (1989)

附二:《欧盟传统植物药(草药)注册程序指令》

DIRECTIVE 2004 /24 /EC OF THE EUROPEAN PARLIAMENT AND OF THE COUNCIL of 31 March 2004

欧洲议会和理事会 2004 /24 /EC 指令

2004 年 3 月 31 日

amending, as regards traditional herbal medicinal products, Directive 2001/ 83/ EC on the Community code relating to medicinal products for human use

THE EUROPEAN PARLIAMENT AND THE COUNCIL OF THE EUROPEAN UNION

Having regard to the Treaty establishing the European Community, and in particular Article 95 thereof, Having regard to the proposal from the Commission (1), Having regard to the opinion of the European Economic and Social Committee (2), Acting in accordance with the procedure laid down in Article 251 of the Treaty (3),

Whereas:

(1) Directive 2001/ 83/ EC (4) requires that applications for authorization to place a medicinal product on the market have to be accompanied by a dossier containing particulars and documents relating in particular to the results of physio-chemical, biological or microbiological tests as well as pharmacological and toxicological tests and clinical trials carried out on the product and thus proving its quality, safety and efficacy.

(2) Where the applicant can demonstrate by detailed references to published scientific literature that the constituent or the constituents of the medicinal product has or have a well-established medicinal use with recognised efficacy and an acceptable level of safety within the meaning of Directive 2001/ 83/ EC, he/ she should not be required to provide the results of pre-clinical tests or the results of clinical trials.

(3) A significant number of medicinal products, despite their long tradition, do not fulfil the requirements of a well-established medicinal use with recognised efficacy and an acceptable level of safety and are not eligible for a marketing authorisation. To

maintain these products on the market, the Member States have enacted differing procedures and provisions. The differences that currently exist between the provisions laid down in the Member States may hinder trade in traditional medicinal products within the Community and lead to discrimination and distortion of competition between manufacturers of these products. They may also have an impact on the protection of public health since the necessary guarantees of quality, safety and efficacy are not always provided at present.

(4) Having regard to the particular characteristics of these medicinal products, especially their long tradition, it is desirable to provide a special, simplified registration procedure for certain traditional medicinal products. However, this simplified procedure should be used only where no marketing authorisation can be obtained pursuant to Directive 2001/83/EC, in particular because of a lack of sufficient scientific literature demonstrating a well-established medicinal use with recognised efficacy and an acceptable level of safety. It should likewise not apply to homeopathic medicinal products eligible for marketing authorization or for registration under Directive 2001/83/EC.

(5) The long tradition of the medicinal product makes it possible to reduce the need for clinical trials, in so far as the efficacy of the medicinal product is plausible on the basis of long-standing use and experience. Pre-clinical tests do not seem necessary, where the medicinal product on the basis of the information on its traditional use proves not to be harmful in specified conditions of use. However, even a long tradition does not exclude the possibility that there may be concerns with regard to the product's safety, and therefore the competent authorities should be entitled to ask for all data necessary for assessing the safety. The quality aspect of the medicinal product is independent of its traditional use so that no derogation should be made with regard to the necessary physico-chemical, biological and microbiological tests. Products should comply with quality standards in relevant European Pharmacopoeia monographs or those in the pharmacopoeia of a Member State.

(6) The vast majority of medicinal products with a sufficiently long and coherent tradition are based on herbal substances. It therefore seems appropriate to limit the scope of the simplified registration in a first step to traditional herbal medicinal products.

(7) The simplified registration should be acceptable only where the herbal medicinal

product may rely on a sufficiently long medicinal use in the Community. Medicinal use outside the Community should be taken into account only if the medicinal product has been used within the Community for a certain time. Where there is limited evidence of use within the Community, it is necessary to assess carefully the validity and relevance of use outside the Community.

(8) With the objective of further facilitating the registration of certain traditional herbal medicinal products and of further enhancing harmonisation, there should be the possibility of establishing a Community list of herbal substances that fulfill certain criteria, such as having been in medicinal use for a sufficiently long time, and hence are considered not to be harmful under normal conditions of use.

(9) Having regard to the particularities of herbal medicinal products, a Committee for Herbal Medicinal Products should be established within the European Agency for the Evaluation of Medicinal Products (hereinafter "the Agency") set up by Council Regulation (EEC) No 2309/93 (1). The Committee should carry out tasks concerning the simplified registration and authorization of medicinal products as provided for in this Directive. Its tasks should relate in particular to establishing Community herbal monographs relevant for the registration as well as the authorisation of herbal medicinal products. It should be composed of experts in the field of herbal medicinal products.

(10) It is important to ensure full consistency between the new Committee and the Committee for Human Medicinal Products already existing within the Agency.

(11) In order to promote harmonisation, Member States should recognise registrations of traditional herbal medicinal products granted by another Member State based on Community herbal monographs or consisting of substances, preparations or combinations thereof contained in a list to be established. For other products, Member States should take due account of such registrations.

(12) This Directive allows non-medicinal herbal products, fulfilling the criteria of food legislation, to be regulated under food legislation in the Community.

(13) The Commission should present a report on the application of the chapter on traditional herbal medicinal products to the European Parliament and to the Council including an assessment on the possible extension of traditional-use registration to other categories of medicinal products.

(14) It is therefore appropriate to amend Directive 2001/83/EC accordingly.

HAVE ADOPTED THIS DIRECTIVE:

Article 1

Directive 2001/83/EC is hereby amended as follows:

1. in Article 1 the following is added: 29. Traditional herbal medicinal product:

a herbal medicinal product that fulfill the conditions laid down in Article 16a(1);

30. Herbal medicinal product: any medicinal product, exclusively containing as active ingredients one or more herbal substances or one or more herbal preparations, or one or more such herbal substances in combination with one or more such herbal preparations;

31. Herbal substances: All mainly whole, fragmented or cut plants, plant parts, algae, fungi, lichen in an unprocessed, usually dried form, but sometimes fresh. Certain exudates are also considered to be herbal substances. Herbal substances are precisely defined by the plant part used and the botanical name according to the binomial system (genus, species, variety and author);

32. Herbal preparations: preparations obtained by subjecting herbal substances to treatments such as extraction, distillation, expression, fractionation, purification, concentration or fermentation. These include comminuted or powdered herbal substances, tinctures, extracts, essential oils, expressed juices and processed exudates.

2. The following chapter is inserted in Title Ⅲ: CHAPTER 2a

Specific provisions applicable to traditional herbal medicinal products:

适用于传统草药产品的具体条款

Article 16a

1. A simplified registration procedure (hereinafter "traditional-use registration") is hereby established for herbal medicinal products which fulfill all of the following criteria:

(a) they have indications exclusively appropriate to traditional herbal medicinal products which, by virtue of their composition and purpose, are intended and designed for use without the supervision of a medical practitioner for diagnostic purposes or for prescription or monitoring of treatment;

(b) they are exclusively for administration in accordance with a specified strength and posology;

(c) they are an oral, external and/or inhalation preparation;

(d) the period of traditional use as laid down in Article 16c(1)(c) has elapsed;

(e) the data on the traditional use of the medicinal product are sufficient; in particular the product proves not to be harmful in the specified conditions of use and the pharmacological effects or efficacy of the medicinal product are plausible on the basis of long-standing use and experience.

2. Notwithstanding Article 1(30), the presence in the herbal medicinal product of vitamins or minerals for the safety of which there is well-documented evidence shall not prevent the product from being eligible for registration in accordance with paragraph 1, provided that the action of the vitamins or minerals is ancillary to that of the herbal active ingredients regarding the specified claimed indication(s).

3. However, in cases where the competent authorities judge that a traditional herbal medicinal product fulfills the criteria for authorisation in accordance with Article 6 or registration pursuant to Article 14, the provisions of this chapter shall not apply.

Article 16b

1. The applicant and registration holder shall be established in the Community.

2. In order to obtain traditional-use registration, the applicant shall submit an application to the competent authority of the Member State concerned.

Article 16c

1. The application shall be accompanied by:

(a) the particulars and documents:

(i) referred to in Article 8(3)(a) to (h), (j) and (k);

(ii) the results of the pharmaceutical tests referred to in the second indent of Article 8(3)(i);

(iii) the summary of product characteristics, without the data specified in Article 11(4);

(iv) in case of combinations, as referred to in Article 1(30) or Article 16a(2), the information referred to in Article 16a(1)(e) relating to the combination as such; if the individual active ingredients are not sufficiently known, the data shall also relate to the individual active ingredients;

(b) any authorisation or registration obtained by the applicant in another Member State, or in a third country, to place the medicinal product on the market, and details of any decision to refuse to grant an authorisation or registration, whether in the Community or a third country, and the reasons for any such decision;

(c) bibliographical or expert evidence to the effect that the medicinal product in question, or a corresponding product has been in medicinal use throughout a period of at least 30 years preceding the date of the application, including at least 15 years within the Community. At the request of the Member State where the application for traditional-use registration has been submitted, the Committee for Herbal Medicinal Products shall draw up an opinion on the adequacy of the evidence of the long-standing use of the product, or of the corresponding product. The Member State shall submit relevant documentation supporting the referral;

(d) a bibliographic review of safety data together with an expert report, and where required by the competent authority, upon additional request, data necessary for assessing the safety of the medicinal product.

Annex I shall apply by analogy to the particulars and documents specified in point (a).

2. A corresponding product, as referred to in paragraph 1(c), is characterised by having the same active ingredients, irrespective of the excipients used, the same or similar intended purpose, equivalent strength and posology and the same or similar route of administration as the medicinal product applied for.

3. The requirement to show medicinal use throughout the period of 30 years, referred to in paragraph 1(c), is satisfied even where the marketing of the product has not been based on a specific authorisation. It is likewise satisfied if the number or quantity of ingredients of the medicinal product has been reduced during that period.

4. Where the product has been used in the Community for less than 15 years, but is otherwise eligible for simplified registration, the Member State where the application for traditional-use registration has been submitted shall refer the product to the Committee for Herbal Medicinal Products. The Member State shall submit relevant documentation supporting the referral. The Committee shall consider whether the other criteria for a simplified registration as referred to in Article 16a are fully complied with. If the

Committee considers it possible, it shall establish a Community herbal monograph as referred to in Article 16h(3) which shall be taken into account by the Member State when taking its final decision.

Article 16d

1. Without prejudice to Article 16h(1), Chapter 4 of Title Ⅲ shall apply by analogy to registrations granted in accordance with Article 16a, provided that:

(a) a Community herbal monograph has been established in accordance with Article 16h(3), or

(b) the herbal medicinal product consists of herbal substances, preparations or combinations thereof contained in the list referred to in Article 16f.

2. For other herbal medicinal products as referred to in Article 16a, each Member State shall, when evaluating an application for traditional-use registration, take due account of registrations granted by another Member State in accordance with this chapter.

Article 16e

1. Traditional-use registration shall be refused if the application does not comply with Articles 16a, 16b or 16c or if at least one of the following conditions is fulfilled:

(a) the qualitative and/or quantitative composition is not as declared;

(b) the indications do not comply with the conditions laid down in Article 16a;

(c) the product could be harmful under normal conditions of use;

(d) the data on traditional use are insufficient, especially if pharmacological effects or efficacy are not plausible on the basis of long-standing use and experience;

(e) the pharmaceutical quality is not satisfactorily demonstrated.

2. The competent authorities of the Member States shall notify the applicant, the Commission and any competent authority that requests it, of any decision they take to refuse traditional-use registration and the reasons for the refusal.

Article 16f

1. A list of herbal substances, preparations and combinations thereof for use in traditional herbal medicinal products shall be established in accordance with the procedure referred to in Article 121(2). The list shall contain, with regard to each herbal substance, the indication, the specified strength and the posology, the route of administration and any other information necessary for the safe use of the herbal

substance as a traditional medicinal product.

2. If an application for traditional-use registration relates to a herbal substance, preparation or a combination thereof contained in the list referred to in paragraph 1, the data specified in Article 16c (1)(b)(c) and (d) do not need to be provided. Article 16e (1)(c) and (d) shall not apply.

3. If a herbal substance, preparation or a combination thereof ceases to be included in the list referred to in paragraph 1, registrations pursuant to paragraph 2 for herbal medicinal products containing this substance shall be revoked unless the particulars and documents referred to in Article 16c (1) are submitted within three months.

Article 16g

1. Articles 3(1) and (2), 4(4), 6(1), 12, 17(1), 19, 20, 23, 24, 25, 40 to 52, 70 to 85, 101 to 108, 111(1) and (3), 112, 116 to 118, 122, 123, 125, 126, second subparagraph, and 127 of this Directive as well as Commission Directive 91/356/EEC (*) shall apply, by analogy, to traditional-use registration granted under this chapter.

2. In addition to the requirements of Articles 54 to 65, any labelling and user package leaflet shall contain a statement to the effect that:

(a) the product is a traditional herbal medicinal product for use in specified indication(s) exclusively based upon long-standing use; and

(b) the user should consult a doctor or a qualified health care practitioner if the symptoms persist during the use of the medicinal product or if adverse effects not mentioned in the package leaflet occur.

A Member State may require that the labelling and the user package leaflet shall also state the nature of the tradition in question.

3. In addition to the requirements of Articles 86 to 99, any advertisement for a medicinal product registered under this chapter shall contain the following statement: Traditional herbal medicinal product for use in specified indication(s) exclusively based upon long-standing use.

Article 16h

1. A Committee for Herbal Medicinal Products is hereby established. That Committee shall be part of the Agency and shall have the following competence:

(a) as regards simplified registrations, to:

— perform the tasks arising from Article 16c(1) and (4),

— perform the tasks arising from Article 16d,

— prepare a draft list of herbal substances, preparations and combinations thereof, as referred to in Article 16f(1), and

— establish Community monographs for traditional herbal medicinal products, as referred to in paragraph 3 of this Article;

(b) as regards authorisations of herbal medicinal products, to establish Community herbal monographs for herbal medicinal products, as referred to in paragraph 3 of this Article;

(c) as regards referrals to the Agency under Chapter 4 of Title Ⅲ, in relation to herbal medicinal products as referred to in Article 16a, to perform the tasks set out in Article 32;

(d) where other medicinal products containing herbal substances are referred to the Agency under Chapter 4 of Title Ⅲ, to give an opinion on the herbal substance where appropriate.

Finally, the Committee for Herbal Medicinal Products shall perform any other task conferred upon it by Community law.

The appropriate coordination with the Committee for Human Medicinal Products shall be ensured by a procedure to be determined by the Executive Director of the Agency in accordance with Article 57(2) of Regulation (EEC) No 2309/93.

2. Each Member State shall appoint, for a three-year term which may be renewed, one member and one alternate to the Committee for Herbal Medicinal Products.

The alternates shall represent and vote for the members in their absence. Members and alternates shall be chosen for their role and experience in the evaluation of herbal medicinal products and shall represent the competent national authorities.

The said Committee may coopt a maximum of five additional members chosen on the basis of their specific scientific competence. These members shall be appointed for a term of three years, which may be renewed, and shall not have alternates.

With a view to the coopting of such members, the said Committee shall identify the specific complementary scientific competence of the additional member(s). Coopted members shall be chosen among experts nominated by Member States or the Agency.

The members of the said Committee may be accompanied by experts in specific scientific or technical fields.

3. The Committee for Herbal Medicinal Products shall establish Community herbal monographs for herbal medicinal products with regard to the application of Article 10(1)(a)(ii) as well as traditional herbal medicinal products. The said Committee shall fulfill further responsibilities conferred upon it by provisions of this chapter and other Community law.

When Community herbal monographs within the meaning of this paragraph have been established, they shall be taken into account by the Member States when examining an application. Where no such Community herbal monograph has yet been established, other appropriate monographs, publications or data may be referred to.

When new Community herbal monographs are established, the registration holder shall consider whether it is necessary to modify the registration dossier accordingly. The registration holder shall notify any such modification to the competent authority of the Member State concerned.

The herbal monographs shall be published.

4. The general provisions of Regulation (EEC) No 2309/93 relating to the Committee for Human Medicinal Products shall apply by analogy to the Committee for Herbal Medicinal Products.

Article 16i

Before 30 April 2007, the Commission shall submit a report to the European Parliament and to the Council concerning the application of the provisions of this chapter. The report shall include an assessment on the possible extension of traditional-use registration to other categories of medicinal products.

Article 2

1. The Member States shall take the necessary measures to comply with this Directive by 30 October 2005. They shall forthwith inform the Commission thereof.

When Member States adopt these measures, they shall contain a reference to this Directive or shall be accompanied by such a reference on the occasion of their official publication. The methods of making such reference shall be laid down by the Member States.

2. For the traditional herbal medicinal products as referred to in Article 1, which are already on the market on the entry into force of this Directive, the competent authorities shall apply the provisions of this Directive within seven years after its entry into force.

Article 3

This Directive shall enter into force on the day of its publication in the Official Journal of the European Union.

Article 4

This Directive is addressed to the Member States.

Done at Strasbourg, 31 March 2004.

For the European Parliament

The President

P. COX

For the Council

The President

D. ROCHE

参考文献

[1] 法国国家统计局[DB/OL].[2019-05-05]. https://www.insee.fr/fr/statistiques/2381428.

[2] 中国国家统计局[DB/OL].[2019-05-05]. http://data.stats.gov.cn/easyquery.htm?cn=C01.

[3] 崔蒙.法国植物药法规简介[J].中国中医药信息杂志,1995(12):35.

[4] 胡艳敏,赵英凯,范为宇,等.国外传统医学教育发展现状与分析[J].中国中医药信息杂志,2008(s1):7-9.

[5] 佚名.走进法国医疗保险[J].天津社会保险,2016(2):8.

[6] 侯胜田,王海星,侯铭强.中国中医药服务贸易的发展机遇与挑战[J].中国中医药信息杂志,2015,22(9):1-3.

[7] 张玲华,侯胜田,王海星.中医药医疗服务贸易发展现状及建议[J].中国中医药信息杂志,2016,23(3):1-4.

[8] 简柳军.中医药在法国的现状与展望[J].新中医,2008(12):107-108.

[9] 刘玉英,靳全友.中医药在法国发展概述[J].环球中医药,2009,2(3):237-238.

[10] 肖云上.法国为什么要实行文化保护主义[J].法国研究,2000(1):93-101.

[11] 张金岭."中医"在法国:人类学观察中的文化认知[J].群言,2014(9):25-30.

[12] 阮祥伦.2001—2007年中国企业跨国并购案例的研究[D].上海:华东师范大学,2008.

第九章 西班牙王国

一、政治与经济环境

（一）国家概况

西班牙王国(the Kingdom of Spain,以下简称西班牙),1492 年,“光复运动”成功后,统一的西班牙王朝建立。目前人口约 4 673 万人,国土面积 506 030 平方千米,包含 4/5 的伊比利亚半岛和加那利、巴利阿里、休达、梅利利亚群岛,海岸线长约 5 755 平方千米[1],是欧盟第二大国家,仅次于法国。现任国王费利佩六世(Felipe Ⅵ)①2014 年 6 月 19 日登基。全国辖 17 个自治区、50 个省和大约 8 000 个市镇,首都马德里为最大城市,市辖人口 340 万。西班牙主要民族为卡斯蒂利亚,有多个少数民族,以加泰罗尼亚、巴斯克、加里西亚为主。西班牙官方语言使用西班牙语作为全国语言,少数民族有区级语言[2]。西班牙天主教盛行,教徒占居民人口的 96%。

（二）政治环境

1. *政治制度*　西班牙实行议会君主制,是设有世袭国王和两院制的民主国家。国王由直系后代世代继承,是国家元首和三军统帅。西班牙议会由众议院(350 席)和参议院(266 席)组成,行使立法权、审批财政预算和监督政府工作。首相领导的政府行使行政权。现任首相为佩德罗·桑切斯·佩雷斯-卡斯特洪。政府负责治理国家并向议会报告工作。

议会和政府之间是分权与制衡的关系。议员由普选产生,任期 4 年。立法权以众议院为主,参议院为地区代表院。西班牙最高法院为最高审判机关,法官、大法官独立行使司法权。西班牙实行多党制,以西班牙人民党、工人社会党为主要政党。

2. *外交特点*　西班牙目前与 200 余个国家建立了外交关系,外交策略上奉行欧洲主义。当前的外交政策目标为:促进经济复苏和增长就业,尽快走出债务危机。西

① 费利佩六世:国王。1968 年 1 月 30 日生于马德里,是胡安·卡洛斯一世国王和索菲亚王后的幼子。

班牙是传统的欧盟国家，二十国集团永久嘉宾国和联合国人权理事会成员国。西班牙希望通过打造国家品牌，使其成为“具有全球存在的中等强国”。在欧盟外，西班牙尤其重视与美国关系。在周边关系上，西班牙不断与中东、地中海、非洲地区来往，维系与美洲传统关系。西班牙与亚洲外交关系方兴未艾，并制定了新的亚洲战略。通过加强经贸、文化和外交的合作，将亚太地区及新兴大国定为西班牙新的外交重点[3]。

3. **中西关系** 中国与西班牙于1973年建交后双边关系发展平稳，各领域合作不断扩大，2005年建立全面战略伙伴关系。目前中西政治关系日渐密切，签有多项协定，实现经济、司法、科技等方面的协作互助[4]。两国首脑保持往来，西班牙王室成员及政要出席了北京奥运会和残奥会的开幕式及闭幕式，西班牙首相多次出席在北京举行的国际合作高端论坛；2018年年底习近平主席在马德里市政厅接受了马德里城市金钥匙，两国友谊进入新阶段。

（三）经济环境

1. **经济概况** 西班牙属于中等发达国家，为资本主义工业化国家。其流通货币为欧元。历史上西班牙于20世纪80年代初开始经济自由化，于1998年使用欧元，同时实现经济持续快速增长并处于欧盟国家中上水平；20世纪90年代初经历了经济过热的阶段，又于20世纪90年代中期出现了经济增速放缓甚至衰退，20世纪90年代后期经济开始回暖并保持稳步增长。西班牙经济总量居欧盟第五位，2018年国内经济增长率为2.6%，GDP约1.21万亿欧元，人均2.58万欧元[5]。目前该国身陷债务危机，债务总额约占年GDP的97.2%。

2. **主要产业** 西班牙的主要产业为旅游业、服务业、商业、金融业等，其次是工业和农业。旅游业是国民经济的重要支柱之一，占GDP的13%。世界旅游组织总部亦位于马德里。2018年，西班牙入境旅游人次和收入均世界第二。2018年，西班牙共接待国外游客约8 260万人次[6]。西班牙工业发展中最重要的是汽车工业，2018年产量位于欧盟国家第2位、全球第8位。西班牙农业耕地面积在欧洲国家中排名第2，其中葡萄的种植面积全球排名第1。

3. **对华贸易** 中国是西班牙除欧盟外最重要的进出口伙伴国，西班牙是我国在欧盟内的第6大贸易伙伴。2018年双边贸易总额为337.18亿美元，同比增长9.0%。其中我国出口西班牙贸易总额为249.54亿美元，同比增长8.9%。以出口纺织品、机电、化工和轻工产品为主。我国从西班牙进口贸易总额为87.64亿美元，同比增长9.2%[2]，主要进口机械设备、交通运输设备、塑料制品、医用产品和药物等(表9-1、图9-1)。

表9-1 2008—2018年中西贸易数据(单位:亿美元)[7]

项目 \ 年份	2008	2009	2010	2011	2012	2013	2014	2015	2016	2017	2018
总额	261.6	183.6	272.7	245.6	244.0	249.1	277.1	274.6	274.4	313.3	337.2
出口	207.4	140.7	197.2	182.3	181.7	189.3	215.1	218.6	213.1	242.6	249.5
进口	54.2	42.9	75.5	63.3	62.3	59.8	62.0	56.0	61.3	70.7	87.6

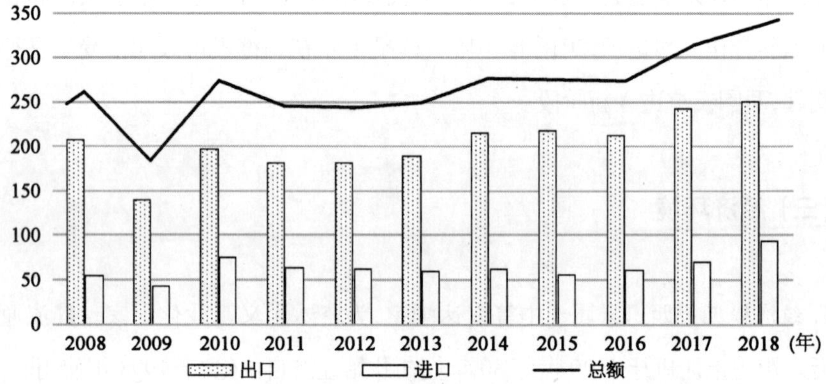

图9-1 2008—2018年中西贸易数据(单位:亿美元)

注:以上图表根据"海关信息网"数据整理制作

二、医疗健康保障体系现状

(一) 基本情况

西班牙医疗水平位于世界第七,实行全民免费医疗。服务范围包含基础医疗甚至各类手术治疗。此外西班牙国内还有众多私人医疗保险公司。西班牙医疗水准较高,相关医疗设备很先进,有完善的预防和应急体系,公共卫生体系排名位于世界前列;就医便捷,卫生中心和医院十分密集,多个自治区已实现"手机诊治"。西班牙医疗网络完善，采取门诊预约制，由保健医生初级诊断并负责转诊至专科医生。据WHO统计，西班牙每10万人有297张医院病床，每10万人有380名医生，出生时预期寿命为83岁[6]。

（二）医疗管理机构

西班牙的国家医疗保健机构采取分散管理的办法，集中进行经济投资和宏观计划制定，17个自治区制定具体计划并执行[7]。西班牙国家卫生研究院和社区管理大约一半的公立医院。慈善机构及国防部同样有管理卫生事业的职责。

（三）医疗机构

1. **公立医疗机构**　西班牙公立医疗机构主要分为三级，由全科医生、基层卫生中心和综合性医院组成。医药和护理专业人士分别有144 000名和176 000名。西班牙基层卫生中心有13 000个，医院有457家。公立医院有约11万张床位，平均住院时间为7.8日，在急症医院平均逗留6.7日，每次住院的平均费用为4 900欧元。西班牙每年总的卫生支出约为10亿欧元，占GDP的9.1%，居民人均可获得2 190欧元的医疗。其中公共医疗费用占6.5%的GDP，主要用于治疗援助、康复和长期护理[8]。

2. **私立医疗机构**　西班牙有私立医院约460家，包括教会医院、私人慈善机构医院和盈利性医院等。私人医疗费用占2.6%的GDP，主要用于治疗和康复护理（包括牙科护理），还有药品、镜片和助听器[9]。私立医院收入的90%由患者直接支付。

（四）医疗社会保障情况

1. **国民保险**　在西班牙，国民保险国家拨款占比高达75%。全国99.98%的人都加入了医疗保险，包括缴纳社会保险金的本国劳动者和合法居住的外国劳动者，本人及亲属均可享受免费医疗。企业职工医疗国家拨款占34%，其余由企业和受保者承担[7]。西班牙医疗保险覆盖面广，公立、私立医院的普通门诊和急诊均需患者具有相关保险才能报销。

2. **商业保险**　西班牙有许多大型商业医疗保险公司，如曼福保险公司、VIDACAIXA人寿保险公司和马德里MM保险公司等，其市场份额分别为12.09%、9.87%和

7.79%。VIDACAIXA 公司主要业务是人寿保险，占西班牙人寿保险市场的 21.22%[9]。

三、传统医药的法律与政策环境

中医在西班牙的发展与其他欧洲国家情况相似，近几年仍有许多组织机构在大力宣传中。西班牙接受中医药(含针灸疗法)的人逐渐增多。但目前官方仍对针灸持观望的态度，前景尚不明确[10]。

(一) 医师执业

西班牙最高法院曾宣布：医学文凭对于自然疗法实践并不必要[11]。西班牙目前对行医者是否需要具备医疗背景并未作出明确规定。在西班牙国内的自然疗法中针灸占 31.5%，太极则为 13.3%[12]，主要由中医诊所提供[13]。目前服务人员背景参差不齐。受中国认证的针灸医师在西班牙无用药处方权，仅可以进行针灸治疗。少数医师必要时会开具单味药颗粒和汤药，或从其他欧洲国家(如法国)配方用药[14]。

(二) 药品准入

西班牙国内中药的使用受到非常严格的限制。在西班牙法律中，中药饮片不能作为"药品"流通，全国禁止使用矿物药和动物药，目前国内市场仅流通欧洲国家生产的单味药颗粒及中成药[14]。《欧盟传统植物药(草药)注册程序指令 2004/24/EC》("欧盟草药指令")对植物药使用历史作出了明确严格的规定：植物药需具有至少 30 年的药用史，且在欧盟其他国家至少具有 15 年的使用历史才可申请使用。此指令显著降低了中草药在西班牙的使用率，但目前经过生产质量管理规范(GMP)认证的西班牙企业可以将草药处方配制成药。

(三) 传统医药教育

西班牙于 20 世纪 80 年代引入针灸，并在国内 3 所大学开设三年制针灸硕士学位教育。后来开设针灸课程的学校逐步增加到十几所。1990 年西班牙与中国合作,由加泰罗尼亚与云南中医学院合作办校,开办五年制的本科医学教育并提供针灸、推拿官方硕士学位课程。另外,西班牙还为具有学士学位(或具备与学士学位相当学位)的其他专业人员开办中医硕士课程班,授予非官方硕士学位[15]。

(四) 保险覆盖

至今西班牙政府仍未承认中医的合法地位,国家保险也未覆盖。仅有私人保险公司将自然疗法附加险业务纳入,但主要是为西医医师的针灸治疗活动服务,且在各个保险公司附加险中的报销规定各不相同,针灸次数也被具体限制[16]。

(五) 医药投资

近年来,中国企业开始投资西班牙卫生事业,收购、并购西班牙医疗公司,影响甚大。中国资本将直接参与西班牙医疗市场重要领域。西班牙媒体认为中国资本在西班牙投资的对象将集中在私人医疗企业。如 2016 年,浙江济民制药股份有限公司对西班牙体外诊断公司全权收购案件,规模达 498.75 万欧元;同年中国华润集团并购西班牙最主要的两家肿瘤医院;次年,中国爱尔眼科医院集团收购欧洲最大眼科医疗机构的股权交接仪式在马德里举行。

四、中医药服务贸易双边合作现状

(一) 传统医药交流历程

中西传统医药交流历史绵长,15 世纪地理大发现开启了东西方经济文化交流的新篇章,西方来华的药剂师、传教士和医生促成中西医学交流。17 世纪欧洲传教士及法国外交官将针灸传到欧洲。至今为止针灸一直是西班牙人信任度最高的一种中医治疗手段,并逐渐被更多人接受。但目前尚未得到官方有力的政策支持。

（二）境外消费

近年来国际社会的“中医热”吸引更多海外人士来华学习中医。早期的国际交流促进了20世纪80年代外国人到云南省中医院进修学习的热潮。近5年，平均每年就有100～200个学生到该医院参观、实习，体验中医药文化。仅2017年7月10日至8月1日，就有11名西班牙“洋中医”赴华到云南省中医院学习针灸和推拿[17]。

（三）跨境交付

云诊疗在西班牙本国已实现，关于中医药的跨境交付尚未实行。但中西两国开始建立跨境交付平台，两国物流业高度发达，对未来中医药在此平台发展西班牙云中医开创了有利条件。中西双方跨境商贸始于2016年，通过阿里巴巴平台的“全球速卖通”与西班牙邮政合作，在全西班牙拥有超过770万注册用户，成为西班牙最大的跨境平台，以普遍低于欧洲市场的价格和更高要求的物流服务开拓西班牙跨境交付电子商务。

（四）商业存在

目前西班牙没有盈利性的中医医院和卫生中心。但诊所众多，主要是针灸诊所（1 024个），其次是中医诊所（224个）。其中较为知名的中西合作诊所为20世纪80年代建立的北京中医学院（北京中医药大学前身）西班牙门诊部和广安门中医门诊所，分别由北京中医学院（今北京中医药大学）、中国中医研究院广安门医院（今中国中医科学院广安门医院）出资合办。

（五）自然人流动

目前西班牙中医（含针灸）从业人员良莠不齐。众多行业协会进行行业规范和人员流动管理。其中西班牙欧洲中医基金会于1989年成立，目前有1 500名注册医师，与全欧洲乃至全球中医药学会、国内多所中医药大学等建立了合作关系。西班牙针灸和中医师协会负责网络教育与传播、介绍推荐实习医师等事务[18]。2019年

1 月“欧洲中医药发展促进中心”项目签署后，更多的中国籍中医师有望赴西班牙行医。

（六）大事记

中西服务贸易大事记见表 9－2。

表 9－2　中西服务贸易大事记

时　间	事　件	意　义
1988 年	双方签署《上海・巴塞罗那交流项目备忘录》	上海和巴塞罗那建立交流合作关系
1990 年 12 月	双方同意巴塞罗那自由贸易区与上海浦东新区建立交流合作关系	双方开始互相学习、交流经验
2001 年	上海和巴塞罗那正式签署建立友好城市关系协议书	巴塞罗那自由贸易区与上海浦东新区长期保持着良好的关系
2015 年 1 月	中国轻工业集团和中粮集团在巴塞罗那与西班牙签署协议	进口的西班牙产品将进入上海自由贸易区
2015 年 9 月	中西双方正式启动社保协定谈判工作	维护劳动者的社会保障权益，解决双方投资企业和员工双重缴纳社会保险费问题
2017 年 5 月	双方签署《中华人民共和国和西班牙王国社会保障协定》	降低企业用工和投资成本，促进两国经贸关系，便利人员往来
2017 年 6 月	中远海运港口有限公司与经营瓦伦西亚港的 Noatum 公司签署协议，收购其 51% 的股权，此后正式成为该公司控股股东	践行“一带一路”倡议，完善全球布局的重要举措
2017 年 11 月	中国—西班牙经济工业合作混委会第 27 次会议在马德里召开	双方就加强“一带一路”框架下经贸务实合作、扩大双边贸易、加强投资合作、共同开拓第三方市场、深化中欧经贸关系等共同关心的议题交换意见，达成广泛共识
2018 年	中西建交 45 周年	深化双边经贸往来
2018 年 1 月	中国国际进口博览会全球路演首站在西班牙举行	为 2018 年 11 月在上海举办的首届中国国际进口博览会交流意向、沟通筹备情况
2018 年 11 月	西班牙搭乘上中国电商发展的快车	在“双 11”活动“速卖通”国家订单排行榜中，西班牙排名全球第 2
2018 年 12 月	中国国际进口博览会成功举行	49 家西班牙展商参展面积超过 1 250 平方米，涵盖日用消费品、智能及高端装备、物流服务和新兴技术等

注：以上表格根据相关新闻报道整理制作

五、市场机遇与潜力

（一）中西在科技、文化等各领域合作成果丰硕

目前我国与西班牙在人文科技领域合作成果颇丰。双方共建了26对友好省市关系[5]，还有众多中西交流协会，互办语言年与文化年，互建文化教育机构，互派留学生，大力发展互惠双方的旅游业等。如2007年曾互办文化年（节）；2010年互办语言年；2013年在马德里成立中国文化中心；至今中国在西班牙建设多家孔子学院（课堂）；我国赴西留学突破1.3万人，西班牙在华留学超过4 000人；2018年赴西班牙的中国游客达51.4万人次，并在过去3年间累计增长128%。

（二）中企在医疗卫生领域的投资表现突出

近年来中企在西班牙医疗卫生领域投资表现突出。西班牙《联合时报》刊文称，根据信贷保险机构Solunion的最新统计，2014—2018年中国在西班牙投资新增了医疗卫生行业[17]。通过前文列举的近年几例大型并购案件来看，中国资本将直接参与西班牙医疗市场重要地位。其原因与借鉴西班牙医疗模式以及进一步推进中医药走出去的需求有关。

（三）双边合作助力中医生活

西班牙在经济危机大背景下，卫生发展策略为紧缩支出驱动医疗体制改革，补充医学纳入西班牙卫生体系将对其大有裨益。西班牙官方消息称，愿意放宽对中医药的限制政策，双方商定成立专门的工作小组，着重解决中药准入和学历认定的问题[19]。2016年双方签署《欧洲中医药发展和促进中心合作框架协议》，双方政府合作意向良好，这对解决西班牙国内中医药先行发展阻碍具有实质性的积极影响力。政府层面愿意“开绿灯”是中医药进入西班牙推广发展的良好契机。

(四)"从草药到成药"已经可以实现

西班牙国内已经具备管理规范的中药生产企业,将中草药处方加工配制为中成药。满足 GMP 的西班牙企业已经可以将草药配制为中成药。我国制药企业欲从此处打开贸易突破,进入西班牙市场,必须遵循欧盟相关法律法规和西班牙要求规范合格的生产。含有违禁药物的企业将会被禁止进入西班牙市场,阿根廷某制药企业便发生过此类案件,应引以为鉴。为此,西班牙中医学会也应加强中西合作、规范中医药实践活动、提供继续教育和维护会员利益等。

六、风 险 提 示

(一)中医药难以进入主流保险市场

中医药难以进入西班牙主流保险市场,仅有针灸治疗可以作为附加险存在,且局限于西医医师的针灸活动。私人保险公司几乎不独立报销中药费用,而是并入针灸费用。就当前的发展状况而言,中医保险难以推出。究其原因,理论层面来说,中西医理论体系完全不同,中医理论仍无法被大多数西方人理解;从诊疗技术层面来看,中医绝无可能参照西医模式进行诊疗,否则将会陷入中医特色尽失、疗效不保的尴尬局面。目前中医药发展仍然受到很大的官方阻力:2018 年 11 月西班牙发文禁止公立医院和大学开展针灸研究生教育和临床应用;西班牙卫生大臣提出的《保护健康预防伪科学计划》中明确表明必须摒弃针灸有效的看法。

(二)中医药从业人员水平参差不齐

由于目前西班牙政府缺乏明确的中医行业规定,导致西班牙中医(含针灸)从业人员资质良莠不齐,经过中国正规大学和公立医院培养的专业人才与西班牙当地仅仅接受几周培训的人员更是相距悬殊。2018 年 11 月 16 日出台的《保护健康预防伪科学计划》中，西班牙政府宣布计划从健康中心中清除那些有健康风险的替代疗法，甚至把针灸也作为例子。虽然根据2016年的一项民众意向调查，59.8%的人认为针灸有治疗作用，但是政府仍然表示健康中心的所有治疗都要由公认的专业人员给予，针灸和顺势疗法等替代疗法将会被清除[20]。

（三）中药的推广和使用受到诸多的限制

无论是法律保护、保险体系还是商业流通，中药在西班牙的应用和发展十分受限。除此之外，更面对着绿色贸易壁垒和技术屏障。且由于目前西班牙等各国政府不断采取用药安全、环境保护的措施，加强进出口药品管理、提高相关技术要求（如重金属含量、农药残留量、微生物限量标准等指标）的举措将会使中药的推广和使用受到越来越多的限制。

（四）中医药处于"民不举官不究"状态

中医药所处的"民不举官不究"状态是指：西班牙政府并未承认中医诊疗的合法性，却允许国内中医师在西发展和传播中医药，在不发生医疗纠纷的前提下政府将不干涉中医药活动，不制止中成药和颗粒剂的流通行为。西班牙自身的医疗体系规范且严格，只有具备执业资格的专业人员才可以诊断、临床检查和确立治疗方案。超范围经营与违反地区工商法规的中医诊所将被直接查封，中医专家则被查处。西班牙官方会突击检查华人中医诊所，曾发生过大规模突击检查事件（2006年5月，马德里）。

（五）西班牙经济不稳定

西班牙为欧盟国债最多的五国之一。2018年12月，西班牙债务总额占GDP的97.2%，相较于年初的98.3%而言有所下降。西班牙央行指出，必须做出更多努力来减少公共赤字和债务，以保护经济免受潜在的冲击。2018年民众意向调查表明，超过八成的本国民众认为西班牙将于2023年前出现经济危机。

七、案例分析

(一) 欧洲中医药发展和促进中心

【所在地区】 西班牙,巴塞罗那。

【案例定义】 政府共建欧洲中医药发展和促进中心。

【案例概况】 2016年1月27日加泰罗尼亚地方政府与中国签署框架合作协议。此中心将包含北京中医医院、北京中医药大学在巴塞罗那设立的分院(分校)、科研中心等,其中医院规模将达到20个中医床位。西方承诺在所建医院内中医师可以以医师身份执业,并给予中药合法地位。2017年5月14日项目正式签约,双方就中医药推动旅游产业、文化产业、服务业等行业发展的模式达成一致。加泰罗尼亚已开设了目前唯一获欧盟官方认可的中医学硕士学位。双方未来将就执业管理、药品准入等壁垒进一步协作解决,形成可推广的成功经验[21]。

【案例总结】 欧洲中医药发展和促进中心的成立积极响应了我国"一带一路"倡议,是"海外惠侨工程——中医关怀计划"整体部署中的关键部分。欧洲中医药发展和促进中心下一步将通过"中医药联合研究中心"发挥科研文教功能,加强西班牙民众对中医药及其背后的文化底蕴的理解度和接纳度,推动中医药国际化。此欧洲中医药发展和促进中心将作为中西双边文化交流的重要客体。

(二) 西班牙警方查封中医诊所

【所在地区】 西班牙,马德里南部。

【案例定义】 "黑诊所"遭警方查封。

【案例概况】 2014年6月27日,英国广播公司(BBC)报道案件:西班牙警方在Usera区查封六家非正规营业的中医诊所、查处关押八名华人医师,起诉了诊所另外两名工作人员,公布了所收缴物品的图片,包含未经消毒的工具和设备,如产钳和牙医器械,查获多件仪器和各类药片[22]。

【案例总结】 “黑诊所”是指开设者未经正规渠道培训,无营业执照的非法行医机构。警方曾于2006年和2007年严厉打击非法行医的中医诊所。查封事件后,许多华人开办的中医诊所都已倒闭,目前所剩大多中医诊所都是正规的。在西班牙获得正规执照并不容易,无证行医则遭受严厉监管,中医规范化的进程还很长。

八、结论与建议

中医在西班牙渐渐受到欢迎,但官方迟迟没有表达明确的支持态度,中医政策仍未得到相关规范。2018年世界卫生大会推出该组织的第11版《全球医学纲要》,并首次纳入包括针灸在内的传统医学的相关信息。长远来看,这将对中医进入西班牙主流疗法奠定重要基础。

(一)“多管齐下”进入西班牙市场

鉴于西班牙政府发文禁止针灸疗法在公立医院使用和大学研究生院的教育和应用,中医药在西班牙的寒冬是否到来仍有待观察。但西班牙实行三级卫生体系,并且各区有自己的医疗保健计划,那就为中医药从多种途径进入西班牙提供了可能。在了解所在区域政策的前提下,中医诊所可以与当地相关组织建立联系,自下而上地拓宽市场,进而引导政府部门作出积极反应,争取有利政策。通过市场这只“无形的手”,若中医服务可进入西班牙主流的三级卫生体系,也可以弥补没有在当地建立补充医学科或针灸科的遗憾,不失为中医海外推广的成果。

(二)通过海外并购取长补短

海外并购也是一种搭上快车的模式。中国可以借此方式进一步发展私立医疗机构,重新构建中国的医疗体系。中国企业若要借鉴西班牙以及其他欧洲国家的医疗模式,则可通过海外并购来实现跨越式的发展,调动国内医疗卫生行业活力。如2016年9月华润集团实现对西班牙两所肿瘤医院(伊蒙科罗吉肿瘤医院和欧肯苏尔肿瘤医院)的并购,利用这两家医院在西班牙广泛的覆盖面和17家治疗中心及肿瘤研究资源,中国资本直接参与西班牙现有医疗体系的发展,对中国医疗行业长期建设具有重要意义[23]。

(三)以中医保险为突破口发展服务贸易

寻找中医难以进入主流保险业务的原因可以发现,中医发展的不确定性带来的精算风险评估困难是其一,缺乏前车之鉴、市场不明朗使得难以有效预估中医循证科研和卫生费用等关键数据。当然,这依赖于相关中医药国际标准的制定。如果能将中医药纳入保险,可以为公立医疗提供更多的治疗手段和发挥中西医结合的优势,还可以为私立诊所拓展业务范围,促进行业竞争,兼顾各方利益,实现互利共赢。建议通过中医药保险构建全球行业网络,并以此作为突破口,发展服务贸易。

(四)从政府层面建立中医药知识平台

中医药要走出国门必须拥有自己的名片,而不是等待别人来发现。一些重要的、可以公开的中医药文件有必要通过有关部门正式翻译成多国语言的版本(如英文、西班牙文、法文等)。通过进一步组建中医药服务贸易智库平台及工作组,才能逐渐扭转中药"不安全"的莫须有罪名,将安全性、可控性在中医药名片上留下烙印。同时中药业的发展需要充分利用网络渠道获取和更新信息。因此,政府须建立一个官方的中医药知识平台,全面、系统地覆盖世界各国政府和社会组织所需要的中医药知识,此举将为深入发展服务贸易带来长期的裨益。

(黄祎晨　严夏继)

参考文献

[1] 西班牙政府官方网站[EB/OL].http://www.lamoncloa.gob.es/espana/paishistoriaycultura/geografia/Paginas/index.aspx.

[2] 中国外交部——西班牙国家概况[EB/OL].https://www.fmprc.gov.cn/web/gjhdq_676201/gj_676203/oz_678770/1206_679810/1206x0_679812/.

[3] 中华人民共和国驻西班牙王国大使馆经济商务参赞处[EB/OL].http://es.mofcom.gov.cn/article/ddgk/jjfz/201407/20140700677258.shtml.

[4] 中华人民共和国驻西班牙大使馆[EB/OL].http://es.chineseembassy.org/chn/zxgx/gk/.

[5] 西班牙国家统计局报告[EB/OL].http://www.ine.es/dyngs/INEbase/es/operacion.htm?c=Estadistica_C&cid=1254736165950&menu=ultiDatos&idp=1254735576581.

[6] 埃菲社报道[EB/OL].[2019-01-24].http://www.xinhuanet.com/world/2019-01/24/c_1210045994.htm.

[7] 海关信息网[EB/OL].http://haiguan.info/.

[8] 世界卫生组织官网统计数据[EB/OL].http://www.euro.who.int/en/countries/spain/data-and-statistics.

[9] 沈钰如.西班牙的医疗保健制度[J].国外医学(医院管理分册),2000(2):62-64.

[10] 西班牙卫生部网站[EB/OL].http://www.mscbs.gob.es/estadEstudios/sanidadDatos/home.htm.

[11] 中国国际贸易委员会[EB/OL].[2016-04].http://www.ccpit.org/Contents/Channel_4115/2016/0420/634062/content_634062.htm.

[12] 杨宇洋.各大洲中医针灸立法概况[N].中国中医药报,2014-12-26(003).

[13] SPAIN. Legal statues of traditional medicine and complementary / alternative medicine: a worldwide review. World Health Organization, 2001: 115.[EB/OL].[2018-11-06].http://apps.who.int/medicinedocs/en/d/Jh2943e/7.17.html.

[14] Asociación nacional de profesionales y autónomos de las terapias naturales [EB/OL].[2015-02-20].https://www.cofenat.es/_pdf/observatorio_2009.pdf.

[15] La acupuntura está en auge: los españoles cada vez confían más en la medicina de las agujas [EB/OL].[2013-09-09].https://www.20minutos.es/noticia/1913030/0/acupuntura-auge/menos-analgesicos/espana/.

[16] 毕云.西班牙中医药教育医疗现状及思考[J].云南中医学院学报,2006(3):44-47.

[17] 西班牙“洋中医”昆明取经[J].中国医院院长,2017(14):14-15.

[18] 周冰,南继红,陈荞,等.西班牙医疗保险覆盖中医服务现状及分析[J].环球中医药,2017,10(1):71-74.

[19] Practitioner's Register: Asociación de acupuntores y profesionales de medicina china [EB/OL].[2016-02-25].http://practitioners.mtc.es/.

[20] 人民日报:优势互补,中企加大对西班牙医疗投资[EB/OL].[2017-04-06].http://med.sina.com/article_detail_103_1_23687.html.

[21] RTE:西班牙开始禁止替代医学[EB/OL].[2018-11-14].https://www.rte.ie/amp/1010939/.

[22] 外媒:结合疗法在西班牙走红中医成为“异域明星”中新网[EB/OL].[2017-01-22].http://oversea.huanqiu.com/article/2017-01/9998786.html.

[23] 赵维婷.分享中医药成果维护两国人民健康[N].中国中医药报,2017-05-15(001).

第十章 葡萄牙共和国

一、政治与经济环境

（一）国家概况

葡萄牙共和国(the Portuguese Republic,以下简称葡萄牙),是伊比利亚半岛最古老的国家,也是欧洲最古老的国家之一。葡萄牙位于欧洲西南部,其领土东、北界临西班牙,西、南界临大西洋。国土面积9.221 2万平方千米,世界排名第111位,人口约为1 029万,人口密度111平方千米。全国设有18个大区,分别为:里斯本,波尔图,科英布拉,维亚纳堡,布拉加,雷阿尔城,布拉甘萨,瓜达,莱里亚,阿威罗,维塞乌,圣塔伦,埃武拉,法鲁,布兰科堡,波塔莱格雷,贝雅(Baya),塞图巴尔(Setubar)。另有马德拉群岛和亚速尔群岛2个自治区。官方语言为葡萄牙语。

（二）政治环境

1. *政治制度*[1] 自1976年宪法通过以来,葡萄牙一直是一个议会制共和国,首都里斯本为全国最大的城市。《宪法》准许在被称为"主权机关"的四个机构之间分权:共和国总统、政府、共和国议会和最高法院。总统每5年进行选举,现任总统为马塞洛·雷贝洛·德索萨。政府由国家总理领导。现任总理是安东尼奥·科斯塔。最高法院是最后的上诉机构,一个由十三人组成的宪法法院,监督法律的合宪性。现任葡萄牙最高法院院长是安东尼奥·席尔瓦·恩里克斯·加斯帕尔。

2. *外交特点*[1] 葡萄牙同180个国家建立了外交关系,共有146个外国领事馆、70个使馆、66个职业领馆和10个国际代表组织。葡萄牙对外政策六大主要方向为"跨大西洋关系,欧盟,葡语国家共同体,葡侨,参与全球化,多边外交"。葡萄牙坚定支持欧洲一体化进程,倡导维护欧元区稳定,尊重欧盟在反恐和欧洲难民流动等问题上的立场。此外,其还与葡语国家密切联系并积极推动"葡语国家共同体"规模的拓展。在对外经贸合作中,葡萄牙积极开展经济外交,扩大与亚洲、非洲、拉丁美洲等新兴市场国家的合作。

3. **中葡关系**[2] 1979年2月8日,中国和葡萄牙正式建交。1979年9月,两国相互派遣大使。中葡双方建交至今已有40年的历史,双方在政治、科技、经济等领域达成了合作发展的共识。1987年4月,中葡两国政府达成协议,就澳门所遗留的历史问题进行沟通协商,在此基础之上签署了相关的联合声明。而中国对澳门的主权,则是在1999年12月20日恢复行使。

此外,葡萄牙与中国在经济、文化、教育、科技和军事方面交往密切,签订了大量双边关系协议。如中葡双方海洋局关于建立“蓝色伙伴关系”概念文件及《海洋合作联合行动计划框架》(2017年)、《中葡双方关于互设文化中心的谅解备忘录》(2016年)等合计48条协议。

(三)经济环境

1. **经济概况**[3] 从全球角度而言,葡萄牙是一个发达的高收入国家,在欧盟中属于中等发展国家。其使用的国际货币是欧元。葡萄牙在欧盟的经济相对落后,2018年GDP约为514.23亿欧元,人均21 136美元,世界排名第38位。葡萄牙最大贸易伙伴为西班牙(2017年),在葡萄牙投资与建设的主要国家为西班牙、英国、法国、奥地利、瑞士等。

2008年葡萄牙遭遇国际金融危机以及主权、债务危机,国民经济受到严重影响,财政问题频出,信用评级被降为“垃圾级”。2011年4月,时任总理苏格拉底申请国际援助,同年5月获得“三驾马车”(欧盟委员会、欧洲中央银行和国际货币基金组织)所批准的为期3年、总计780亿欧元的援助。其后葡萄牙调整政策,控制赤字,于2014年5月按期结束国际援助,重返市场。2017年葡萄牙国家财政总收入为831.1亿欧元,同比增长4.0%;财政总支出为888.7亿欧元,同比增长6.4%;财政赤字57.6亿欧元。2017年葡萄牙与世界贸易数据中,出口总值为581.056亿欧元,同比增长10.1%;进口总额为750.181亿欧元,同比增长12.6%。

2. **主要产业** 葡萄牙工业基础较薄弱。以纺织、制鞋、酿酒、旅游为经济支柱。其中最重要的出口产品为葡萄酒与软木产品,也是该国的特色产业。葡萄酒产业在葡萄牙有多达23.9万公顷的种植面积及11个主要葡萄产区,产品以红、白葡萄酒为主。软木行业让葡萄牙拥有世界最大生产国和出口国的殊荣,葡萄牙也因此有“软木王国”之称,出产量占全球总产量的一半。

3. **对华贸易**[3] 中国与葡萄牙贸易关系密切。据欧盟统计局统计,2017年中葡双边货物进出口额为 60 亿美元，同比减少 0.1%。其中，葡萄牙对中国出口额为 21.33 亿美元，同比增长 34.91%，占葡萄牙出口总额的 2.7%；自中国进口额为 34.87 亿美元，同比减少 13.69%，占葡萄牙进口总额的 5.5%；葡方贸易逆差为 13.54 亿美元，减少 44.94%，中国为葡萄牙第十一大出口市场和第六大进口来源地(表 10－1、图 10－1)。

表 10－1　2007—2017 年中葡贸易总额(单位：亿美元)

项目＼年份	2007	2008	2009	2010	2011	2012	2013	2014	2015	2016	2017	2018
总额	22.19	26.91	24.00	32.68	39.63	40.20	39.08	48.03	43.71	56.21	56.20	60.00
进口	18.25	23.03	19.22	25.14	28.01	25.02	25.07	31.38	28.99	40.40	34.87	37.50
出口	3.94	3.88	4.78	7.54	11.62	15.18	14.01	16.65	14.72	15.81	21.33	22.49

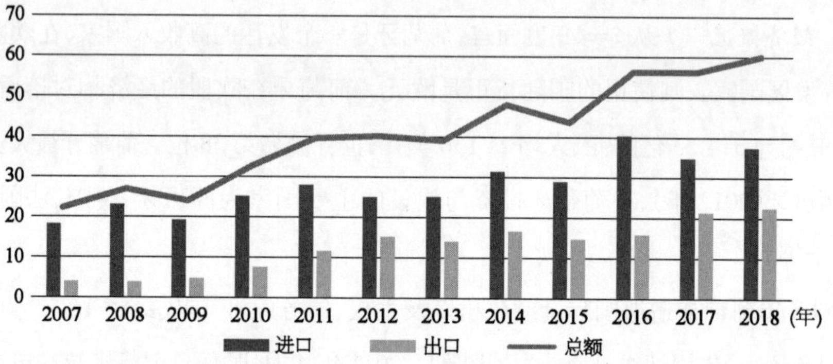

图 10－1　2007—2018 年中葡贸易总额(单位：亿美元)

注：以上图表均根据葡萄牙中央银行、欧盟统计局与中国海关总署整理

二、医疗健康保障体系现状

(一) 基本情况

葡萄牙的医疗卫生服务由三个共存的系统提供保障：国家卫生服务中心(SNS)、卫生子系统(Special Social Health Insurance Schemes for Certain Professions)、个人自愿

健康保险,分为二级(城镇)医疗与基层医疗两个层次。根据葡萄牙统计局 2015 年统计,葡萄牙每千人拥有医生 4.7 人,护士 6.5 人。葡萄牙全国拥有床位数为 35 223 个,卫生总支出占 GDP 的 8.9%,人均寿命为 81.3 岁[4]。

(二) 医疗管理机构

葡萄牙的卫生部作为卫生管理的中央机构,主要负责制定卫生政策以及管理 SNS 系统。卫生管理实体(ERS)则是公共的独立的实体组织,主要就公共、个人、社会医疗保健提供者的活动进行相应的管理。自 1993 年葡萄牙划分 5 个大区以来,医疗管理构成了中央、大区、地方的级联负责制。

(三) 医疗机构

1. *公立医疗机构*[5]　葡萄牙的公立医院是葡萄牙大西洋岛屿国家卫生服务中心(SNS)和区域卫生服务(SRS)的重要组成部分。虽然其中一些医院仍然是自行独立的行政医院机构,但大多数医院目前在行政上已被纳入医院超级机构,这个超级机构被称为“医院中心”。

2. *私立医疗机构*　在葡萄牙,患者先接受所购买的保险公司的安排,到对应的公立医院就医,如果出现时间、就医方面的问题时,患者便可选择前往医疗服务水平高的公立或私立医院。葡萄牙的私立(营)医院受到地区、市区机构的直接管辖,意味着患者可在同一所医院自由选择自费或公费。葡萄牙的私立医院自 2000 年经国家批准以公私合营模式运行以来,医疗服务质量和“价格战”左右私立医院的盈亏,影响着各大医疗集团在市场上的份额。

(四) 医疗社会保障情况

1979 年葡萄牙建立了国家保险制度,同时也确定了三级机构“中央、大区、地方”进行分权管理。卫生部在保险管理中主要发挥规范、规划、管理和提供经费的四大职能。除此之外,还有两个补充服务体系,分别是特殊行业的公私保险制度和自愿购买的健康保险。

医疗保险保健服务主要是通过免费或直接的计划提供给被保人。在直接计划中,服务有具备一定保险网络的医疗机构提供,而免费计划则没有相应实体组织提供,通过被保人先付钱,保险后报销的形式进行。在葡萄牙的健康保险网络中,属佼佼者的有 Multicare(Fidelidade 保险集团)、the Adavance Care(数家公司合资)以及 the Medis(BCP 集团)。

三、传统医药的法律与政策环境

对于中医的态度,葡萄牙目前仅将针灸等 6 种疗法作为补充和替代医学纳入医疗体制。2013 年 7 月葡萄牙国会通过《传统医药管理办法》TM/CAM 法案,正式确立了包括针灸(acupuncture)、顺势疗法(homeopathy)、植物疗法(botanical therapy)、自然疗法(natural therapy)、中医(TCM)、正骨(bone-setting)共计六种治疗方式在葡萄牙的合法地位[6]。

(一)医师执业

葡萄牙目前已经具备完整的针灸师注册及规章流程。在葡萄牙,针灸师分为拥有专业卡与临时卡两类,希望成为其中任一身份者需前往 ACSS 平台进行申请注册。临时卡主要针对法案颁布之前的人员,以帮助过渡。申请者需提供身份证件、3 个月以内无犯罪的记录、提供传统治疗活动经历的证明和传统治疗培训的证明等要素,方可进行申请。申请通过后有指定机构进行进一步的定期培训,在得到认证并购买专业赔偿保险后,即可从事相应医疗活动[7]。

(二)药品准入

根据葡萄牙 8 月 30 日第 176/2006 号法令规定,所有进口药物需要通过 Infarmed IP 认证,或是满足欧盟先前签订的药物,可以免除 Infarmed IP 认证。而在 Infarmed IP 中,葡萄牙国家处方集成法(NMF)中未提及草药相关事宜。在欧盟,负责管理药品的是欧洲药品管理局(EMA),负责药典撰写的是欧洲药品质量管理局(EDQM),而主要负责中药饮片事宜的是EMA下属的草药药品委员会(HMPC),其任务为建立欧盟草药专论、提出并准备药材名录、为各成员国的草药提供顾问等,目前主要根据2001/83/EC指令、2003/63/EC指令、2004/27/EC指令、2004/24/EC指令进行指导和管理中药饮片的各项事宜。

2017年中葡双方就医药、医疗器械、化妆品签订了一份谅解备忘录[8],就医药领域的合作达成了为期3年的合作协议,以实现相互间的质量监督以及加强双方医药领域研究的交流。在该文件中,葡方特别提及就共同感兴趣的医药领域开展合作,这为更多中医中药的进入葡萄牙提供了可能。

(三) 传统医药教育

在葡萄牙,仅有中医针灸被立法管理,人们对针灸的疗效十分认可。随着需求的增加,大量培训机构应运而生,主要解决当地人民对于TM/CAM中六种疗法的需求,但目前这些培训机构没有一家得到官方认可。其中影响较大的中医相关本科教学院校有:蔡宝德中医大学,创办于1995年[9];葡萄牙里斯本高等中医学校,创办于1992年;葡萄牙国立波尔图大学,创办于1911年,2006年5月3日宣布开设中医专业。申请就读中医专业的学生需要满足两个条件:一是完成医科的本科学习;二是参加葡萄牙医学会,成为会员。除此之外葡萄牙医生针灸社团、皮亚杰学院、波尔图生物医学科学院等5个机构也可攻读研究生学位[10]。

(四) 保险覆盖

葡萄牙的医疗保险主要由SNS提供,其资金来源主要通过国家税收和私立部门的创收相结合。同时葡萄牙与欧盟其他国家签订了相关医疗协议,欧盟居民在葡萄牙的医疗中心就诊仅需少量医疗费用,而欧盟以外居民则需要事先购买保险才能享受相关优惠服务。对于葡萄牙本地居民来说,只要加入了社会保险体系,就可享受免费医疗。目前葡萄牙的基本保险已经做到全民覆盖,而自愿购买特殊的保险因受制于种种因素导致普及率不高。

四、中医药服务贸易合作现状

(一) 传统医药交流历程

根据文献记载,葡萄牙人首次接触针灸是在公元12世纪。16世纪初期,葡萄牙的一位基督教传教士曾撰写过一篇文章,记载了他旅行的所见所闻,其中有相当多的篇幅提及了针灸。20世纪80年代,受到"中医热潮"的影响,中医针灸在葡萄牙相对自由地发展,且在20世纪90年代兴起大量针灸培训课。2003年,在蔡宝德的努力下,葡萄牙政府通过一项包括针灸等6种中医治法的TM/CAM立法草案,确定了6种中医治法的合法性。

(二) 境外消费

目前没有葡萄牙民众来华体验中医治疗的官方报道,而从葡萄牙前往中国学习中医的留学生,却屡见不鲜。2016年4月27日,环球网刊载了外国留学生在长春的中医学习之旅,其中就有葡萄牙学生的踪影。他们在长春生修堂中医院学习并体验了针灸、推拿、火罐、刮痧、中药鉴别、经络测试等中医项目,令外国人友人连连称奇[11]。2017年5月26日,新华社也刊载了一篇关于葡萄牙学生前往江西中医药大学学习热敏针灸的新闻,由针灸科主任付勇进行演示和教学[12],葡萄牙留学生(中医科)也展示了娴熟的技术。

(三) 跨境支付

我国首批经教育部批准的中医药大学海外分校——成都中医药大学葡萄牙宝德分校,坐落在里斯本市中心的Marques Pombal广场附近。在蔡宝德及各界的努力下,2012年5月,首批五年制学生完成中医药相关学习并取得证书。在课程设置中,主要分为APA-DA学生培训、本科教育、同EVORA合办的本科后课程及网上课程。设置网上课程的初衷是为了帮助懂得葡萄牙语却受到地理条件限制的学生，通过葡萄牙语的中医教学视频学习理论知识，然而实践操作和考试仍需在学校进行。该课程学制为4年，目前主要生源来自葡萄牙海岛、新加坡、以色列、巴西等地区。

（四）商业存在

目前葡萄牙未有专门的中医医院或中葡合作建设的中医医疗机构，但江西中医药大学的“中国—葡萄牙中心”项目通过验收。项目负责人为江西中医药大学校长陈明人担任，通过采取政府、大学和葡萄牙优势资源整合出资的形式，借助葡萄牙语中医理论及实践指导书目的编写、葡萄牙特色化的中医实践教育，拓宽中医市场，为中医药在葡萄牙发展奠定基础。

（五）自然人流动

2015年10月11日，南京中医药大学博士吕梅医师携其丈夫在葡萄牙里斯本开办了中康中医诊所，挂牌当日有多位华人商会及中国驻葡萄牙大使馆人员出席。医院做到了从硬件到软件的规范化、标准化，为中医药在葡萄牙的进一步深入普及，积累了坚实的基础。吕梅医师不仅作为诊所中看病号脉的医生，还兼任当地中医学校教师，传播与弘扬中医的基础知识与临床运用，致力于中医学在葡萄牙的稳步推进。

（六）大事记

中葡服务贸易大事记见表10－2。

表10－2 中葡服务贸易大事记

时　间	事　件	意　义
2010年10月	中国商务部和葡萄牙经济、创新和发展部关于进一步加强经济合作的声明	明确双方在相应领域的合作发展，互惠互利
2016年10月10日	签署《关于加强第三方市场合作的谅解备忘录》	双方促进两国投资贸易便利化、积极开展产能合作和三方合作

(续表)

时间	事件	意义
2017年11月3日	中方海洋局与葡方海洋部签署关于建立"蓝色伙伴关系"概念文件及海洋合作联合行动计划框架	中葡双方挖掘发展海洋经济、利用海洋资源方面合作潜力

五、市场机遇与潜力

(一) 葡萄牙经济市场稳定

从投资环境而言,葡萄牙具有一定的经济稳定性。首先葡萄牙基础设施建设完善,社会治安良好,近年来没有重大治安事件,同时市场化程度高,在地理位置上也有得天独厚的优势。同时,中医药在葡萄牙市场建立的基础,将为其进入其他葡萄牙语使用国进行铺垫。根据《2018年全球竞争力报告》,葡萄牙排名第34,下降1名。根据《2019年全球营商环境报告》,葡萄牙在所有调查的共190个国家和地区中排名第34位。因此在葡萄牙投资有一定的市场保障。

(二) "中医热"奠定基础

葡萄牙于20世纪80年代就曾掀起一股"中医热",至20世纪90年代,大量培训课程的开展及大学课程的开设培养了大量本土中医学员。2013年葡萄牙替代补充法案(TM/CAM)的通过,为中医药在葡萄牙的推广与进行提供了法律保障,确保了传统治疗行为的合法性,为中医药在葡萄牙的进一步发展提供了基础。与此同时,中医药的疗效已广为在葡萄牙人民了解,大量培训课程和大学课程的开设间接反映了人们对于中医药的接受与认可。因此在葡萄牙进行中医药相关投资有一定保障。

(三) 中葡贸易的便利化

2016年10月葡萄牙总理科斯塔来华访问,其访华期间,中华人民共和国商务部同葡萄牙外交部在中国—葡萄牙经济贸易混委会第9次会议上共同签订了《关于加强第三方市场合作的谅解备忘录》。这标志着我国与葡萄牙在双边贸易的合作上对彼此有高度认同,并对两国投资贸易便利化、积极发展三方合作、对经贸关系等方面的可能性进行深入挖掘,为两国的经济合作打下坚实的基础。

(四)中葡文化领域合作保障

2014年,中国和葡萄牙签署了《中华人民共和国政府和葡萄牙共和国政府在文化、语言、教育、体育、青年和传媒领域合作2014—2017年度执行计划》,标志着中葡双方在文化领域展开深层次合作。中医药作为中国的"软实力",将随着相关计划被提上日程,使得中医药文化在文化层次上赢得葡萄牙人民的认同。

六、风险提示

(一)中医药医疗服务在葡萄牙发展受限

由于中医药体系受到科学化等因素的影响,目前尚未能达成全球共识,中医医疗服务在葡萄牙开展仍有不足。另外,外籍患者与中国医师间的沟通交流受到多种因素制约。虽然中国—葡萄牙中医中心已在里斯本落地,同时也有一定规模的教育及培训开展,但中医药未能完全进入葡萄牙医疗体系,也未能落实到相关衍生行业。葡萄牙国内缺少有中医特色的本土医院,在某种程度上对中医的发展造成了阻碍。而且,中国—葡萄牙中医中心建设至今时日较短,许多中医相关商务往来还未被提上日程,对中医药企业业务发展有所受限。

(二)葡萄牙经济的相对落后

在经历2008年的金融风暴后,葡萄牙的特色旅游、软木等产业遭受重创,失业率的攀升令人瞩目,整体局势低迷。作为欧盟经济较不发达的国家之一,葡萄牙面临诸多问题,如工业基础较为薄弱,国家经济支柱主要源于软木业、旅游业、酿酒业等,对产业多元化的发展较为轻视。同时葡萄牙政府在施行财政紧缩政策后,国民失业率未能得到显著改善,银行重组和资本重组进展缓慢。以上问题为对葡萄牙投资时需警惕的风险。

(三) 葡萄牙就业的风险

在葡萄牙发展中医药服务,需要大量中医师的输入来推动中医药的普及。而在葡萄牙就业会面临三类问题: ① 合同问题。外国人进入葡萄牙签署劳务合同,需在葡萄牙有居住地址,且申办签证的过程中也要出示此合同,过程较为繁琐。② 政府与大使馆的双重阻碍。在上述申办签证受阻的基础上,葡萄牙政府近年来对中国劳工的限制也越来越多,延长了办理制度的时间,使得签证受到相应的影响。③ 居留卡办理耗时长、材料多。在葡萄牙工作需要工作签证,也就是外国人在葡萄牙的居留卡,居留卡的办理一般耗时 4 个月至半年不等,且需要健康公证书(外交部、使馆双重认证)、无犯罪公证书(外交部、使馆双重认证)等多达十项材料[13]。

七、案 例 分 析

(一) 复兴国际收购葡萄牙 ESS[14]

【所在地区】 葡萄牙。

【案例定义】 中国—葡萄牙医疗投资。

【案例概况】 复星国际有限公司(以下简称复星国际)旗下 Fidelidade 以 35.4 亿人民币(折合 4.6 亿欧元)的报价收购了葡萄牙医疗保健 ESS 96%的股份。ESS 在葡萄牙是和健康之光等私立医院集团并肩的行业领军者,旗下管理各类私营医院,并拥有里斯本最大的私立医院 Hospitalda Luz,除此之外还有若干医院、诊所、养老机构等。复星国际表示,继 Fidelidade 收购 ESS 之后,将更好地实现产品、议价能力的无缝合作,巩固各自在市场的有利地位。复星国际同时还提出将继续扩大对全球的各类投资，尤其是医疗健康领域，围绕“以保险为核心的综合金融能力”和“有产业深度的全球投资能力”双轮驱动核心发展策略，稳步发展。

【案例总结】 案例为中国企业对葡萄牙医疗领域进行的较大规模投资。其投资的成功尝试体现了中葡双方就医疗领域的发展取得一定进展，表明双方就医疗市场正展开多种尝试，有利于进一步展开商业合作。以上举措不仅有利于获得中方在葡萄牙发展话语权，也为其打开葡萄牙市场夯实了基础。但其合作尚停留在私立医疗与保健层面，对医疗产品体系开发略有欠缺，尚未形成广泛覆盖的贸易合作，因此相关合作有待进一步推进。

（二）仁和堂中医馆开业[15]

【所在地区】 葡萄牙。

【案例定义】 中国—葡萄牙医疗投资。

【案例概况】 仁和堂中医馆是由江西中医药大学与葡萄牙仁和堂中医药股份有限公司(H.O. Medicina Chinesa, Lda)自2014年开始筹建的中医药诊所，已于2015年4月18日正式开张营业。该医馆主要致力于将中医医疗服务带到葡萄牙，造福葡萄牙当地人民及侨胞。仁和堂中医馆目前可提供以下四类中医专业服务：① 传统中医医疗服务，中药饮片、针灸、刮痧等。② 远程医疗会诊，在葡萄牙患者如有特殊需求，可以使用手机、电脑终端的视频软件进行在线诊断。③ 国内专家定期出诊。④ 特色治疗，热敏灸疗法。

【案例总结】 案例为中国企业同中国高校合作在葡萄牙当地开设医馆。其成功开设表明中葡双方在中医领域的合作取得一定的进步。同时，江西中医药大学同葡萄牙仁和堂中医药股份有限公司还承办了中国—葡萄牙中医中心的项目建设，该项目的落实为中医药在葡萄牙推进带来了极大利好。以上举措不仅使中医药在葡萄牙拥有医疗实体，也为今后的发展决策赢得较大优势。但双方的合作主要仍由中方操办，葡萄牙方在其中参与较少，尚未形成全面、完整的合作模式，且缺少医疗保险的参与中也存在缺憾，因此双方合作有待进一步深化。

八、结论与建议

经济方面，尽管近年来葡萄牙财政赤字和外债日趋稳定，但就业的困难现状和不均衡的产业布局始终是葡萄牙经济发展的隐患。中葡贸易处于稳定上扬的趋势，对中葡中医药服务贸易形成有利影响。传统医药方面，葡萄牙方表示出高度认可，并且在2003年、2014年已出台相关管理办法，表明双方在中医药合作上有着较大前景。中葡在传统医疗旅游、医疗服务贸易方面存在较大市场空白，自由贸易合作对双方经济都有积极影响。具体实施建议如下。

（一）以《传统医药管理办法》为基础稳步推进

葡萄牙《传统医药管理办法》（TM/CAM法案）包括了传统医药的六种疗法，即针灸、顺势疗法、植物疗法、自然疗法、中医、正骨。但相关疗法尚未进入葡萄牙保险系统，意味着对葡萄牙人民的中医药普及程度尚待推广。随着中国对葡萄牙医疗投资力度的加大，如复星国际斥资收购葡萄牙ESS，中医药纳入葡萄牙保险系统的话语权也将提高，可以增加葡方发展传统医药在当地保险的合作与创收。

（二）注重高层对接沟通，争取政策扶持

在葡萄牙发展推广中医药、提高中医药在葡萄牙的研究水平和制药水平的过程中，应注重与两国相关部门加强政策沟通，争取入葡萄牙政策扶持。如在签证问题上，可加强高层沟通，为赴葡萄牙从事传统医疗业务的医师简化办理流程，对接两国在传统医师注册的认证。同时还可出台相关利好政策，吸引在华医生前往葡萄牙进行中医活动，加强双方医生在传统医疗活动上的交流，推动中医药在葡萄牙的发展。

（三）企业投资扩大中国—葡萄牙中医中心

中国—葡萄牙中医中心目前由葡萄牙仁和堂中医药服务有限公司和中国江西中医药大学共同负责，该中心目前在中医葡萄牙语教材编撰、热敏灸等领域取得较好进展，然而中医药文化的宣传需要更大的助力与平台。建议以企业投资、政府主导的形式，在现有中国—葡萄牙中医中心的基础上，加强中医特色，拓宽中医业务。企业与政府合作建设可以提高建设效率、降低建设成本，稳固在葡萄牙中医药中心的发展。具体实施步骤可从两方面进行：一方面可向葡萄牙输送中医药研究技术人员，拓宽服务贸易范围；另一方面，以中心为依托，突破药品准入的政策瓶颈，进行高层次研究，为中医药在葡萄牙发展提供广阔平台。

（四）规范企业行为，树立行业形象

葡萄牙国内投资环境虽然相对稳定，但面对中医药服务贸易这块丰厚的土壤，需提前进行不良竞争的预防。在葡萄牙中医药服务贸易领域发展单位应树立“严格管理，严格规范”的自我要求，为未来赴葡萄牙开展服务贸易的中医药单位做出典范，争取行业话语权。争取政府合作，携手专业机构，领跑行业规范。

（柳奕诚）

附

附一：葡萄牙《传统医疗的基本框架法》(2003年)

Lei n.º 45/2003, de 22 de Agosto

Lei do enquadramento base das terapêuticas não convencionais

A Assembleia da República decreta, nos termos da alínea c) do artigo 161.º da Constituição, para valer como lei geral da República, o seguinte:

CAPÍTULO I

Objecto e princípios

Artigo 1.

Objecto

A presente lei estabelece o enquadramento da actividade e do exercício dos profissionais que aplicam as terapêuticas não convencionais, tal como são definidas pela Organização Mundial de Saúde.

Artigo 2.

Âmbito de aplicação

A presente lei aplica-se a todos os profissionais que se dediquem ao exercício das terapêuticas não convencionais nela reconhecidas.

Artigo 3.

Conceitos

1. Consideram-se terapêuticas não convencionais aquelas que partem de uma base filosófica diferente da medicina convencional e aplicam processos específicos de diagnóstico e terapêuticas próprias.

2. Para efeitos de aplicação da presente lei são reconhecidas como terapêuticas não convencionais as praticadas pela acupunctura, homeopatia, osteopatia, naturopatia, fitoterapia e quiropráxia.

Artigo 4.

Princípios

São princípios orientadores das terapêuticas não convencionais:

1. O direito individual de opção pelo método terapêutico, baseado numa escolha informada, sobre a inocuidade, qualidade, eficácia e eventuais riscos.

2. A defesa da saúde pública, no respeito do direito individual de protecção da saúde.

3. A defesa dos utilizadores, que exige que as terapêuticas não convencionais sejam exercidas com um elevado grau de responsabilidade, diligência e competência, assentando na qualificação profissional de quem as exerce e na respectiva certificação.

4. A defesa do bem-estar do utilizador, que inclui a complementaridade com outras profissões de saúde.

5. A promoção da investigação científica nas diferentes áreas das terapêuticas não convencionais, visando alcançar elevados padrões de qualidade, eficácia e efectividade.

CAPÍTULO II

Qualificação e estatuto profissional

Artigo 5.

Autonomia técnica e deontológica

É reconhecida autonomia técnica e deontológica no exercício profissional da prática das terapêuticas não convencionais.

Artigo 6.

Tutela e credenciação profissional

A prática de terapêuticas não convencionais será credenciada e tutelada pelo Ministério da Saúde.

Artigo 7.

Formação e certificação de habilitações

A definição das condições de formação e de certificação de habilitações para o exercício de terapêuticas não convencionais cabe aos Ministérios da Educação e da Ciência e do Ensino Superior.

Artigo 8.

Comissão técnica

1. É criada no âmbito dos Ministérios da Saúde e da Educação e da Ciência e do Ensino Superior uma comissão técnica consultiva, adiante designada por comissão, com o objectivo de estudar e propor os parâmetros gerais de regulamentação do exercício das terapêuticas não convencionais.

2. A comissão poderá reunir em secções especializadas criadas para cada uma das terapêuticas não convencionais com vista à definição dos parâmetros específicos de credenciação, formação e certificação dos respectivos profissionais e avaliação de equivalências.

3. A comissão cessará as suas funções logo que implementado o processo de credenciação, formação e certificação dos profissionais das terapêuticas não convencionais, que deverá estar concluído até ao final do ano de 2005.

Artigo 9.

Funcionamento e composição

1. Compete ao Governo regulamentar as competências, o funcionamento e a composição da comissão e respectivas secções especializadas, que deverão integrar, designadamente, representantes dos Ministérios da Saúde, da Educação e da Ciência e do Ensino Superior e de cada uma das terapêuticas não convencionais e, caso necessário, peritos de reconhecido mérito na área da saúde.

2. Cada secção especializada deverá integrar representantes dos Ministérios da Saúde, da Educação e da Ciência e do Ensino Superior, da área das terapêuticas não convencionais a regulamentar e, caso necessário, peritos de reconhecido mérito nessas áreas.

Artigo 10.

Do exercício da actividade

1. A prática de terapêuticas não convencionais só pode ser exercida, nos termos desta lei, pelos profissionais detentores das habilitações legalmente exigidas e devidamente credenciados para o seu exercício.

2. Os profissionais que exercem as terapêuticas não convencionais estão obrigados a manter um registo individualizado de cada utilizador.

3. O registo previsto no número anterior deve ser organizado e mantido de forma a respeitar, nos termos da lei, as normas relativas à protecção dos dados pessoais.

4. Os profissionais das terapêuticas não convencionais devem obedecer ao princípio da responsabilidade no âmbito da sua competência e, considerando a sua autonomia na avaliação e decisão da instituição da respectiva terapêutica, ficam obrigados a prestar informação, sempre que as circunstâncias o justifiquem, acerca do prognóstico e duração do tratamento.

Artigo 11.

Locais de prestação de cuidados de saúde

1. As instalações e outros locais onde sejam prestados cuidados na área das terapêuticas não convencionais só podem funcionar sob a responsabilidade de profissionais devidamente certificados.

2. Nestes locais será afixada a informação onde conste a identificação dos profissionais que neles exerçam actividade e os preços praticados.

3. As condições de funcionamento e licenciamento dos locais onde se exercem as terapêuticas não convencionais regem-se de acordo com o estabelecido pelo Decreto-Lei n.º 13/93, de 15 de Janeiro, que regula a criação e fiscalização das unidades privadas de saúde, com as devidas adaptações.

Artigo 12.

Seguro obrigatório

Os profissionais das terapêuticas não convencionais abrangidos pela presente lei estão obrigados a dispor de um seguro de responsabilidade civil no âmbito da sua actividade profissional, nos termos a regulamentar.

CAPÍTULO Ⅲ

Dos utentes

Artigo 13.

Direito de opção e de informação e consentimento

Os cidadãos têm direito a escolher livremente as terapêuticas que entenderem. 2 - Os profissionais das terapêuticas não convencionais só podem praticar actos com o consentimento informado do utilizador.

Artigo 14.

Confidencialidade

O processo de cada utente, em posse dos profissionais que exercem terapêuticas não convencionais, é confidencial e só pode ser consultado ou cedido mediante autorização expressa do próprio utilizador ou determinação judicial.

Artigo 15.

Direito de queixa

Os utilizadores das práticas de terapêuticas não convencionais, para salvaguarda dos seus interesses, podem participar as ofensas resultantes do exercício de terapêuticas não convencionais aos organismos com competências de fiscalização.

Artigo 16.

Publicidade

Sem prejuízo das normas previstas em legislação especial, a publicidade de terapêuticas não convencionais rege-se pelo disposto no Decreto-Lei n.º 330/90, de 23 de Outubro, na sua actual redacção.

CAPÍTULO Ⅳ

Fiscalização e infracções

Artigo 17.

Fiscalização e sanções

A fiscalização do disposto na presente lei e a definição do respectivo quadro sancionatório serão objecto de regulamentação por parte do Governo.

Artigo 18.

Infracções

Aos profissionais abrangidos por esta lei que lesem a saúde dos utilizadores ou realizem intervenções sem o respectivo consentimento informado é aplicável o disposto nos artigos 150.º, 156.º e 157.º do Código Penal, em igualdade de circunstâncias com os demais profissionais de saúde.

CAPÍTULO Ⅴ

Disposições finais

Artigo 19.

Regulamentação

A presente lei será regulamentada no prazo de 180 dias após a sua entrada em vigor.

Artigo 20.

Entrada em vigor

A presente lei entra em vigor no dia seguinte ao da sua publicação.

Aprovada em 15 de Julho de 2003.

O Presidente da Assembleia da República, João Bosco Mota Amaral. Promulgada em 4 de Agosto de 2003.

Publique-se.

O Presidente da República, JORGE SAMPAIO. Referendada em 8 de Agosto de 2003.

O Primeiro-Ministro, José Manuel Durão Barroso.

附二:《传统医药管理办法》(2014 年)

MINISTÉRIOS DAS FINANÇAS E DA SAÚDE

Portaria n.° 182 - A/2014

de 12 de setembro

A Lei n.° 71/2013, de 2 de setembro, regula o acesso às profissões no âmbito das terapêuticas não convencionais, e o seu exercício, no setor público ou privado, com ou sem fins lucrativos, regulamentando a Lei n.° 45/2003, de 22 de agosto.

A citada lei prevê que pela emissão da cédula profis-sional é devido o pagamento de uma taxa de montante a fixar por portaria dos membros do Governo responsáveis pelas áreas das finanças e da saúde, pelo que se procede agora a tal definição.

Assim, ao abrigo do disposto no n.° 4 do artigo 6.° e no n.° 5 do artigo 19.° da Lei n.° 71/2013, de 2 de setembro, manda o Governo, pelos Secretários de Estado Adjunto e do Orçamento e Adjunto do Ministro da Saúde, o se-guinte:

Artigo único

Taxas

1. É fixado em €60 (sessenta euros), o montante da taxa a pagar pelo registo profissional e emissão da correspon-dente cédula profissional para o exercício das profissões no âmbito das terapêuticas não convencionais.

2. É fixado em €60 (sessenta euros), o montante da taxa a pagar pelo registo profissional e pela emissão da cédula profissional provisória para o exercício das profissões no âmbito das terapêuticas não convencionais.

3. É fixado em €30 (trinta euros) o montante da taxa a pagar pela emissão de novas

vias de cédula profissional.

4. As verbas mencionadas nos números anteriores são pagas no momento da entrega ou envio do respetivo requerimento na Administração Central do Sistema de Saúde, I.P.

Em 1 de agosto de 2014.

O Secretário de Estado Adjunto e do Orçamento, Hél-der Manuel Gomes dos Reis. — O Secretário de Estado Adjunto do Ministro da Saúde, Fernando Serra Leal da Costa.

MINISTÉRIO DA SAÚDE

Portaria n.º 182 - B/ 2014

de 12 de setembro

A Lei n.º 71/ 2013, de 2 de setembro, regula o acesso às profissões no âmbito das terapêuticas não convencionais, e o seu exercício, no setor público ou privado, com ou sem fins lucrativos, regulamentando a Lei n.º 45/ 2003, de 22 de agosto.

A citada lei prevê que as regras a aplicar ao requerimento e emissão da cédula profissional são aprovadas por portaria do membro do Governo responsável pela área da saúde, pelo que se procede agora a tal definição.

Assim, ao abrigo do disposto no n.º 3 do artigo 6.º da Lei n.º 71/ 2013, de 2 de setembro, manda o Governo, pelo Secretário de Estado Adjunto do Ministro da Saúde, o seguinte:

Artigo 1.

Cédula profissional

1. A emissão da cédula profissional está condicionada à titularidade de diploma adequado, nos termos do artigo 5.º da Lei n.º 71/ 2013, de 2 de setembro.

2. Para efeitos do disposto no número anterior, os diplo-mados por estabelecimentos de ensino superior estrangeiros devem solicitar o registo/ reconhecimento ou equivalência do seu grau académico de acordo com, respetivamente, o Decreto-Lei n.º 341/ 2007, de 12 outubro, ou o Decreto-Lei n.º 283/ 83, de 21 de junho.

3. O modelo da cédula profissional é o constante do anexo I à presente portaria, da

qual faz parte integrante.

Artigo 2.

Requerimento de cédula profissional

1. O requerimento para emissão de cédula profissional para o exercício das profissões no âmbito das terapêuticas não convencionais é o constante do anexo III à presente portaria e inclui:

a. Elementos de identificação pessoal (cartão do cida-dão, bilhete de identidade ou passaporte, cartão de contribuinte, fotografia atualizada).

b. Certificado do registo criminal emitido há menos de 3 meses.

c. Cópia do certificado de habilitações ou diploma de formação com identificação do estabelecimento de ensino, nota e data de conclusão do curso ou de outras formações relevantes para a profissão.

2. O requerimento e os documentos comprovativos de-verão ser enviados através de uma plataforma informática que será disponibilizada no sítio da ACSS IP.

3. Quaisquer alterações aos elementos a que se refere o número anterior devem ser comunicadas à ACSS até 30 dias úteis após a sua verificação.

4. Após a atribuição da cédula deverá o profissional contratar o respetivo seguro de responsabilidade civil profissional, e introduzir, nos 30 dias úteis seguintes, a identificação da apólice na plataforma informática.

Artigo 3.

Suspensão da cédula profissional

1. A cédula profissional pode ser suspensa a pedido do seu detentor, nomeadamente quando sobrevenha im-pedimento ou incompatibilidade para o exercício da sua atividade.

2. A cédula profissional pode ainda ser suspensa a título de sanção acessória, nos termos do disposto no artigo 14.º da Lei n.º 71/2013, de 2 de setembro.

3. A cédula profissional suspensa deve ser devolvida à ACSS.

Artigo 4.

Cancelamento da cédula profissional

A cédula profissional pode ser cancelada a título de sanção acessória, nos termos do disposto no artigo 14.º da Lei n.º 71/2013, de 2 de setembro, devendo, em tal caso, a mesma ser devolvida à ACSS.

Artigo 5.

Cédula profissional provisória

1. Pode ser emitida uma cédula profissional provisória a quem, à data da entrada em vigor da Lei n.º 71/2013, de 2 de setembro, se encontre a exercer comprovadamente atividade em alguma das terapêuticas não convencionais previstas no seu artigo 2.º e não tenha o correspondente grau de licenciado.

2. A emissão da cédula profissional provisória decorre da necessidade de conclusão com aproveitamento de formação complementar para a atribuição da cédula profissional, após apreciação curricular efetuada pela Administração Central do Sistema de Saúde, IP, (ACSS) nos termos da alínea b) do n.º 2 do artigo 19.º da Lei n.º 71/2013, de 2 de setembro.

3. A cédula profissional provisória é válida pelo período nela constante, fixado com respeito pelo disposto na alínea b) do n.º 2 do artigo 19.º da Lei n.º 71/2013, de 2 de setembro.

4. O modelo da cédula profissional provisória é o constante do anexo II à presente portaria, da qual faz parte integrante.

Artigo 6.

Requerimento de cédula profissional provisória

1. O requerimento para emissão de cédula profissional provisória para o exercício das profissões no âmbito das terapêuticas não convencionais é o constante do anexo IV à presente portaria e inclui:

a. Elementos de identificação pessoal (cópia de cartão do cidadão, bilhete de identidade ou passaporte, cartão de contribuinte);

b. Indicação do tempo e local ou locais de trabalho do requerente, caso o mesmo já esteja em exercício de atividade na respetiva terapêutica não convencional comprovado através de documento emitido pelas respetivas entidades patronais do exercício da atividade ou declaração de exercício de atividade emitida pela Autoridade Tributária e Aduaneira na qual conste a data de início de atividade, bem como documento comprovativo de inscrição num regime de segurança social no referido período;

c. Certificado do registo criminal emitido há menos de 3 meses;

d. Descrição do respetivo percurso formativo e profissional em formato curriculum vitae europeu, acompanhado dos documentos comprovativos, nomeadamente:

i. Identificação da instituição que ministrou a formação da terapêutica a que se candidata, respetiva duração, e a data em que a mesma foi concluída com êxito, bem como eventual estágio praticado, o local de exercício, duração e identificação do responsável pelo estágio;

ii. Formações e estágios complementares com a identificação das respetivas instituições, durações e datas da sua realização;

iii. Funções exercidas no âmbito da terapêutica a que se candidata.

2. O requerimento e os documentos comprovativos de-verão ser enviados através de uma plataforma informática que será disponibilizada no sítio da ACSS.

3. Quaisquer alterações aos elementos a que se refere o número anterior devem ser comunicadas à ACSS, através da plataforma informática, até 30 dias úteis após a sua verificação.

4. Após a atribuição da cédula deverá o profissional contratar um seguro de responsabilidade civil profissional e introduzir, nos 30 dias úteis seguintes, a identificação da apólice na plataforma informática.

Artigo 7.

Suspensão da cédula profissional provisória

A não conclusão com aproveitamento da formação complementar considerada necessária para a atribuição da cédula profissional no período previsto no n.° 2 do artigo 5.° determina a imediata caducidade da cédula profissional provisória, devendo o seu detentor proceder à sua devolução à ACSS.

Artigo 8.

Cancelamento da cédula profissional

A cédula profissional pode ser cancelada a título de sanção acessória, nos termos do disposto no artigo 14.º da Lei n.º 71/2013, de 2 de setembro, devendo, em tal caso, a mesma ser devolvida à ACSS.

Artigo 9.

Registo profissional

1. Nos termos do artigo 8.º da Lei n.º 71/2013, de 2 de setembro, a ACSS organiza e mantém atualizado um registo dos profissionais.

2. O registo é público, divulgado através do sítio da Internet da ACSS e constituído pelos seguintes elementos:

a. Nome;

b. Área profissional;

c. Número de cédula profissional;

d. Estado da cédula profissional;

e. Concelho de exercício de atividade.

3. No que respeita ao disposto na alínea d) do número anterior, a cédula profissional poderá apresentar os se-guintes estados:

a. Atribuída (definitiva ou provisória);

b. Suspensa (a pedido do próprio ou pelas instituições legalmente habilitadas a tal);

c. Cancelada (pelas instituições habilitadas a tal).

4. Se autorizado pelo profissional, serão divulgados atra-vés do sítio da Internet da ACSS os respetivos contactos.

Artigo 10.

Falsas declarações

As falsas declarações, falsificação ou viciação de documento, serão punidas nos termos da lei penal.

Artigo 11.

Entrada em vigor

O presente diploma entra em vigor 30 dias após a sua publicação.

O Secretário de Estado Adjunto do Ministro da Saúde,

Fernando Serra Leal da Costa, em 1 de agosto de 2014.

ANEXO I

Modelo da cédula profissional

Frente

Terapêuticas não Convencionais

GOVERNO DE PORTUGAL

MINISTÉRIO DA SAÚDE

Administração Central do Sistema de Saúde

ACSS

Fotografia tipo passe

Cédula Profissional de a)

N.º××××××××

Verso

Este cartão é pessoal e intransmissível. Em caso de extravio ou de roubo o seu titular deve, imediatamente, comunicar o facto à entidade emissora. Pede-se a quem encontrar este cartão o favor de o devolver à referida entidade.

a. Texto de identificação da área profissional.

Cartão branco com barra verde de 1 cm na parte inferior.

Dimensão do cartão: 8.5 cm.

ANEXO Ⅱ

Modelo da cédula profissional provisória(临时的)

Frente

Este cartão é pessoal e intransmissível. Em caso de extravio ou de roubo o seu titular deve, imediatamente, comunicar o facto à entidade emissora. Pede-se a quem encontrar este cartão o favor de o devolver à referida entidade.

a. Texto de identificação da área profissional.

Cartão branco com barra azul de 0.5 cm na parte inferior.

Dimensão do cartão: 8.5 cm.

Verso

Terapêuticas não Convencionais

Fotografia tipo passe

Cédula Profissional Provisória de a)

N.º××××××××

Válida até: ××/××/××××

ANEXO Ⅲ

Registo profissional de Terapeuta Não Convencional, nos termos do artigo 6.º da Lei n.º 71/2013, de 2 de setembro (a enviar digitalmente como disposto no artigo 3º nº 2).

Exmo Senhor
Presidente do Conselho Directivo
da Administração Central do Sistema de Saúde, I.P.
Av. João Crisóstomo, 11
1000 – 178 Lisboa

Nome:

Cartão do Cidadão/BI/Passaporte n.º:

N.º de contribuinte:

Morada:

Telefone n.º:

Email:

(Ao colocar esta opção, os contactos destes Serviços serão feitos por email)

Habilitações literárias:

Diplomado em:

Data de conclusão:

Vem, por este meio, requerer a V. Ex.ª que lhe seja reconhecido o título profissional de ______________________________, nos termos do artigo 6.º da Lei n.º 71/2013, de 2 de setembro, e o respetivo registo profissional, nos termos do artigo 8.º do mesmo diploma.

Declaro que as declarações e documentos que integram este requerimento são verdadeiros.

Data:

Assinatura:

Anexos: bilhete de identidade ou cartão do cidadão ou passaporte;
cartão de contribuinte;
diploma ou certificado de habilitações com nota e data de conclusão do curso;
registo criminal;
fotografia actualizada, tipo passe

Pagamento: Pelo registo e emissão da cédula profissional / 2.ª via da cédula profissional é devido o pagamento de € 60 / € 30 (n.º 1.º e 2.º da Portaria n.º 1855/2006, de 13 de Dezembro, 2ª série), acrescido de € 1,85, caso o requerente pretenda que a mesma lhe seja enviada por correio registado.

O referido valor deve ser pago por cheque ou vale postal (à ordem de Administração Central do Sistema de Saúde, I.P.), ou, ainda, por transferência bancária, caso em que o NIB poderá ser solicitado junto do Serviço de Gestão Financeira/Contabilidade da ACSS, I.P., através dos telefones 2179258 30 e 217925831, ou via correio electrónico, para geral@acss.min-saude.pt.

O cheque ou, no caso de pagamento por vale postal ou transferência bancária, o respectivo documento comprovativo, deve ser entregue na ACSS, I. P., juntamente com o respectivo requerimento.

Nota: Não serão aceites pagamentos em numerário enviado por correio.

(Após a conclusão do reconhecimento e do registo profissional, a informação sobre o nome e a área profissional do respectivo terapeuta não convencional passa a constar da Listagem dos Terapeutas Não Convencionais, em www.acss.min-saude.pt, podendo, no entanto, os titulares exercerem o direito de oposição previsto na Lei de Protecção de Dados Pessoais, Lei n.º67/98, de 26.10.)

ANEXO Ⅳ

Registo profissional de Terapeuta Não Convencional, nos termos do artigo 5.º da Lei n.º 71/2013, de 2 de setembro conjugado com o dispostos no artigo 19º da mesma Lei (a enviar digitalmente como disposto no artigo 3º nº 2).

Ex.mo Senhor
Presidente do Conselho Directivo
da Administração Central do Sistema de Saúde, I.P.
Av. João Crisóstomo, 11
1000 – 178 Lisboa

Nome:
Cartão do Cidadão/BI/Passaporte n.º:
N.º de contribuinte:
Morada:
Telefone n.º:
Email:
(Ao colocar esta opção, os contactos destes Serviços serão feitos por email)
Habilitações literárias:
Diplomado em:
Data de conclusão:

Vem, por este meio, requerer a V. Ex.ª que lhe seja reconhecido o título profissional de ________________________________, nos termos do artigo 5.º da Lei n.º 71/2013, de 2 de setembro, conjugado com o disposto no artigo 19º da mesma Lei e o respetivo registo profissional, nos termos do artigo 8.º do mesmo diploma.

Declaro que as declarações e documentos que integram este requerimento são verdadeiros

Data:

Assinatura:

Anexos: bilhete de identidade ou cartão do cidadão ou passaporte;
cartão de contribuinte;
diploma ou certificado de habilitações com nota e data de conclusão do curso;
documento emitido pela respetiva entidade patronal, do qual resulte a comprovação do exercício da actividade ou declaração de exercício de atividade emitida pela Autoridade Tributária e aduaneira, na qual conste a data de início da atividade;
documento comprovativo de inscrição num regime de segurança social;
descrição do respetivo percurso formativo e profissional em formato de curriculum vitae europeu, acompanhada dos documentos comprovativos do mesmo.
relativamente à terapêutica a praticar, identificação da instituição que ministrou a formação, respetiva duração e à data em que a mesma foi concluída com êxito, bem como eventual estágio praticado, seu local de exercício, duração e identificação do responsável pelo estágio;
formações ou estágios complementares, com identificação das respetivas instituições, durações e datas;
funções exercidas no âmbito da terapêutica a praticar
registo criminal
fotografia original e actualizada, tipo passe;

Pagamento: Pelo registo e emissão da cédula profissional / 2.ª via da cédula profissional é devido o pagamento de € 60 / € 30 (n.º 1.º e 2.º da Portaria n.º 1855/2006, de 13 de Dezembro, 2ª série), acrescido de € 1,85, caso o requerente pretenda que a mesma lhe seja enviada por correio registado.

O referido valor deve ser pago por cheque ou vale postal (à ordem de Administração Central do Sistema de Saúde, I.P.), ou, ainda, por transferência bancária, caso em que o NIB poderá ser solicitado junto do Serviço de Gestão Financeira/Contabilidade da ACSS, I.P., através dos telefones 2179258 30 e 217925831, ou via correio electrónico, para geral@acss.min-saude.pt.

O cheque ou, no caso de pagamento por vale postal ou transferência bancária, o respectivo documento comprovativo, deve ser entregue na ACSS, I. P., juntamente com o respectivo requerimento.

Nota: Não serão aceites pagamentos em numerário enviado por correio.

(Após a conclusão do reconhecimento e do registo profissional, a informação sobre o nome e a área profissional do respectivo terapeuta não convencional passa a constar da Listagem dos Terapeutas Não Convencionais, em www.acss.min-saude.pt, podendo, no entanto, os titulares exercerem o direito de oposição previsto na Lei de Protecção de Dados Pessoais, Lei n.º67/98, de 26.10.)

参考文献

[1] 葡萄牙国家概况[EB/OL].[2019-01-29]. https://www.fmprc.gov.cn/web/gjhdq_676201/gj_676203/oz_678770/1206_679570/1206x0_679572/,2018-10/2019-01-29.

[2] 中国同葡萄牙的关系[EB/OL].[2019-01-29]. https://www.fmprc.gov.cn/web/gjhdq_676201/gj_676203/oz_678770/1206_679570/sbgx_679574/t7352.shtml.,2018-10/2019-01-29.

[3] 葡萄牙国家统计局[EB/OL].[2019-01-29].https://www.ine.pt/xportal/xmain?xpid=INE&xpgid=ine_base_dados&contexto=bd&selTab=tab2,2019-01-25/2019-01-29.

[4] Portugal: Who Profile[EB/OL].[2019-01-29].http://www.who.int/gho/countries/prt.pdf?ua=1,2015-01/2019-01-29.

[5] Healthcare in Portugal[EB/OL].[2016-10-19]. https://en.wikipedia.org/wiki/Healthcare_in_Portugal#Regional_health_services.

[6] 传统医疗管理办法[EB/OL].[2019-01-29].http://www.imt.pt/legislacao.php.

[7] Portaria-182-B-Requerimento Cedula-Profissional[EB/OL].[2019-01-29].http://www.imt.pt/legislacao.php,2014-09-12/2019-01-29.

[8] Acordos de colaboração[EB/OL].[2018-12-05].http://www.infarmed.pt/web/infarmed/institucional/relacoes-internacionais/acordos.

[9] 黄建银.他让中医在葡萄牙开花结果[N].中国中医药报,2009-03-24(B06).

[10] 葡萄牙中医相关大学[EB/OL].[2019-01-29].http://bublog.hkbu.edu.hk/bublog/html/blog.jsp?bid=17&pg=blogdetail&eid=871&vid=4.

[11] 外国留学生体验中医药文化[EB/OL].[2019-01-29].http://w.huanqiu.com/r/MV8wXzg4Mjg4NzFfOTB fMTQ2MTc3OTc4Ng==.

[12] 中医院来了“洋学生”,针灸拔罐样样行[EB/OL].[2019-01-29].http://www.jjckb.cn/2017-05/26/c_136316694.htm.

[13] Invest in Portugal[EB/OL].[2019-01-29].http://www.portugalglobal.pt/EN/InvestInPortugal/laboursystem/Paginas/LabourSystem.aspx,2016-12-01.

[14] 复星4.6亿欧元收购葡萄牙私立医院[J].中国食品药品监管,2014(11):7.

[15] 仁和堂中医馆4月18日,吉日正式开张[EB/OL].[2019-01-29].http://www.ruadapalma.com/thread-115089-1-1.html.